Jacob Grimm

Selbstbiographie

Ausgewählte Schriften,
Reden und Abhandlungen

Herausgegeben und eingeleitet
von Ulrich Wyss

Deutscher Taschenbuch Verlag

Herausgegeben, eingeleitet und mit einem Anhang versehen von
Ulrich Wyss. Als Textvorlagen dienten die jeweiligen Erstdrucke,
wobei die ungewöhnliche Orthographie und Zeichensetzung
Jacob Grimms strikt beibehalten wurde.

Im Deutschen Taschenbuch Verlag sind erschienen:
Brüder Grimm · Kinder- und Hausmärchen
Gesamtausgabe in zwei Bänden (dtv 5949)
Kinder- und Hausmärchen (dtv junior 7961)
Deutsches Wörterbuch (dtv 5945)

Originalausgabe
Dezember 1984
Deutscher Taschenbuch Verlag GmbH & Co. KG,
München
Umschlaggestaltung: Celestino Piatti unter Verwendung
einer Zeichnung von Franz Krüger
(Bildarchiv Preußischer Kulturbesitz, Berlin)
Gesamtherstellung: C. H. Beck'sche Buchdruckerei,
Nördlingen
Printed in Germany · ISBN 3-423-02139-X

Über dieses Buch

Die Brüder Grimm sind als Märchensammler weltberühmt. Den eigentlichen Begründer der Germanistik, Jacob Grimm, gilt es jedoch wiederzuentdecken. Die vorliegende Auswahl aus seinen Schriften, Reden und Abhandlungen – jeweils nach den Erstdrukken ediert – trägt dazu bei.

In seiner ›Selbstbiographie‹ erzählt Jacob Grimm von seinen Anfängen als Student der Rechte bis hin zu seiner Tätigkeit als Bibliothekar und Professor. ›Über den Ursprung der Sprache‹ weist ihn ebensosehr als akribischen Sprachforscher wie kenntnisreichen Literaturhistoriker aus, während die epochemachende Schrift über seine Entlassung den aufrecht liberalen Demokraten vorstellt. Methodische Auseinandersetzungen spiegeln sich in der Rede über seinen Kollegen Lachmann, dankbare Erinnerung des Zusammenwirkens mit seinem Bruder in der ›Rede auf Wilhelm Grimm‹. Heitere Wissenschaft offenbart sein Aufsatz ›Über das Pedantische in der deutschen Sprache‹ und unorthodoxe Denkweisen bestimmen sein Essay ›Über Frauennamen aus Blumen‹. Der Band schließt mit der ›Rede über das Alter‹.

Dies alles sind Zeugnisse einer Philologie, die bei allem Streben nach Objektivität die subjektive Sehweise nicht leugnet, die den bestimmt, der solche Wissenschaft betreibt.

Der Herausgeber

Ulrich Wyss, Prof. Dr. phil., geboren 1945, lehrt deutsche und germanische Philologie an der Universität Erlangen-Nürnberg. Veröffentlichungen: ›Theorie der mittelhochdeutschen Legendenepik‹ (Erlangen 1973); ›Die wilde Philologie. Jacob Grimm und der Historismus‹ (München 1979); Aufsätze zur Wissenschaftsgeschichte der Germanistik, zur mittelalterlichen Epik, zur Interpretation und Rezeption mittelalterlicher Literatur in der Neuzeit.

Inhalt

Einleitung

Es war sein erstes Göttinger Semester, als Jacob Grimm im Sommer 1830 für die ›Grundlage einer Hessischen Gelehrten-, Schriftsteller- und Künstlergeschichte‹ seine *Selbstbiographie* niederschrieb. Er war damals 45 Jahre alt und längst eine weltberühmte Autorität auf dem Gebiet der deutschen Sprachwissenschaft und Literaturgeschichte, der germanischen Altertumskunde und historischen Rechtswissenschaft, mehrfacher Ehrendoktor der Philosophie und Jurisprudenz und Mitglied zahlreicher gelehrter Gesellschaften. Doch er hatte bis dahin noch nie an einer Universität gelehrt, sondern in durchaus untergeordneter Stellung als Bibliothekar in Kassel sein Leben gefristet. Der Text der *Selbstbiographie* gibt beredt Auskunft über die Enge einer Hofbeamtenexistenz: unter kurfürstlich-hessischem Regiment ebenso wie im Dienst jenes Jérôme Bonaparte, der von 1807 bis 1812 als König von Westfalen in Kassel residierte. Bei allem Zorn indessen über die Ungerechtigkeiten und Zurücksetzungen, die Jacob Grimm seit seiner Schulzeit erleiden mußte, hier schrieb keiner, der der Welt und den Menschen vorrechnete, wie sehr sie ihn verkannt hätten. Die Kasseler Jahre seien »die ruhigste, arbeitsamste und vielleicht auch fruchtbarste Zeit« seines Lebens gewesen, heißt es vielmehr. Und in der Tat, was Grimms Ruhm und Außerordentlichkeit ausmacht, es ist schon in den Kasseler Jahren in seinem Arbeiten und Schreiben gegenwärtig. In seinem 45. Lebensjahr noch erscheint Jacob Grimm dem Leser seltsam alterslos; er wird der Jahre kaum inne, die im autobiographischen Rückblick überschaut werden. Grimm, so könnte man meinen, wird kaum älter. Den Mächten des Anfangs und den Konstellationen des Ursprungs hält er die Treue bis zum Ende, im Leben und im Werk. So wird er fast 30 Jahre später dem Bruder Wilhelm Gedenkworte sprechen, die nichts von dem widerrufen wollen, was über Wilhelm in der *Selbstbiographie* zu sagen gewesen war. Auch die Erinnerung an die Mutter kehrt immer wieder, sei es im Kommentar zu einer unauffälligen Stelle aus Otfried von Weißenburg, sei es, als im ersten Band des *Deutschen Wörterbuchs* das Wort »Amtmännin« zu erläutern ist: so nannte man die Mutter, die Frau des Amtmanns zu Steinau an der Straße. Und die Erweckung des jungen Juristen Jacob Grimm zum deutschen Philologen: noch 1850, als er seinem Lehrer Friedrich Carl von Savigny zu dessen goldenem Doktorjubiläum gratuliert, schildert er die Szene in der Bibliothek seines

Marburger Lehrers nicht anders als in der *Selbstbiographie*. Er hielt damals zum erstenmal die Bodmersche Ausgabe der Minnesinger in der Hand, zum erstenmal ein Buch in einer älteren deutschen Sprache. Savigny war ihm im übrigen in den 40er Jahren fremd geworden; er verheimlicht ihm das nicht, aber es hindert ihn auch nicht daran, dem Lehrer trotzdem für die frühen Anregungen und Initiationen dankbar zu bleiben.

Die schlimmste Krise in Jacob Grimms Leben jedoch war der Göttinger Skandal im Dezember 1837. Er hat darüber in dem Pamphlet *Jacob Grimm über seine Entlassung* Rechenschaft abgelegt, das in Basel gedruckt werden mußte, weil kein deutscher Verleger wagen konnte, es zu publizieren. Der neue König von Hannover, Ernst August II., hob am 1. November 1837 das unter der Regierung seines Vorgängers erlassene Staatsgrundgesetz auf. Das war ein Akt antikonstitutioneller Willkür, der sogar gegen die Schlußakte des Wiener Kongresses verstieß, und wurde in allen deutschen Staaten als politische Provokation verstanden. Sieben Professoren der Landesuniversität in Göttingen erklärten, die Verfassung dürfe nicht »allein auf dem Wege der Gewalt zugrunde gehen«, und vor allem sei es undenkbar, die Staatsbeamten, wie das königliche Patent es ausdrücklich vorsah, vom Eid auf die alte Verfassung zu entbinden. »Den Eid auf die Verfassung«, schreibt Jacob Grimm in seinem Bericht, »konnte niemand lösen als entweder der König gemeinschaftlich mit den nach dem Gesetz von 1833 berufenen Landständen, oder ein rechtlicher Ausspruch des Bundestages; einen dritten Weg gab es nicht. Beiden Entscheidungen würden wir uns in ehrerbietigem Gehorsam gefügt haben, aber ohne volle Überzeugung war keine Entlastung möglich, jeder Zweifel hätte einen unerträglichen Zustand der Seele mit sich geführt«. Ob diese Argumentation juristisch ganz stichhält, ist bis heute umstritten; unmißverständlich war dagegen der politische Sinn des Protests der sieben Professoren. Gerade weil dieser sich unpolitisch artikulierte, wuchs ihm das Pathos einer authentischen Widerstandshandlung zu. In Grimms Darstellung wird das deutlich. So häufig ist das nicht nachzulesen: daß ein deutscher Professor sein Gewissen über die Zumutungen der Staatsgewalt stellt und in Kauf nimmt, dafür nicht nur von seinem Lehrstuhl, sondern auch aus dem Land gejagt zu werden. Da begegnet uns wieder jener gleichsam alterslose Jacob Grimm, der es nicht gelernt hat, sich in den Lauf der Welt zu schicken, und im Spiel der Mächtigen nicht einfach mitspielen mag. Daß ihn das keineswegs zur politischen Wirkungslosigkeit verurteilte, ist eine Lektion, die vielleicht heute noch mit Gewinn zu studieren wäre. Kaum je ist unbefangener und vernünftiger über Forschung und Lehre, ihre Freiheit und ihre Verpflichtungen, geredet worden als von Jacob Grimm, der auch einmal der Berliner Akademie seine Gedanken *Über Schule Universität Akademie* vorgetragen hat.

Jacob Grimm, wenn er sich in öffentliche Dinge einmischt, vergißt nicht, was er zu Haus gelernt hat. »Unter Privatleuten gilt als edle Sitte, daß der Bruder, wenn er des Bruders Habe erbt, des Hingeschiednen Ruhe nicht störe und alle Anstalten desselben aufrecht erhalte«: mit diesem privatrechtlichen Vergleich kritisiert er, der bei dem großen Privatrechtler Savigny in die Lehre gegangen war, das Vorgehen des hannoverschen Königs in seinem Staat, als dieser das von seinem Bruder geschaffene Grundgesetz außer Kraft setzte. Zugleich aber bringt Jacob Grimm hier zur Geltung, was seit je seine Erfahrung und Selbsterfahrung bestimmt hatte: das Verhältnis zum Bruder. Mit ihm wuchs er auf, mit ihm arbeitete er, mit ihm schuf er viele Textausgaben, die Sammlung der *Kinder- und Hausmärchen,* schließlich auch das *Deutsche Wörterbuch.* Wilhelm Grimm hatte sich wie Jacob an der Göttinger Protestation beteiligt, er wurde wie Jacob entlassen und erhielt wie Jacob 1840 einen Ruf nach Berlin. Jacob lebte die ganze Zeit bei Wilhelms Familie. Als Wilhelm am 16. Dezember 1859 gestorben war, hielt Jacob in der Berliner Akademie zu seinem Gedenken die *Rede auf Wilhelm Grimm.* Sie ist zu Jacobs Lebzeiten nicht im Druck erschienen; als er starb, lag das Manuskript aufgeschlagen auf seinem Schreibtisch. Es handelt sich um die am tiefsten schürfende Selbstaussage Jacob Grimms. Im Bruder erkannte er den ihm am nächsten stehenden Menschen, wenn er vom Bruder sprach, mußte er seiner selbst innewerden. Daß »Brüder sich besser verstehen als Vater und Sohn«, war ihm ausgemachte Sache: »Eltern und Kinder leben nur ein halbes Leben miteinander, Geschwister ein ganzes«. Das ist wohl etwas zu harmlos-vordergründig gedacht, als daß es den seelischen Sachverhalt träfe. Jacobs Imagination eines geglückten Lebens muß absehen vom Gegensatz der Generationen; sie kommt aber auch ohne den Gegensatz der Geschlechter aus. In seinem eigenen Leben weigerte sich Jacob Grimm, Vater und Sohn zu sein – er wurde aber auch nicht der Mann einer Frau. Er identifizierte sich vielmehr als Junggeselle: aber mit Familie. Das ist eine an sich paradoxe Konstellation, die in bürgerlichen Verhältnissen denn auch nur als Übergangszustand für junge Menschen in Frage kommt. Wer es versäumt, rechtzeitig das Elternhaus zu verlassen, nimmt bekanntlich leicht Schaden an seiner Seele. Jacobs Vater starb, als dieser gerade acht Jahre alt war; mit fünfzehn Jahren verließ er die Mutter, um in Kassel zur Schule zu gehen. Wilhelm ging damals mit ihm, und als Wilhelm, im Alter von 39 Jahren, heiratete, blieb Jacob beim Bruder wohnen. Vielleicht erklären diese Lebensumstände, weshalb Jacob Grimm dem Geschwisterverhältnis unter allen Beziehungen familiärer Intimität den Primat zuweisen konnte. Im Haushalt des Bruders jedenfalls, in einer elternlosen Familie, durfte er zugleich jung und alt sein, adoleszent und erwachsen. Liegt darin das Geheimnis seiner Alterslosigkeit? Er mußte sein zölibatäres Dasein nicht als Tragödie der Einsamkeit erleben, weil er sich zugleich durch die Familie definierte. Es gelang ihm, in Wilhelm gleichzeitig ein Bild des Selbst und des Anderen zu erkennen; nicht das narzißtische Phantasma des Eigenen, sondern die Chance der produktiven Abweichung. Wilhelm, so führt Jacob in der Gedenkrede aus, war in vielem anders als er selber, und sie mochten nicht zu allen Zeiten gemeinsame Werke schaffen. Da werden durchaus Urteile laut, die Wilhelm kritisch sehen lassen: er war weniger konsequent, weniger energisch, weniger scharf im Urteil, dafür geselliger, sanfter, umgänglicher. Soll man zusammenfassen: er war weniger genial? Jacob Grimms Ehrlichkeit bewährt sich auch noch darin, daß er dem Bruder selbst dort gerecht zu werden vermag, wo er sich ihm überlegen weiß. Insofern ist das Selbstbild, das aus der Bruderfigur herausgespiegelt wird, frei von allem Narzißmus. Jacob braucht die Versuchungen der Selbstliebe auch nicht eigens niederzukämpfen, weil er in Wilhelm sich selbst als den Anderen zu lieben vermag.

Wohl aber definierte Grimm sich konsequent durch den Gegensatz, als er in der Akademie die *Rede auf Lachmann* hielt. Mit Karl Lachmann verband die Brüder Grimm seit Kasseler Tagen ein intensiver Austausch von Anregungen und Forschungsresultaten. Ihr Briefwechsel, 1927 von Albert Leitzmann mit äußerster Akribie herausgegeben und kommentiert, liest sich wie ein Kompendium aller Fragen, die in den Gründungstagen der Germanistik erst noch zu klären waren: die Grammatik der germanischen Sprachen, die Versgestalt der altdeutschen Dichtungen, die Bestimmung der deutschen Heldensage. In allen diesen Punkten waren sich die Brüder und Lachmann jahraus jahrein gegenseitig hilfreich. Nun sagt Jacob in der Gedenkrede: »Man kann alle Philologen, die es zu etwas gebracht haben, in solche teilen, welche die

Worte um der Sachen, oder die Sachen um der Worte willen treiben. Lachmann gehörte unverkennbar zu den letztern und ich übersehe nicht die großen Vorteile seines Standpunkts, wenn ich umgedreht mich lieber zu den ersteren halte«. Was das heißt: die Sachen um der Wörter willen treiben, exemplifiziert Grimm an Lachmanns Neigung, in alten Gedichten, wo immer möglich, zählbare Regelmäßigkeiten anzusetzen. Also etwa die Gruppen von jeweils 30 Versen in den Epen Wolframs von Eschenbach: da hatte Lachmann ein in der handschriftlichen Überlieferung ablesbares Prinzip dingfest gemacht, das seiner Textkritik zum Segen anschlug. Anders beim Nibelungenlied, dessen Strophen Lachmann am liebsten in Heptaden, also Gruppen von jeweils sieben Strophen, angeordnet hätte, wofür weder die Anlage der Handschriften noch der Wortlaut der verschieden überlieferten Fassungen irgendeinen Anhaltspunkt bot. Überhaupt war Grimm mit Lachmanns Nibelungenkritik alles andere als zufrieden, denn sie traktierte das archaische Volksepos, wie Grimm es sehen wollte, nicht anders als die Hervorbringung eines modernen oder alten Dichters, dessen Individualität für den Kritiker greifbar wäre. Da kann Lachmann vieles Späte, Sekundäre und Tertiäre ausscheiden – das alte Original, wenn es einmal verloren ging, schafft solche Kritik, wie Jacob Grimm anmerkt, doch nicht neu. Sie ist »immer nur raubend und tilgend, nicht verleihend«. Gerade darauf aber käme es der generösen Philologie Jacob Grimms an. Sie möchte mit den Worten immer neue Positivitäten verknüpfen, so daß sie sich nicht nur als Bausteine des sprachlichen Kunstwerks studieren ließen, sondern auch als Zeichen für eine versunkene Welt.

Das Nibelungenlied als Volksepos: an dieser Vorstellung, die vom hochromantischen Konzept der Naturpoesie herkommt, hielt Jacob Grimm zeitlebens fest. Auch noch, als alle Romantik längst aus dem Zeitgeist und erst recht aus der Prosa des Alltags geschwunden war. Durch keine philologische oder literatursoziologische Reflexion hätte er sich hierin eines besseren belehren lassen, im Gegenteil. Je schwieriger es war, einem überlieferten Literaturwerk den archaischen Gehalt abzuringen, desto leichter ließ sich Grimms Phantasie entflammen. Bis zu seinem Tod hegte er den Plan, ein Buch über den Ossian zu schreiben, allen Bedenken gegen die Authentizität jener keltischen Bardenpoesie zum Trotz. Und einmal, als er von einem angeblichen althochdeutschen Schlummerlied in einer Wiener Handschrift hörte, das eine angeblich hochdeutsche Form des von Tacitus überlieferten germanischen Götternamens Tanfana enthielt, bemühte er sich sogar darum zu erklären, weshalb jene Namensform Zanfana von den Lautgesetzen abweichen durfte, die er selber in seiner *Deutschen Grammatik* aufgestellt hatte. Das Schlummerlied war eine Fälschung. – In der *Deutschen Mythologie,* die 1835 zum ersten Mal herauskam, schuf Jacob Grimm ein bis heute nicht überholtes Quellenwerk zur germanischen Religionsgeschichte. Dabei konnte er sich nicht einfach an die isländischen Quellen halten, die viel Mythologisches explizit erzählen, sondern mußte aus oft fast nicht mehr sichtbaren Spuren, aus unscheinbaren Ablagerungen und vielfältigen Entstellungen in Legenden, Märchen und Volkssagen, auf die heidnische Substanz schließen. Er sprach von dem »Unzusammenhang unserer fast ganz aus den Fugen geratenen Mythen«, und dieser Unzusammenhang war die Voraussetzung seiner Arbeit. In einigen frühen Aufsätzen hat er seine Methode der Mythenhermeneutik expliziert; später pflegte er sie vornehmlich zu praktizieren. Die *Gedanken über Mythos, Epos und Geschichte,* 1813 in Friedrich Schlegels ›Deutschem Museum‹ erschienen, klären das Verhältnis der mythologischen zur historischen und literarischen Überlieferung. Zugleich machen sie sichtbar, was Grimms Mythenanalyse von derjenigen Creuzers, Kannes oder Görres' unterscheidet. Er läßt sich, anders als die romantischen Mythologen, nicht auf eine radikale Trennung von Mythos und Geschichte ein, sondern sucht allenthalben den Übergang und die Vermittlung. Der alte Götterglaube ist demnach nicht jenseits der profanen Fakten anzusiedeln, sondern hat sich immer »daran gesetzt«; in glücklichen Fällen entsteht daraus Dichtung in ihrer ehrwürdigsten Form: als Epos. Das Heilige tritt so ins Spiel der Mächte, welche die Sagenüberlieferung konstituieren. Der Mythos schwebt über der Geschichte, schrieb Grimm in der Einleitung zur *Deutschen Mythologie,* »als ein Schein, der dazwischen glänzt, als ein Duft, der sich an sie setzt«. Das ist im Epos der Fall, und dieses ist deswegen weniger als literarische Form interessant denn als Kristallisation einer Verbindung verschiedenartiger Kräfte, die sonst immer auseinandertreten. Im Epos ist das Heilige profan geworden und das Profane ins Heilige gesteigert. Das macht die Mythenanalyse ungemein dynamisch. Es hindert sie daran, die Epen als allegorische Umschreibung der Mythologie auszulegen, und es verhindert jede Konstruktion eines mythologischen Systems. Den Unzusammenhang macht die Mythenhermeneutik nicht ungeschehen, dafür erfindet sie unendliche neue Zusammenhänge im einzelnen. Das hat oft Befremden hervorgerufen. Karl Simrock etwa versuchte, aus Grimms Material eine Systematik zu rekonstruieren, doch überzeugt hat das auch wieder niemand. Es kommt eben nicht darauf an, aus Heldenfiguren und Heldennamen verschiedener Provenienz eine ursprüngliche Identität ein für alle Mal zu gewinnen – Grimm geht vielmehr davon aus, daß sich »die meisten Verschiedenheiten zurücksehnen nach einer ursprünglichen Einheit (wie wir nach Gott)«; das heißt, die gesonderten Phänomene sind nicht nur Trümmer einer verlorenen Identität, sondern enthalten zugleich eine objektive Tendenz hin zum göttlichen Ursprung. Der Sog zur Einheit ist ihnen immanent, und jede Hermeneutik muß sich vorsehen, wollte sie sich ihm einfach überlassen. Letzten Endes überträte sie damit das Bilderverbot, welches der jüdische und christliche Gott über die Menschen verhängt hat. Die christlichen Ausdrücke, mit denen sich Grimm immer neu ins Innere der Mythologien vortastet, zeigen deutlich genug, daß er die Mythen auch religiös ernst zu nehmen gewillt ist. Gerade deshalb dürfen die Mythen nicht einfach in theologischen Begriffen wie Monotheismus, Pantheismus und ähnlichem übersetzt werden. Sie sind kein Beleg für die letzthinnige Identität aller Religionen, sondern auf der Suche nach einer solchen Identität. Und auf dieser Suche ist auch der Mythenanalytiker.

So gesehen, verbietet es sich von selbst, in den Mythen der Völker, wie im 19. Jahrhundert vielfach üblich, die poetische Verkleidung von elementaren Naturphänomenen zu sehen. Viele Gottheiten erschöpfen ihren Sinn nicht in der Anthropomorphisierung von Feuer, Wasser, Luft und Erde, sondern enthalten von Anbeginn auch ein soziales und ethisches Moment. Immer ist vieles zu bedenken, und ist hin- und herzudenken. Grimms Mythologie befriedigt nie ein Bedürfnis nach esoterischer Besserwisserei; sie sagt nicht den Eingeweihten irgendeiner Sekte, was die mythischen Bilder eigentlich bedeuten, sondern zieht ihren Leser in einen Strudel von Assoziationen und Bezüglichkeiten hinein. Vielleicht hat gerade deshalb ein genialer Mythenmacher wie Richard Wagner Jacob Grimms *Deutsche Mythologie* zu seinen Lieblingsbüchern gezählt.

Führen die Mythen nicht a priori auf reine Natur, so sind es dennoch oft elementare Naturtatsachen, die in der Deutung eines mythologisch prägnanten Textes zutage treten. So im *Commentar zu einer Stelle in Eschenbachs Parcifal,* der das erste Heft der kurzlebigen Zeitschrift eröffnete, mit welcher die Brüder Grimm eine Alternative zu Schlegels ›Deutschem Museum‹ zu bieten suchten: die ›Altdeutschen Wälder‹. Der Titel war programmatisch gemeint – die germanischen Altertümer sollten nicht als Kulturgut allein in Betracht kommen, das längst künstlich konserviert werden muß, sondern draußen im Leben aufgesucht werden. Die berühmte Episode aus dem VI. Buch von Wolframs Parzivalroman: Parzival versinkt in der Erinnerung an seine Frau Condwiramurs, da er der drei Blutstropfen ansichtig wird, die auf den Schnee gefallen waren, als ein Falke eine Wildgans schlug – diese Stelle wird nicht im Hinblick auf ihren Kontext im Roman gelesen, sondern als Chance einer weitschweifenden Kombinatorik genutzt. Diese indes geht von elementaren Erfahrungen aus, wie sie jedermann offenstehen. Als Parzival im Roman, viel später, seine Frau wiederfindet, erinnert er sich der Blutstropfen, die an derselben Stelle auf den Schnee gefallen waren. Grimm sagt dazu: »So erkennen wir Träume, Gedanken der Kindheit wieder, wann sie uns lange hernach im Leben eintreffen«. Parzivals Leben, das ihn schließlich zur Familie zurückführt, symbolisiert hier ein Potential an Erfahrungen, das Grimm bei sich wie bei seinen Lesern ohne weiteres zu verifizieren vermag, wenn er in der ersten Person pluralis redet. Doch dann tut er den Schritt in die Mythenwelt, und damit greift er weit über das individuell-psychologische Thema hinaus: »Es sind wenig Sagen, die in so leiser, lieblicher und doch großer Beziehung stünden, wie die unsrige in Parcifals Geschichte«. Die Farben Weiß, Rot und Schwarz deuten auf den menschlichen Leib, auf die Hauptstämme des Menschengeschlechts, auf Geburt, Leben und Tod, auf Lust, Unschuld und Leid. Aus dem elementaren Faktum des Leibes, das hier primär gesetzt wird, deduziert die Analyse die ganze Welt, und zwar nicht nur die unbeseelte Natur. Das ist keine doktrinäre Symbollehre, sondern ein Stück konkrete, nachvollziehbare Lektüreerfahrung.

Dennoch hat die Deutung bald Anstoß erregt. August Wilhelm Schlegel hat in seinem Verriß der ›Altdeutschen Wälder‹ mit Sarkasmus nicht gespart. »Der Verfasser hat wirklich so viel Weiß, Roth und Schwarz angehäuft, daß einem dabei grün und gelb vor den Augen wird«, so läßt er sich vernehmen, und er beharrt unerbittlich darauf, daß die Deutung einer Textstelle deren Kontext in erster Linie zu berücksichtigen habe. Schließlich tadelt er – und das mit Recht – die etymologischen Kombinationen des jungen Jacob Grimm. Willkürlich tauscht der die Buchstaben aus, um zu identischen Wurzeln zu gelangen; da wird, wie Schlegel sagt, die Etymologie zu einer Wissenschaft gemacht, in welcher, nach einem Bonmot Voltaires, »die Vokale für gar nichts, die Konsonanten für sehr wenig gerechnet werden«. Auch das Schmähwort von Jacob Grimm als einem »etymologischen Heraklitus« fällt in dieser Rezension. Die Sprachwissenschaft, und gerade die Jacob Grimms, wird in den nächstfolgenden Jahren eben jene Entdeckungen machen, die die Etymologie und alle anderen Sparten der Grammatik auf ein sicheres Fundament stellen: die Regelmäßigkeit des Lautwandels in Lautverschiebungen z. B. vom Indogermanischen zum Germanischen und vom Germanischen zum Hochdeutschen, ferner die wohlgeordneten Vokalwechsel im Ablaut und im Umlaut. Mit seiner *Deutschen Grammatik,* deren erster Band 1819 erschien und 1822 bereits von Grund auf revidiert wurde, hat Grimm an den Fortschritten der historischen und vergleichenden Linguistik in vorderster Linie teil; August Wilhelm Schlegel wird an der grammatischen Begründung der Mythenhermeneutik dann nichts mehr auszusetzen finden.

Was die berühmten Errungenschaften von Grimms Grammatik betrifft, so fügen sie sich exakt in das Paradigma der Sprachwissenschaft, wie es von Grimms Generationsgenossen, Rasmus Kristian Rask und Franz Bopp vor allem, etabliert wurde. Grimm ist insofern als Sprachwissenschaftler durchaus nicht originell. Wie sehr sein Sprachdenken aber trotzdem über das Paradigma hinausschießt, lehren die Vorträge, die Grimm seit 1841 vor der Berliner Akademie zu lesen pflegte. Am 21. Oktober 1847 *Über das Pedantische in der deutschen Sprache* handelnd, macht er klar, daß er sich nicht bei einem linguistischen Historismus bescheiden will, der zugleich akzeptieren müßte, was nun einmal Sprachgebrauch geworden ist. Nein, Jacob Grimms Einsicht in den Wandel sprachlicher Formen macht ihn alles andere als unempfindlich für Defizienzen im jeweils aktuellen Sprachgebrauch. So sieht er nicht ein, weshalb für die Anrede einer einzelnen Person eine Höflichkeitsform gebraucht werden soll, die grammatisch einem Plural entspricht. Vielmehr soll die vom Organismus der Sprache bereitgestellte Möglichkeit der Bezeichnung mit der bezeichneten Sache übereinstimmen. Daß die Höflichkeitsform pure Konvention sei, akzeptiert er als Rechtfertigung des herrschenden Sprachgebrauchs nicht. An einer anderen Stelle will Grimm die vollautenden Ablautformen im Präteritum starker Verben erhalten wissen, die immer häufiger schwach flektiert werden: also buk, wob, boll statt backte, webte, bellte. Hier heischt der Eigenwille des Sprachsystems – Grimm nennt ihn gelegentlich den Sprachgeist – Respekt. Dann knöpft er sich die Puristen vor: Krampfhaft bemüht, Fremdwörter zu vermeiden, lassen sie an deren Stelle oft häßliche und erst recht unorganisch anmutende Zusammensetzungen treten. Auch hier bedient sich Grimm eines sprachimmanenten Arguments: die »guten und alten Derivative«, zu deutsch: Ableitungen, sind im Zweifelsfall den schwerfälligen und umständlichen Komposita vorzuziehen. Und schließlich die Schrift: Jacob Grimm hat seit der Neubearbeitung des ersten Bandes der *Deutschen Grammatik* im Jahr 1822 seine Bücher in Antiqua statt in Fraktur setzen lassen und Kleinschreibung der Substantive eingeführt. Gerade die Kleinschreibung sei keine Neuerung, betont Grimm, sondern nichts anderes »als wieder hergestellte naturgemäße Schreibweise«, der entscheidende Schlag, der der Pedanterie den Garaus machen soll. Pedanterie: sie ist für Grimm der Oberbegriff für alle Verstöße gegen die Natur der Sprache. Dabei hat er, wie man sieht, Verschiedenes im Auge: sowohl die Übereinstimmung von Sprachform und bezeichneter Sache als auch die Erhaltung von Regelmäßigkeiten, die im Lauf der Zeit, aus welchen Gründen auch immer, aufgegeben wurden. Und er rechnet sogar die Schrift zu den konstitutiven Elementen des Sprachkörpers. Dabei läßt er sich zwar, wie alle Sprachdenker der europäischen Tradition von Platon bis Saussure, von der Idee leiten, daß die Schrift das lebendige, das heißt gesprochene Wort möglichst getreu zu vertreten habe; eine eigenständige Symbolisierungsfunktion gesteht auch Grimm der Schrift darüber hinaus nicht zu. Aber ganz konsequent geht es dabei nicht zu: wie immer, wenn über die Rationalität einer Buchstabenschrift diskutiert wird. Jacob Grimm will nämlich nicht nur die Aussprache, sondern gelegentlich auch den historischen Ursprung eines Lautes signalisieren, auch wenn dieser für den Sprachgebrauch bedeutungslos geworden ist. So unterscheiden wir das alte germanische *s* längst nicht mehr von dem Reibelaut, der aus der Verschiebung des germanischen *t* im Hochdeutschen entstanden ist, etwa in lassen und Wasser. In der *Deutschen Grammatik* schrieb Grimm laßen und Waßer. Später dann setzte er überall dort, wo wir ein *ß* einsetzen würden, ein *sz*. Beide Reformen haben sich nicht durchgesetzt, und es ist wohl in der Tat unbillig, den Schreibgewohnheiten des Alltags auch noch Auskunft über die germanische Lautgeschichte abzuverlangen.

Jacob Grimms Sprachdenken hält immer zwei Probleme gleichzeitig fest: zum einen gilt ihm jede Sprache als ein Organismus, als wohlstrukturiertes Ganzes, das immanenten Gesetzmäßigkeiten unterliegt; zum anderen aber ist die Sprache auch Zeichensystem,

Repräsentation eines Universums von Natur und Kultur. Sprachgeschichte hat es demnach nicht nur, als eine Abart der Naturgeschichte gleichsam, mit dem Wechsel von Lauten und Formen zu tun, sondern muß auch über die Korrespondenz von Bezeichnung und Bezeichnetem wachen. Deshalb ist Grimm zum Beispiel auch die Übereinstimmung von natürlichem und grammatischem Geschlecht so unendlich bedeutsam. Im dritten Band seiner Grammatik müht er sich zu erklären, warum es außer dem Masculinum und dem Femininum in der Grammatik auch noch ein Neutrum gibt – ein Geschlecht, das in der Natur ja nicht vorkommt; und vor allem muß er einsehbar machen, wie jene Dinge, die überhaupt nicht der natürlichen Ordnung unterliegen: alle Artefakte, alle Abstrakta, dennoch in der Sprache nach dem Geschlecht klassifiziert werden konnten. »Das grammatische Genus ist demnach eine Ausdehnung des natürlichen auf alle und jede Gegenstände«, heißt es da, und weiter: »Durch diese wunderbare Operation haben eine Menge von Ausdrücken, die sonst tote und abgezogene Begriffe enthalten, gleichsam Leben und Empfindung empfangen, und indem sie von dem wahren Geschlecht Formen, Bildungen, Flexionen entlehnen, wird über sie ein die ganze Sprache durchziehender Reiz von Bewegung und zugleich bindender Verknüpfung der Redeglieder unvermerkt ausgegossen«. Das natürliche Leben also wandert in die Sprache ein; die Rede von der Sprache als Organismus ist nicht mehr nur metaphorisch, sondern wörtlich zu nehmen. Das unterscheidet Grimm etwa von Franz Bopp, dem Begründer der vergleichenden Grammatik der indogermanischen Sprachen. Für Bopp ist jede Sprache wie ein Lebewesen zu studieren – aber eines, das nicht zu uns redet, sondern stumm sich in die Gesetzmäßigkeit seines Materials fügt. Für Jacob Grimm dagegen quellen die Sprachzeichen über von einer manchmal fast beängstigenden Geschwätzigkeit; sie haben Leben und entwickeln eine eigene Dynamik von Liebe und Haß, Fülle und Mangel, Lust und Leid.

Das war die Voraussetzung dafür, daß sich Jacob Grimm auch einer Frage zuwenden mochte, die unter den Linguisten längst als obsolet galt: Am 9. Januar 1851 hielt er einen Vortrag *Über den Ursprung der Sprache* in der Berliner Akademie. Das Thema war diesem erlauchten Kreis jüngst wieder durch Schelling nahegelegt worden – einem Philosophen also, und keinem der weltberühmten Sprachwissenschaftler, die die Akademie in ihren Reihen zählte. Und gewiß: die Frage nach dem Ursprung mutet anachronistisch an, seit die historische Grammatik der Positivität sprachlichen Materials sich so triumphal versichert hat; kein Wunder, daß Jacob Grimm immer wieder auf Herders Traktat zum Thema zu sprechen kommt. Jene Abhandlung war übrigens 1770 von der Berliner Akademie preisgekrönt worden. Es handelt sich um ein Lieblingsthema des 18. Jahrhunderts. Doch anders als bei Herder oder Rousseau oder Adam Smith dient die Reflexion auf den Ursprung der Sprache bei Jacob Grimm nicht als Ausgangspunkt einer geschichtsphilosophischen Konstruktion. Es geht nicht um die Genese und Evolution der Kultur schlechthin. Zwar kommt auch Grimm zum Schluß, die Sprache sei den Menschen weder von Gott offenbart noch ihnen angeboren, sondern ihr eignes Werk; doch dann expliziert er die natürlichen Energien, die in den Elementen der Grammatik am Werk seien: der Gegensatz der Geschlechter auch hier, die signifikante Dynamik der einzelnen Laute, die Energien des Verbums. »Unsere Sprache ist auch unsere Geschichte«, heißt es, aber das bedeutet nicht, daß die Sprachgeschichte als Leitfaden einer universalhistorischen Anschauung dienen dürfte. Vielmehr ist die Sprache zugleich der Statthalter der Natur in der Geschichte; die Sprachforschung lehrt so in erster Linie Irritation angesichts aller totalisierenden Geschichtskonstruktionen. So ergeben die Hauptepochen der Sprachgeschichte denn auch kein Modell einer historischen Evolution. Waren in der ersten Sprache die Wortwurzeln weithin frei, in keiner syntaktischen Fügung gebunden, so gewinnt die zweite Epoche den größten Reichtum an Formen und setzt damit die Kraft zur Poesie frei; dann verliert sich die sinnliche Fülle, um der Fähigkeit zur Abstraktion, zur Artikulation des Gedankens Raum zu schaffen. So gesehen, ist der Verlust fast aller Flexionsendungen, z. B. im Englischen, ganz und gar nicht zu beklagen; Jacob Grimm koppelt das Lob einer Vergangenheit ab von der Kritik an Gegenwärtigem. Wer Grimms Vorstellungen auf ein etabliertes Schema der Geschichtsphilosophie oder Ästhetik zu beziehen versuchte, müßte verzweifeln. Grimms Grammatik ist auch dort, wo sie sich sehr weit in Verallgemeinerungen vorwagt, nicht die Metapher eines Geschichtsprozesses, sondern handelt von einer Wirklichkeit eigenen Rechts.

Wie archaische Kultur ihre Formen aus der Natur herüberbildet, hat Jacob Grimm immer wieder nachzuzeichnen versucht. Ein schönes Beispiel bietet der Akademievortrag *Über Frauennamen aus Blumen* vom 12. Februar 1852. Hier verknüpft er die Genuslehre aus der *Deutschen Grammatik* mit seiner Vorliebe für die Pflanzenkunde, die wir aus der *Selbstbiographie* und der *Rede auf Wilhelm* kennen. So kommt, wenn er als Sprachwissenschaftler über ein namenskundliches Thema handelt, auch der dilettierende Botaniker zum Zug – er macht ernst mit dem Treiben der Wörter um der Sachen willen. Pflanzencharaktere und die vornehmsten Eigenschaften des weiblichen Geschlechts unter den Menschen werden miteinander verknüpft: ein extravagantes Frauenlob! Man hat versucht, das mit dem geschichtsphilosophischen Phantasma einer archaischen Mutterherrschaft in Verbindung zu bringen, etwa mit Bachofens Konstruktion eines Mutterrechts in der Urgeschichte vieler Völker. Doch es ist eben gerade nichts Mütterliches, was Grimm sucht, wenn er Blumenduft und Frauenschönheit aneinanderrückt. Viel eher geht es darum, seine Elementarerfahrung von Brüderlichkeit doch noch um das andere Geschlecht zu ergänzen. Er beschwört nicht eine dämonische Welt des Ursprungs, in der alle Differenz von der Despotie totalitärer Mutterliebe zermalmt würde: insofern ist seine Position alles andere als romantisch im Sinne jenes »ganzen Joseph Görres-Komplexes von Erde, Volk, Natur, Vergangenheit und Tod«, den sich Thomas Mann einmal vergegenwärtigt hat. Er rechnete damals Jacob Grimm dazu, zu Unrecht. Grimms Recherche zielt gerade nicht darauf, das Subjekt und die Leiden an der Subjektivität im tiefen Brunnen einer mütterlich-nächtigen Urvergangenheit zu ertränken. Sie praktiziert eine heitere und zarte Empirie, die das Licht des Tages keineswegs zu scheuen braucht. Im Gegenteil, war es nicht gerade die Rationalität des Philologen, die Grimm gegen alle Versuchungen spätromantischer Geschichtsspekulation immunisierte? Weil er die Sachen immer wieder von den Wörtern her erkundete, waren sie ihm in ihrem Doppelcharakter viel zu bewußt, als daß er sie in einen prinzipiellen Gegensatz zur Gegenwart hätte rücken mögen. Als Zeichen vertreten die Wörter das Bezeichnete, als Kulturerrungenschaft ihr Naturwesen, als vertrauter Klang die fremde Welt. Philologische Erfahrungen waren es, die Jacob Grimm für das Ertragen von Ambivalenzen stark machten.

Schließlich die *Rede über das Alter*. Grimm hat in seiner letzten Zeit noch eine natürliche Polarität entdeckt, der in Sprache und Gebräuchen nachzugehen war: die von Jung und Alt. War uns die *Selbstbiographie* des 45jährigen als Zeugnis eines Alterslosen erschienen, so gibt sich der 75jährige als ein Mann zu erkennen, der gelernt hat alt zu werden. Das ist kein Widerspruch: die Treue zum Ursprung, die dem Subjekt die Schmach des Erwachsenwerdens erspart, stellt sich als Bedingung der Möglichkeit heraus, ohne Angst vom Ursprung sich zu entfernen. Nur der wird alt, der nicht altert ... Jacob Grimm handelt gelassen über die Gebrechen des Alters, und seine Gelassenheit schöpft ihre Energie aus dem Wissen des Philologen um historische Variationen. So findet sich ein Anlaß, eine Lachmannsche Konjektur in der sogenannten Elegie Walthers von der Vogelweide zu korrigieren oder über das Wort Lustwandel als gelungene Eindeutschung von Spaziergang nachzudenken. Auch der Bruder taucht wieder auf. Am meisten Eindruck aber macht die Abwägung von Blindheit und Taubheit. Von Natur ist das Auge besser organisiert als das Gehör, Blindheit also schlimmer als der Verlust des Hörvermögens; dennoch war im Altertum der Blinde besser dran als der Ertaubte, weil er aus seinem Gedächtnis die Worte schöpfte, die ihm Autorität unter den Jüngeren verliehen. Seit der Erfindung des Buchdrucks ist das Bedürfnis nach oraler Tradition geschwunden, so daß der sich glücklich preisen muß, der noch lesen kann. Grimms Konklusion: »das Verhältnis der Blindheit zur Taubheit, kann man sagen, steht wieder auf dem der Natur angemessenen Fuß«. So raisonniert einer, der in einem langen Philologenleben weise geworden ist. Er entzieht sich den Zwängen des Entweder-Oder – Natur oder Kultur, Altertum oder Moderne, Mann oder Frau. Statt einer trügerischen Dialektik, die in Prozesse aufzulösen verspricht, was doch als quälende Zweideutigkeit erlebt wird, entfaltet Grimm die unverkürzte Erfahrung von Ambivalenz. Doch es wird daraus kein Schrecken. Statt der Verzweiflung über die absurde Unentschiedenheit des Weltprozesses gewinnt Grimms Arbeit aus den Aporien seiner Reflexion die Zuversicht, daß der Ursprung nicht verlorengehen wird, solange wir uns seiner erinnern. Das ist aber keine Philosophie und keine Theologie, sondern das Zuendedenken der Erfahrungen, die ihm die philologische Praxis im lebenslangen eintönigen Alltag am Schreibtisch bereithielt.

So kommt es, daß wir Jacob Grimm noch immer lesen mögen, obgleich seine Schriften längst nicht mehr dem Forschungsstand und den Methoden seines Faches zu entsprechen scheinen. Die ›Kleineren Schriften‹, von denen hier eine Auswahl vorgelegt wird, sind Essays einer eigenen Art. Faktenprall und überquellend von gelehrten Belegen, haben sie zugleich Raum für eigenwillige Reflexion und überraschende Perspektiven. Aus entlegenen Idiomen und verschollenen Überlieferungen schlagen sie immer wieder die Funken einer wilden poetischen Schönheit.

Es erschien mir deshalb nicht ratsam, in den Wortlaut der Texte einzugreifen. Sie werden hier so wiedergegeben, wie Jacob Grimm sie dem Druck überantwortet hat. Die Schreibweise ist die des jeweiligen ersten Drucks. Auch habe ich es vermieden, Nachträge und Zusätze, wie Jacob Grimm sie zahlreich in die Handexemplare seiner gedruckten Werke einzutragen pflegte, hinzuzufügen. Es soll das jeweilige literarische Ereignis, nicht das Kontinuum der gelehrten Arbeit dokumentiert werden. Die *Rede auf Wilhelm Grimm* und die *Rede über das Alter,* die Jacob Grimm nicht mehr selber zum Druck befördert hat, werden nach der jeweils ersten vollständigen Ausgabe mitgeteilt.

Wie Eingriffe in die Schreibform, verboten sich erläuternde Zusätze, obwohl einige der Texte vieler Kommentare bedürften. Es schien mir jedoch sinnvoll, das Druckbild nicht durch eingeschobene Übersetzungen und Transkriptionen fremdsprachlicher Wörter und Sätze oder durch zusätzliche Anmerkungen zu belasten. Die Texte sollen, so weit wie möglich, für sich sprechen. Zum leichteren Verständnis des historischen und wissenschaftlichen Kontexts enthält der Band allerdings eine Zeittafel zum Leben Jacob Grimms und eine alphabetische Aufstellung mit Angaben zu den im Text genannten Personen.

Selbstbiographie

Grimm (Jakob Ludwig Karl). Die Namen meiner Vorfahren und nächsten Verwandten stehen Band V. 117–124. XV. 340. 341. bei Strieder. Ich bin der zweite Sohn meiner Aeltern und zu Hanau 4. Jan. 1785 geboren. Mein Vater wurde, als ich ohngefähr sechs Jahre alt war, zum Amtmann nach Steinau an der Straße, seinem Geburtsort, ernannt, und in dieser wiesenreichen, mit schönen Bergen umkränzten Gegend stehen die lebhaftesten Erinnerungen meiner Kindheit. Aber allzufrühe schon, den 10. Jan. 1796, starb der Vater, und ich sehe den schwarzen Sarg, die Träger mit gelben Zitronen und Rosmarin in der Hand, seitwärts aus dem Fenster, noch im Geist vorüberziehen. Ich weiß mir ihn überhaupt sehr genau vorzustellen, er war ein höchst arbeitsamer, ordentlicher, liebevoller Mann; seine Stube, sein Schreibtisch und vor allem seine Schränke mit ihren sauber gehaltnen Büchern, bis auf die roth und grünen Titel vieler einzelnen darunter sind mir leibhaft vor Augen. Wir Geschwister wurden alle, ohne daß viel davon die Rede war, aber durch That und Beispiel streng reformirt erzogen, Lutheraner, die in dem kleinen Landstädtchen mitten unter uns, obgleich in geringerer Zahl, wohnten, pflegte ich wie fremde Menschen, mit denen ich nicht recht vertraut umgehen dürfte, anzusehen, und von Katholiken, die aus dem eine Stunde weit entlegenen Salmünster oft durchreisten, gemeinlich aber schon an ihrer bunteren Tracht zu erkennen waren, machte ich wohl mir scheue, seltsame Begriffe. Und noch jetzt ist es mir, als wenn ich nur in einer ganz einfachen, nach reformirter Weise eingerichteten Kirche, recht von Grund andächtig seyn könnte; so fest hängt sich aller Glaube an die ersten Eindrücke der Kindheit, die Phantasie weiß aber auch leere und schmucklose Räume auszustatten und zu beleben, und größere Andacht ist nie in mir entzündet gewesen, als wie ich an meinem Konfirmationstage nach zuerst empfangenem heil. Abendmahl auch meine Mutter um den Altar der Kirche gehen sah, in welcher einst mein Großvater auf der Kanzel gestanden hatte. Liebe zum Vaterland war uns, ich weiß nicht wie, tief eingeprägt, denn gesprochen wurde eben auch nicht davon, aber es war bei den Aeltern nie etwas vor, aus dem eine andere Gesinnung hervorgeleuchtet hätte; wir hielten unsern Fürsten für den besten, den es geben könnte, unser Land für das gesegnetste unter allen; es fällt mir ein, daß mein vierter Bruder, der von uns hernach am frühsten und längsten im Ausland leben mußte, als Kind auf der hessischen Landkarte alle Städte größer und alle Flüsse dicker malte. Mit einer Art von Geringschätzung sahen wir z. B. auf Darmstädter herab. Wir wurden bei einem Stadtpräzeptor Zinkhan unterrichtet, von dem wenig zu lernen war, außer Fleiß und strenge Aufmerksamkeit, aber aus dessen charakteristischem Benehmen uns eine Menge ergötzlicher Späße, Redensarten und Manieren zurückgeblieben ist. Den Zeiger auf dem weißen Zifferblatt der nämlichen Wanduhr, die schon damals in der älterlichen Stube stand und noch jetzt in meiner Wohnung geht, sehe ich mir manchmal darauf an, ob er mir die Ankunft oder das ersehnte Weggehen des Schulmeisters in dem himmelblauen Rock mit schwarzer Hose und Weste ankündige. Bald wurde es nothwendig, auf unsere gründlichere Unterweisung Bedacht zu nehmen. Das Vermögen der Mutter war schmal und sie hätte uns sechs Kinder schwer auferziehen können, wenn nicht eine ihrer Schwestern, Henriette Philippine Zimmer, die bei der höchstseel. Kurfürstin, oder damaligen Landgräfin von Hessen, erste Kammerfrau und von der reinsten, aufopfernden Liebe zu uns beseelt war, sie treulich unterstützt hätte. Diese ließ mich und meinen Bruder Wilhelm also im J. 1798 nach Kassel kommen und in Kost geben, damit wir uns auf dem dortigen Lyzeum ausbilden sollten. Ich konnte erst in Unterquarta gesetzt werden, so sehr war ich noch zurück, aber nicht durch meine Schuld, sondern durch bloßen Mangel an Unterricht, denn ich hatte von Jugend auf eine ungeduldige, anhaltende Lernbegierde. Jetzt rückte ich schnell durch alle Klassen hinauf und war wohl fast immer ein Primus; die Samstags-Morgen, an denen durch ein Exerzitium zertiert wurde, waren wichtige, heiße Tage. Ueberdenke ich meine Kasseler Schuljahre von 1798 bis 1802, so erkenne ich zwar dankbar, wie mancherlei ich in dieser Zeit gelernt habe, aber es kommt mir doch vor, als wenn das damalige Lyzeum bei weitem nicht unter die vollkommensten Anstalten seiner Art gerechnet werden durfte. Der Vorsteher des Ganzen war Prof. Richter, ein gründlicher Philolog, ich glaube in Ernesti's Schule gebildet, und er wußte auch durch seinen herzlichen Unterricht alle Schüler zu gewinnen; aber die Last eines hohen Alters hatte ihn zu meiner Zeit bereits allzusehr geschwächt. Der Konrektor Hosbach war ein hypochondrischer Mann, voll Laune, ungleich, und man sah ihm an, daß ihm das Lehren keine Freude machte. Der vierte Lehrer, Kollaborator Robert hatte sich durch seine ungeschickte Methode traditionsmäßig um die Achtung der Schüler gebracht, seine Stunden vergiengen in Unordnung, ohne rechte Frucht. Bei dem damaligen dritten Lehrer, dem noch jetzt als Professor und Rektor an derselben Schule stehenden Kollab. Cäsar gieng es zwar ordentlicher, und es wurde gelernt, aber hingezogen fühlte ich mich doch nie zu seinem Unterricht (wie zu dem des seel. Richter), welches vielleicht mit davon herrührte, daß er mich nach alter Sitte *er* anredete, während alle meine Schulkameraden aus der Stadt ein *Sie* bekamen, vermuthlich weil ich vom Lande her in die Stadtschule aufgenommen worden war. Solche Ungleichheit, die auch seitdem gewiß lange abgestellt worden ist, sollte sich ein Lehrer nie erlauben, weil sie von allen Schülern lebhaft wahrgenommen wird. Aber auch der Unterricht selbst, wie er damals auf dieser gutfundierten Schule im Ganzen ertheilt wurde, ist mir hernach in mancher Beziehung mangelhaft vorgekommen. Es wurde viel Zeit mit Stunden über Geographie, Naturgeschichte, Anthropologie, Moral, Physik, Logik und Philosophie (was man Ontologie nannte) meist nach Ernesti initia doctr. sol. verthan, und dem philologischen und historischen Unterricht, welche die Seele aller Jugenderziehung auf den Gymnasien seyn müssen, abgebrochen. Unter den Mitschülern, die auf derselben Bank oder an denselben Tischen saßen und mit denen ich vertrauter umgieng, will ich den verstorbenen Ernst Otto von der Malsburg und Paul Wigand nennen, die sich beide in der Folge, wiewohl auf sehr verschiedne Weise, als Schriftsteller ausgezeichnet haben. Neben täglichen sechs Stunden auf dem Lyzeum brachte ich mit meinem Bruder noch wenigstens vier oder fünf Stunden täglich in Privatlehrstunden bei dem Pagenhofmeister Dietmar Stöhr zu, einem Manne, der, was ihm an tieferer Kenntniß abgieng, durch Freude am Unterricht, liebreiche Geduld und wahre Theilnahme an uns hinlänglich ersetzte. Er half im Latein nach und lehrte besonders französische Sprache. Im Ganzen hatte man uns doch zu viel aufgelastet; ein Paar Freistunden hätten uns wohl gethan, wir hatten aber mit wenigen Leuten Umgang und verwendeten beinahe alle Muße, die uns noch von der Schularbeit übrig blieb, auf Zeichnen, worin wir es auch ohne Lehrer ziemlich weit brachten, ja diese Fortschritte sind es, die hernach unsern jüngern Bruder Ludwig Emil ansteckten, der sich seitdem so wohl durch radierte Blätter als durch Oelmalerei rühmlich hervorgethan hat.

Im Frühjahr 1802, ein Jahr früher als Wilhelm, der um diese Zeit lange und gefährlich kränkelte, bezog ich die Universität Marburg. Die Trennung von ihm, mit dem ich stets in einer Stube gewohnt und in einem Bett geschlafen hatte, gieng mir sehr nahe;

allein es galt, der geliebten Mutter, deren Vermögen fast zusammengeschmolzen war, durch eine zeitige Beendigung meiner Studien und den Erfolg einer gewünschten Anstellung einen Theil ihrer Sorge abnehmen und einen kleinen Theil der großen Liebe, die sie uns mit der standhaftesten Selbstverleugnung bewies, ersetzen zu können. Jura studierte ich hauptsächlich, weil mein seel. Vater ein Jurist gewesen war und es die Mutter so am liebsten hatte; denn was verstehen Kinder oder Jünglinge zu der Zeit, wo sie solche Entschlüsse fest und entschieden fassen, von der wahren Bedeutung eines solchen Studiums? Es liegt aber in diesem Haften bei dem Stande des Vaters an sich etwas Natürliches, Unschädliches und sogar Rathsames. In viel späteren Jahren hätte mich zu keiner andern Wissenschaft Lust angewandelt, als etwa zur Botanik. Der seel. Vater selbst hatte auch gewissermaßen vorgearbeitet und mir noch vor dem zehnten Jahr allerhand Definitionen und Regeln aus dem Corpus Iuris eingeprägt, er hatte auch wohl zum dereinstigen Gebrauch seiner Kinder aus seiner Praxis merkwürdige Fälle mit sauberer Hand aufgeschrieben. Zu Marburg mußte ich eingeschränkt leben; es war uns, aller Verheißungen ungeachtet, nie gelungen, die geringste Unterstützung zu erlangen, obgleich die Mutter Wittwe eines Amtmanns war, und fünf Söhne für den Staat groß zog; die fettesten Stipendien wurden daneben an meinen Schulkameraden von der Malsburg ausgetheilt, der zu dem vornehmen hessischen Adel gehörte und einmal der reichste Gutsbesitzer des Landes werden sollte. Doch hat es mich nie geschmerzt, vielmehr habe ich oft hernach das Glück und auch die Freiheit mäßiger Vermögensumstände empfunden. Dürftigkeit spornt zu Fleiß und Arbeit an, bewahrt vor mancher Zerstreuung und flößt einen nicht unedlen Stolz ein, den das Bewußtseyn des Selbstverdienstes, gegenüber dem, was andern Stand und Reichthum gewähren, aufrecht erhält. Ich möchte sogar die Behauptung allgemeiner fassen, und vieles von dem, was Deutsche überhaupt geleistet haben, gerade dem beilegen, daß sie kein reiches Volk sind. Sie arbeiten von unten herauf und brechen sich viele eigenthümliche Wege, während andere Völker mehr auf einer breiten, gebahnten Heerstraße wandeln. In Marburg hörte ich nach einander bei Bering Logik und Naturrecht (ohne aus beiden wahre Frucht zu ziehen); bei Weiß Institutionen, Pandekten, zuletzt auch ein lat. Examinatorium; bei Erxleben Pandekten und Canonicum, bei Robert Reichsgeschichte, Staatsrecht, Lehnrecht und die Practica; bei Bauer deutsches Privatrecht und Criminale; unter diesen allen zog mich wohl der muntere und gelehrte Vortrag von Weiß am meisten an, bei Erxleben herrschte Eintönigkeit und eine bereits veraltende Manier. Was kann ich aber von Savigny's Vorlesungen anders sagen, als daß sie mich auf's gewaltigste ergriffen und auf mein ganzes Leben und Studieren entschiedensten Einfluß erlangten? Ich hörte bei ihm Winter 1802 bis 1803, juristische Methodologie, sowie Intestaterbfolge (das im Sommer 1802 von ihm gelesene testamentarische Erbrecht wurde aus Heften anderer Studenten abgeschrieben und nachgeholt); Sommer 1803 römische Rechtsgeschichte, Winter 1803–4 Institutionen und Obligationenrecht. Im Jahr 1803 war das Buch über den Besitz erschienen, welches begierig gelesen und studiert wurde. Savigny pflegte damals in seinen Kollegien den Zuhörern die Interpretation einzelner schwieriger Gesetzstellen aufzugeben und die eingegangenen Arbeiten erst schriftlich auf dem eingereichten Bogen selbst und dann öffentlich zu rezensiren. Einer meiner ersten Aufsätze betraf die Collation, und ich hatte die darin aufgestellte Frage vollkommen begriffen und richtig gelöst; welche unbeschreibliche Freude mir das machte und welchen neuen Eifer das meinen Studien gab, wäre zu bemerken unnöthig. Das Ueberbringen dieser Ausarbeitungen veranlaßte nun öftere Besuche bei Savigny. In seiner damals schon reichen und auserwählten Bibliothek bekam ich dann auch andere nicht juristische Bücher zu sehen, z. B. die Bodmer'sche Ausg. der deutschen Minnesinger, die ich später so oft in die Hand nehmen sollte, und auf welche Tieks Buch und dessen hinreißende Vorrede mich gespannt gemacht hatte. Im Sommer 1804 verließ Savigny die Universität, um eine literarische Reise nach Paris anzutreten.

Je älter man wird, desto leichter in Versuchung geräth man, die Zeit seiner Jugend in Vergleich mit dem später Erlebten zu erheben und für musterhafter zu halten. Aus den Jünglingsjahren sind wir uns der ersten Kraft und des reinsten Willens am sichersten bewußt, und es kommt uns da auch von andern überall entgegen. Ich möchte nun auch den damals unter den Marburger Studierenden waltenden Geist rühmen; es war im ganzen ein frischer, unbefangener; Wachler's freimüthige Vorlesungen über Geschichte und Literargeschichte machten auf die Mehrzahl lebendigen Eindruck, und besonders erfreute ein Publikum, das er im großen öffentlichen Hörsaal wöchentlich las, sich eines ungetheilten Beifalls. Die Obergewalt des Staats hat seitdem merklich mehr in die Aufsicht der Schulen und Universitäten eingegriffen. Sie will sich ihrer Angestellten fast allzu ängstlich versichern und wähnt, dies durch eine Menge von zwängenden Prüfungen zu erreichen. Mir scheint es, als ob man von der Strenge solcher Ansicht in Zukunft wieder nachlassen werde. Zu geschweigen, daß sie der Freiheit des sich aufschwingenden Menschen die Flügel stutzt und einem gewissen, für die übrige Zeit des Lebens wohlthätigen, harmlosen Sich gehen lassen können, das hernach doch nicht wieder kehrt, Schranken setzt; so ist es ausgemacht, daß, wenn auch das gewöhnliche Talent meßbar seyn mag, das ungewöhnliche nur schwer gemessen werden kann, das Genie vollends gar nicht. Es entspringt also aus den vielen Studienvorschriften, wenn sie durchzusetzen sind, einförmige Regelmäßigkeit, mit welcher der Staat in schwierigen Hauptfällen doch nicht berathen ist. Wahr ist es, das ganz schlechte wird dadurch aus Schule und Universität abgewehrt, aber vielleicht wird auch das ganz gute und ausgezeichnete dadurch gehemmt und zurückgehalten. Im Durchschnitt betreten jetzt die Schüler die Akademie mit gründlicheren Kenntnissen, als vormals; aber im Durchschnitt geht dennoch daraus eine gewisse Mittelmäßigkeit der Studien hervor. Es ist alles zu viel vorausgesehn und vorausgeordnet, auch im Kopf der Studierenden. Die Arbeit des Semesters nimmt unbewußt ihre Richtung nach dem Examen; der Student muß alle Kollegia hören, worüber er Zeugnisse beizubringen hat, ohne das würde er manche nicht gehört haben, entweder weil ihn der sie vortragende Professor nicht anzieht, oder weil ihn seine Neigung anderswohin lenkt. Dagegen bleibt ihm beinahe keine Zeit übrig diejenigen zu hören, die ihm nicht vorgeschrieben sind. Der Staat hat dadurch gewisse Vorlesungen gleichsam zu offiziellen gestempelt und die übrigen, die nebenbei gehört werden können, herabgesetzt. Ganz etwas anders ist, wenn der Student bloß auf seine Hand und nach seiner Tradition einen ähnlichen Unterschied zwischen Brotkollegien und den übrigen aufstellte, denn davon konnte sich jeder so viel Dispensationen und Ausnahmen machen, als er Lust hatte. Möge es nur den Professoren selbst niemals vorgeschrieben werden, was und wie sie lesen sollen!

Januar 1805 traf durch Weiß ein unerwartetes Anerbieten ein. Savigny schlug mir vor, ungesäumt nach Paris zu kommen, um ihm dort bei seinen literarischen Arbeiten zu helfen. Wiewohl ich in meinem letzten halben Jahr studierte und gedachte auf Ostern oder im Sommer abzugehen, so war doch die Aussicht einer näheren Verbindung mit Savigny selbst und die Reise nach Frankreich reizend genug, daß ich mich gleich entschied und nichts Eilenderes zu thun hatte, als Briefe an Mutter und Tante abzusenden, die mir ihre Einwilligung erbitten sollten. Wenig Wochen darauf saß ich schon im Postwagen und traf über Mainz, Metz und Chalons Anfangs Febr. glücklich zu Paris ein. Die liebe Mutter war jede Nacht aus dem Bett aufgestanden, um nach dem kalten Wetter zu schauen, was mir später einmal die Schwester erzählte; Frankreich schien ihr ganz aus dem Bereich, und sie hatte nur mit heimlicher Angst ihren Willen zu der Reise gegeben. Ich befand mich aber vortrefflich aufgehoben, und verlebte das Frühjahr und den Sommer auf die angenehmste und lehrreichste Weise. Was ich von Savigny empfieng, überwog bei weitem die Dienste, die ich ihm leisten konnte, durch eine öffentliche Anerkennung derselben in der Vorrede zum ersten Bande der Geschichte des röm. Rechts hat er mir viele Jahre nachher die größte Freude zubereitet. Auch ist ein ununterbrochen fortgesetzter Briefwechsel die Folge unserer näheren Bekanntschaft gewesen. September 1805 wurde die Heimreise angetreten und Ende des Monats traf ich mit Wilhelm, den ich zu Marburg mitgenommen hatte, gesund und vergnügt bei der Mutter in Kassel ein, die unterdessen, damit sie ihr Alter in ihrer Kinder Mitte ruhig verleben könnte, aus Steinau nach Kassel gezogen war.

Um meine Anstellung wurde sich nun gleich noch denselben Winter beworben. Ich wünschte Assessor oder Sekretär bei der Regierung zu werden, aber alles war versperrt, und mit genauer Noth erlangte ich endlich den Akzeß beim Sekretariat des Kriegskollegiums und 100 Rthlr. Gehalt (ohngefähr Jan. 1806). Die viele und geistlose Arbeit wollte mir wenig schmecken, wenn ich sie mit der verglich, die ich ein Vierteljahr vorher zu Paris verrichtete, und gegen die neumodische Pariser Kleidung mußte ich in steifer Uniform mit Puder und Zopf stecken. Dennoch war ich zufrieden und suchte alle meine Muße dem Studium der Literatur und Dichtkunst des Mittelalters zuzuwenden, wozu die Neigung auch in Paris durch Benutzung und Ansicht einiger Handschriften, so wie durch den Ankauf seltner Bücher angefacht worden war.

Auf diese Weise verstrich nicht völlig ein Jahr, als ungeahnte Stürme über unser Vaterland hereinbrachen, die auch mich betreffen und aus dem kaum betretenen Wirkungskreise stoßen sollten. Gleich nach der feindlichen Okkupation verwandelte sich das Departement des Kriegskollegiums, wobei ich den Dienst zu versehen hatte, in eine für's ganze Land errichtete Truppenverpflegungskommission. Mit der französischen Sprache konnte ich mir besser als die übrigen helfen, und ein großer Theil der lästigsten Geschäfte fiel auf meine Schultern, so daß ich ein halbes Jahr lang weder Tag noch Abend Ruhe hatte. Müde, mich mit den franz. Kommissärs und Verwaltungsbeamten, die uns damals überschwemmten, länger zu befassen und fest entschlossen, bei der neubevorstehenden Organisation um keinen Preis in diesem Fach angestellt zu bleiben, nahm ich, so bald es angieng, meine Entlassung, fand mich nun aber eine Zeitlang wieder außer Diensten und unfähiger als vorher, zur Erleichterung der Mutter und der Geschwister beizutragen. Ich glaubte um einen Posten bei der öffentlichen Bibliothek in Kassel werben zu können, da ich mich theils in das Lesen von Handschriften eingeübt, theils durch Privatstudien mit der Geschichte der Literatur vertrauter gemacht hatte, auch wohl fühlte, daß ich in diesem Fache größere Fortschritte thun würde, während mir die Erlernung des französ. Rechts, in das sich unsere Jurisprudenz zu verwandeln drohte, ganz verhaßt war. Allein die gewünschte Stelle wurde einem andern zu Theil, und nachdem das kummervolle Jahr 1807 vergangen und das neue mit stets getäuschten Aussichten begonnen war, hatte ich bald den tiefsten Schmerz zu empfinden, der mich in meinem ganzen Leben betroffen hat. Den 27ten Mai 1808 starb, erst 52 Jahr alt, die beste Mutter, an der wir alle mit warmer Liebe hiengen, und nicht einmal mit dem Trost, eins ihrer sechs Kinder, die traurig ihr Sterbebett umstanden, versorgt zu wissen. Hätte sie nur noch wenige Monate gelebt, wie innig würde sie sich meiner verbesserten Lage erfreut haben!

Ich war durch Joh. v. Müller Empfehlung dem damaligen Kabinetssekretär des Königs Cousin de Marinville bekannt und als tauglich zur Verwaltung der Privatbibliothek, die in Wilhelmshöhe aufgestellt war, vorgeschlagen worden. Es muß an andern begünstigten Mitbewerbern gefehlt haben, sonst wäre mir schwerlich eine solche Stelle, wie es den 5ten Jul. 1808 wirklich geschah, zu Theil geworden. Meine Fähigkeit dazu war von Niemand geprüft. Die ganze Instruktion des königl. Kabinetssekretärs bestand in den Worten: vous ferez mettre en grands caractères sur la porte: Bibliothèque particulière du Roi. Ich hatte nun alsbald 2000 Franken Gehalt, der sich nach einigen Monaten, vermuthlich weil man mit mir zufrieden war, auf 3000 erhöhte. Nach dem wieder einige Zeit verflossen war, kündigte mir eines Morgens der König selbst an, daß er mich zum Auditeur au Conseil d'Etat ernannt habe, doch solle ich die Bibliotheksstelle daneben und hauptsächlich bekleiden (17. Febr. 1809). Das Amt eines Auditors beim Staatsrathe galt damals für ein besonderes Glück und führte leicht zu höheren Stufen. Da es überdem meine Besoldung um 1000 Fr. mehrte, so genoß ich nun einen Gehalt von über 1000 Rthlr., der ich ein Jahr zuvor keinen Pfennig bezogen hatte, und alle Nahrungssorgen verschwanden.

Dabei war mein Amt als Bibliothekar keinesweges lästig, ich hatte mich bloß einige Stunden in der Bibliothek oder im Kabinet aufzuhalten, konnte auch während diesen nach Besorgung des neu einzutragenden ruhig für mich lesen oder exzerpieren. Bücher oder Nachsuchungen in Büchern wurden vom König nur selten verlangt, an Andere wurde aber gar nichts ausgeliehen. Die ganze übrige Zeit war mein, ich verwandte sie fast unverkümmert auf das Studium der altdeutschen Poesie und Sprache. Denn der Staatsrath machte mir, außer daß ich in gestickter Prachtuniform den Sitzungen beiwohnen mußte, wenig zu schaffen und bald merkte ich, daß, wenigstens wenn der König nicht persönlich den Vorsitz hatte, ich auch in den Sitzungen nicht immer zu erscheinen nöthig hatte. Von allen Gesellschaften wußte ich mich auszuschließen und lebte, wenn man hinzurechnet, daß der König oft Monate lang abwesend war, dann das ungestörteste Leben. Von dem König kann ich nicht übel reden; er benahm sich gegen mich immer freundlich und anständig, er schien, besonders in den letzten Jahren, zu mir, als dem einzigen Deutschen im Kabinet, weniger Zutrauen zu haben, als zu den übrigen Angestellten, die sämmtlich Franzosen waren; und ich finde das natürlich. Vielleicht wäre ich doch von der Stelle entfernt worden, wenn mich nicht der Kabinetssekretär Bruguiere (nachmals Baron von Sorsum), der bald jenem Cousin de Marinville nachfolgte, gehalten hätte. Dieser war ein gebildeter Mann, selbst Schriftsteller und in der englischen Literatur, auch in der orientalischen, soweit man es aus Uebersetzungen seyn kann, gut belesen; gegen mich bewies er sich besonders freundschaftlich und ich habe ihn später zu Paris wieder gesehen. Er ist vor vier oder fünf Jahren verstorben.

Widriges kam aber doch auch dazwischen. Eines Morgens sollte der Saal im Wilhelmshöher (damals einfältig genug Napoleonshöher) Schloß, der die Bibliothek enthielt, schnell zu andern Zwecken umgeschaffen werden. Auf das Unterbringen der Bücher anderswo war nicht der mindeste Bedacht genommen. Auf der Stelle mußte ich in anderthalb Tagen alle Schränke räumen, alle Bücher über einander werfen, und so gut oder übel das gehen wollte, in einen großen beinahe dunkeln Bodenraum schleppen lassen. Da lag nun das, wofür mein Amt geschaffen worden war, in leidigster Unordnung. Bald darauf wurden jedoch einige tausend Bände, die man für die nützlichsten hielt, ausgesucht, um im Kasseler Schloß zu den andern, die sich schon früher dort befanden, aufgestellt zu werden. Dort stand ihnen aber eine neue noch größere Gefahr bevor. Im Nov. 1811 gerieth um Mitternacht das Schloß in Brand;

als ich hineilte, standen gerade die Gemächer unter dem Biblio-
thekszimmer in voller Flamme. In Rauch und Qualm wurden alle
Bücher von Leibgardisten, die Lichter trugen, aus den Fächern
genommen, in große Leinentücher gepackt und auf den Schloß-
platz geschüttet. Neben und unter uns knisterte alles. Im Herun-
tergehen verirrte ich mich auf einer der kleinen Wendeltreppen,
und mußte, ein Paar Minuten nach dem rechten Ausgang im Dunkeln umhertappen. Die wenigsten Bücher, was zu verwundern ist,
giengen verloren, ehe aber neue Schränke bestellt und gemacht
worden und ein neuer Ort für sie ausgewählt war, lag alles auf
einem Haufen. Das waren nicht meine angenehmsten Tage.

1813, als der Krieg dem Königreich drohend näher rückte, wurde Befehl ertheilt, die kostbarsten Bücher zu Kassel und Wilhelmshöhe einzupacken, um sie nach Frankreich zu versenden. Ich
fuhr mit Brugiere nach Wilhelmshöhe, der besonders auf die Kup-
ferstichwerke drang, und suchte wenigstens die Sammlung von
Handschriften, die sich auf hessische Kriegsgeschichte bezogen
und vom 30jährigen Krieg an begannen (es war Eigenhändiges von
Gustav Adolph, von Amalie Elisabeth u. s. w. darunter), als un-
wichtig darzustellen. Auch blieben sie uneingepackt. Die einge-
packten aber bekam ich erst 1814 zu Paris wieder zu sehen, als sie
mir derselbe Huissier (er hieß Leloup), der sie hatte packen helfen,
dort für den Kurfürsten wieder ausliefern mußte. Der Mann machte große Augen, als er mich erblickte.

Die endliche, kaum gehoffte Rückkehr des alten Kurfürsten,
gegen Ende des Jahres 1813, war ein unbeschreiblicher Jubel und
für mich war die Freude nicht kleiner, auch die geliebte Tante, die
ich nur einmal in Gotha besucht hatte, im Gefolge der Kurfürstin
wieder einziehen zu sehen. Wir liefen an dem offnen Wagen durch
die Straßen hin, die mit Blumengewinden behangen waren. In
jenen Monaten war alles in aufgeregter Bewegung. Ich stand doch
noch gut angeschrieben und kam in Vorschlag, als Legationssekre-
tär den hessischen Gesandten zu begleiten, der in's große Haupt-
quartier der verbündeten Heere abgeschickt werden sollte. Meine
Ernennung ist vom 23. Dez. 1813. Zwei meiner Brüder machten
den Feldzug in der Landwehr mit, sie waren aus München und
Hamburg, wo sie gelebt hatten, dazu in's Vaterland herbeigeeilt.
Der gewählte Gesandte hieß Graf Keller, von Geburt kein Hesse,
ein schon bejahrter und gutherziger, zuweilen eigensinniger, auf-
fahrender Mann, dem der recht hessische Trieb fehlte, aber wer
hätte in jener großartigen Zeit nicht jeden Anstoß übersehen? Ich
reis'te um Neujahr 1814 von Kassel ab über Frankfurt, Darmstadt,

Karlsruhe, Freiburg, Basel, Mümpelgart, Vesul, Langres, Chaumont, Troyes. Von da gieng es wieder zum Theil in eilender Flucht rückwärts bis Dijon; dann nach vierzehntägiger Rast neuerdings vorwärts über Chatillon, Troyes, Nogent in das frisch eingenommene Paris (April 1814). Vor zehen Jahren kein Gedanke, so bald und auf diesem Wege nochmals dahin zu kommen. Unterwegs hatte ich nicht versäumt alle Bibliotheken zu besuchen, und jeder freie Augenblick in Paris wurde genutzt, um in den Handschriften zu arbeiten. Mittlerweile war auch mein nachheriger Kollege Völkel zu Paris eingetroffen, um die aus Hessen weggeschleppten Antiken und Gemälde zurückzufordern; ich half die entführten Bücher wieder erlangen, wie ich schon erwähnt habe. Im Sommer trat ich die Rückreise nach Kassel an, und rüstete mich bald von neuem zu der Fahrt nach dem Wiener Kongreß. In Wien brachte ich zu von Okt. 1814 bis Jun. 1815, eine Zeit, die auch für meine Privatarbeiten nicht nutzlos verstrich, und mir Bekanntschaft mehrerer gelehrten Männer verschaffte. Von besonderm Vortheil für meine Studien war, daß ich mich damals auch mit der slavischen Sprache anfieng bekannt zu machen. Aus Kassel empfieng ich aber die Trauerbotschaft von dem Tod der lieben Tante Zimmer (15. April 1815), der einzigen älteren Verwandtin, die uns übrig geblieben war, und der ich so viel zu danken habe. Kaum war ich zu den Geschwistern heimgekehrt, als mich, und diesmal eine Requisition der preuß. Behörde, in das zum zweitenmal eroberte Paris rief, ich sollte die aus einigen Gegenden Preußens geraubten Handschriften ermitteln und zurückverlangen, nebenbei auch einige Geschäfte des Kurfürsten besorgen, der in dem Augenblick keinen Bevollmächtigten dort hatte. Zwar jener Auftrag brachte mich in ein unangenehmes Verhältniß zu den Pariser Bibliothekaren, die mich früher sehr gefällig behandelt hatten. Jetzt aber wurde einmal Langlès, den ich besonders drängte, so bitter, daß er mir nicht mehr gestatten wollte, auf der Bibliothek zu arbeiten, was ich in Nebenstunden immer zu thun fortfuhr; nous ne devons plus souffrir ce Mr. Grimm, qui vient tous les jours travailler ici et qui nous enlève pourtant nos manuscrits, sagte er öffentlich. Ich machte die Handschrift, die ich eben auszog, zu, gab sie zurück, und gieng nicht mehr hin um zu arbeiten, sondern nur um zu beendigen, was mir aufgetragen worden war. Zu Paris, wo ich diesmal ordentlicher (bei einem Advokaten in der rue de l'université) einquartiert war und ein tägliches Kostgeld von der Stadt bezog, erfreute ich mich besonders des näheren Umgangs mit dem preuß. Geh. Kammergerichtsrath Eichhorn, der gerade eine schwere Krankheit auszustehen hatte. Erst im Dezember giengen meine Geschäfte glücklich zu Ende und ich empfieng später zu Kassel ein Schreiben des Fürsten von Hardenberg (31. Aug. 1816), das mir Zufriedenheit mit meiner Verrichtung bezeugte.

Von jetzt an beginnt die ruhigste, arbeitsamste und vielleicht auch die fruchtbarste Zeit meines Lebens. Nach Strieders erfolgtem Tode, hatte ich endlich den früher gewünschten Platz bei der Kasseler Bibliothek erlangt, an der auch nun Wilhelm ein Jahrlang früher arbeitete. Eine Anstellung bei dem Bundestag zu Frankfurt, als Gesandtschafts-Sekretär, hatte ich entschieden abgelehnt. Ich wurde also zweiter Bibliothekar (16. April 1816) und behielt den bisherigen Gehalt von 600 Rthlr.; Völkel war zum ersten Bibliothekar befördert worden. Die Bibliothek ist jeden Tag drei Stunden geöffnet, alle übrige Zeit konnte ich nach Lust studieren, und wurde nur durch kleine Nebenämter, wie das mir größtentheils aufgebürdete Zensorische, aber nicht bedeutend gestört. Mit meinem Kollegen Völkel lebte ich auf freundschaftlichem Fuß, nichts hätte gefehlt, als eine mäßige und gerechte Gehaltszulage für mich und meinen Bruder, und es würden uns in dieser Hinsicht wenig Wünsche übrig geblieben seyn. Schnell verflossen die Jahre.

Nach dem Tode des höchstseel. Kurfürsten traten in Verwaltung der Bibliothek Veränderungen ein. Während vorher die Bibliothekare den ausgeworfenen Fonds jährlich baar empfangen und darüber der Finanzkammer Rechnung abgelegt hatten, wurde nunmehr die Bibliothek unter den Befehl des Oberhofmarschallamts gestellt, von diesem sollte in Zukunft jede zu leistende Zahlung verfügt und bewirkt werden. Ob dadurch der herrschaftliche Dienst gewonnen hat, will ich nicht beurtheilen; so viel ist sicher, daß dadurch alle Zahlungen aufgehalten und daß dem Bibliothekar die Hände gebunden wurden, vortheilhafte Ankäufe gleich zu benutzen, wenn er nicht das Geld aus seiner eignen Tasche vorschießen wollte. Jene Behörde forderte aber hernach außerdem, daß zum Behuf einer nothwendigen Controlle ihr eine Abschrift des gesammten Katalogs (der aus 79 oder 80 Folianten bestand) binnen kurzer Zeit eingereicht würde. Gegenvorstellungen fruchteten nichts, und wir mußten, der alte Völkel, mein Bruder und ich, wirklich Hand anlegen und ohngefähr anderthalb Jahre die edelsten Stunden auf diese Abschrift, deren Zweck wir nicht einsahen, verwenden. Man arbeitet noch alles gern, was irgend einen Nutzen hat, aber dies Geschäft, gestehe ich, ist mir das sauerste in meinem Leben geworden, und hat mich Stunden und Tage lang verstimmt. Nützlich für die Bibliothek wurde die von dem jetzt regierenden

Kurfürsten befohlne Abgabe eines Theils der Wilhelmshöher an die unsrige (etwa 2000 Bände); manche alte Bekannte giengen mir von neuem durch die Hand. Im Januar 1829 starb Völkel, dem ich ein längeres Leben zugetraut und sicher von Herzen gegönnt hätte. Wir bildeten uns ein, gerechten Anspruch auf Beförderung zu haben, ich war 23 Jahre im Dienst, ich hatte seit 1816 niemals um Zulage angehalten und niemals eine erlangt; auch hoffte ich der Bibliothekarstelle keine Unehre gemacht zu haben. Allein es schlug anders aus. Der, soviel ich mich erinnere, im Jahr 1819 oder 1820 von Marburg nach Kassel als Historiograph versetzte Professor Rommel erhielt zu jener Zeit daneben die Aufsicht über die Urkunden des Hofarchivs, unter dem Titel eines Staatsarchivdirektors. Vor der französ. Okkupation hatte sich das Hofarchiv in einer gewölbten Kammer des alten Schlosses befunden, war also seit 1814 nothwendig in einem anderen Lokal untergebracht worden, wo es verblieb, bis 1824 oder 1825 in einem Zimmer des Museums die Wachsbilder der alten Landgrafen weggeräumt wurden; das Zimmer wurde hernach zur Aufnahme des Archivs auserlesen. Diese lockere Verbindung zwischen Museum und Archiv sollte sich nunmehr zu einer festen stärken. Herr von Rommel (seit 1828 in den Adel des Kurfürstenthums erhoben) wurde mit Beibehaltung seiner bisherigen Posten auch zum Direktor der Bibliothek und des Museums bestellt. Ich blieb, was ich seit 1816 war, zweiter Bibliothekar, mein Bruder, was er seit 1815 war, Sekretar, jeder von uns empfieng 100 Rthlr. Zulage. Hiermit war uns beiden weitere Aussicht auf künftige Beförderung abgeschnitten. Die Sache hätte, auch wenn von Rommels Ansprüche berücksichtigt werden sollten, auf mehr denn eine Art anders eingerichtet werden können. Zum Beispiel, er hätte die Direktion des Museums erhalten mögen, wenn ich den Posten eines Archivarius, mit angemessenem Gehalt, bekommen hätte, und mein Bruder zum Bibliothekar ernannt worden wäre. Einem Archiv vorzustehen und ein so reiches und wenig benutztes, wie das hessische, nach Lust bearbeiten zu können, hätte meiner innern Neigung noch mehr zugesagt, als die Bibliotheksstelle. Der alte, simple Archivariustitel hätte mir auf Lebenslang genügt, und keiner Direktion so wenig wie früherhin es bedurft. Indessen bin ich nie von jemand gefragt worden und hütete mich wohl Vorschläge verlauten zu lassen. Ich hatte mich ganz einfach um die erste Bibliotheksstelle gemeldet, als um das Gerechteste und was sich beinahe von selbst verstand. Die getroffene neue, alle bescheidenen Wünsche vernichtende Einrichtung mußte mich tief kränken. Ich hatte einen im Jahr 1816 durch

Eichhorn indirekt mir geschehen Antrag einer Professur zu Bonn geradezu abgelehnt und keiner Art Vortheil daraus zu ziehen gesucht, weil ich in Hessen zu leben und zu sterben dachte. Damals aber wäre es mir gewiß leichter und vortheilhafter gewesen, mich der akademischen Laufbahn zu widmen, als später. Unter der Hand geschah uns nun im Sommer 1829 der Antrag, einem ehrenvollen Rufe nach Göttingen zu folgen. Alle zu Rath gezognen Freunde ermahnten dazu aus Kräften. Die geliebte und gewohnte Heimath aufzugeben schien uns hart und schmerzhaft wie vorher, aus dem Geleise genau bekannter Beschäftigungen und einer uns Frucht bringenden Muße herauszutreten, fast unerträglich. Allein auch in dem Verhältniß zu einem neuen Vorgesetzten, der wo er eingreifen oder schonen sollte, selbst noch nicht zu wissen schien, lag etwas Peinliches und Unheimliches. In dieser Stimmung folgten wir dem Gefühl der Ehre, und entschieden uns für die unbedingte Annahme des Gebotenen. Unterm 20. Okt. erfolgte zu Hannover die förmliche königliche Vokation, die mich zum ordentlichen Professor und Bibliothekar, meinen Bruder zum Unterbibliothekar ernannte, mit angemessenen Besoldungen, die unsrer steten Nahrungssorge im hessischen Dienst ein Ende machten. Schon unterm 30. Okt. wurde zu Kassel unsere Entlassung ausgefertigt. Neujahr 1830 haben wir die hiesigen Stellen angetreten. Wir sind von allen Kollegen zu Göttingen freundschaftlich aufgenommen worden, mein erstes Kollegium lese ich diesen Sommer über deutsche Rechtsalterthümer. Zwar sind die Bibliotheksarbeiten weit mühsamer als zu Kassel, aber sie bieten doch auch ihre Vortheile dar, die ich mit der Zeit noch viel deutlicher gewahren werde. Zwar ist die Göttinger Gegend nicht zu vergleichen mit der Kasseler, aber die nämlichen Sterne stehen am Himmel, und Gott wird uns weiter helfen.

Noch habe ich hier dankbar der mir zu Theil gewordnen Ehrenbezeugungen zu erwähnen, die mich vielfach ermunterten, auf der betretenen Bahn vorzuschreiten und mich des erhaltnen Beifalls würdiger zu machen. Unterm 9. Jun. 1811 ernannte mich die Akademie celtique (gegenwärtige societé des Antiquaires de France) in Paris zu ihrem korrespondierenden Mitglied; den 26. April 1813 das Museum in Frankfurt zu einem Ehrenmitglied; den 3. Nov. 1813 die Maatschappy der Nederlandsche Letterkunde te Leiden zu ihrem Mitglied; den 1. Septbr. 1816 die zweite Klasse des königlichen Instituts in Amsterdam zu einem membre associé; den 6. Nov. 1816 det skandinaviske Literaturselskab in Kopenhagen zu seinem korrespondirenden Mitglied; in demselben Jahr auch die

Berlinische Gesellschaft für deutsche Sprache zu einem Mitglied; den 9. Okt 1818 die Frankfurter Gesellschaft für deutsche Sprache desgleichen; den 18. Dez. 1818 die Gesellschaft für deutsche Geschichtskunde zu einem außerord. korrespondierenden und Ehrenmitglied; im Jahr 1822 die Utrechter Sozietät zum Mitglied; 27. Okt. 1823 das Islenzka Bokmenta felag in Kopenhagen zu einem Ehrenmitglied; 28. Dez. 1824 die königl. Sozietät in Göttingen zum Korrespondenten (seit dem 11. Apr. 1830 bin ich nun aber ordentl. Mitglied); 13. Jan. 1825 die königl. deutsche Gesellschaft in Königsberg zu ihrem Ehrenmitglied; 28. April 1825 das Norraena Fornfraeda felag zu seinem ordentl. Mitglied; Juni 1826 die königl. preuß. Akademie zu Berlin zum Korrespondenten; 7. Aug. 1827 der Verein für Geschichte und Alterthümer Westphalens zum korresp. Mitglied; 26. Jan. 1829 der Breslauer Kunstverein zum Ehrenmitglied; 19. April 1829 das Provincial Friesch Genvotschapter beoefening der Friesche Geschied, Oudheid en Taalkunde in Leeuwarden zum Ehrenmitglied.

Das Doktordiplom der Philosophie wurde mir Jan. 1819 von Marburg ertheilt, das beider Rechte von Berlin 18. Okt. 1828 und von Breslau 16. April 1829.

Ehe ich aufzähle, was von mir im Druck erschienen ist, bemerke ich im Voraus, daß fast alle meine Bestrebungen der Erforschung unserer älteren Sprache, Dichtkunst und Rechtsverfassung entweder unmittelbar gewidmet sind, oder sich doch mittelbar darauf beziehen. Mögen diese Studien überhaupt Manchem unergiebig geschienen haben und noch scheinen; mir sind sie jederzeit vorgekommen als eine würdige, ernste Aufgabe, die sich bestimmt und fest auf unser gemeinsames Vaterland bezieht und die Liebe zu ihm nährt. Das Schwierige bestand hauptsächlich darin, daß die meisten Quellen noch gar nicht herausgegeben waren, oder unkritisch, daß man sich mühsam und mit Kostenaufwand der Handschriften versichern mußte, und eigenhändige Abschriften nicht scheuen durfte. Die auf solche Abschriften verwandte Zeit ist aber keine verlorne, sondern eben sie führen auf genaues Verständniß und heben das Unsichere oder Bedenkliche hervor. Ein anderer Grundsatz, der mir stets vorschwebte, war, in diesen Untersuchungen nichts gering zu schätzen, vielmehr das Kleine zur Erläuterung des Großen, die Volkstradition zur Erläuterung der geschriebenen Denkmäler zu brauchen. Die in dem folgenden Verzeichnisse besternten Bücher habe ich mit meinem Bruder Wilhelm gemeinschaftlich ausgearbeitet und herausgegeben, von Jugend auf lebten wir in brüderlicher Gütergemeinschaft; Geld, Bücher und angelegte Kollektaneen gehörten uns zusammen, es war natürlich, auch viele unserer Arbeiten genau zu verbinden. Es war uns auch beyden förderlich. Eine solche Verbindung schriftstellerischer Thätigkeit ist es besonders für eine gewisse Zeit, wo sich abweichende Ansichten noch nicht deutlich ausgeprägt haben, wo das, worin einer dem andern zu weit oder nicht weit genug geht, noch nicht hinreichend entwickelt worden ist. Späterhin kann es auch wieder vortheilhaft seyn auf die eigne Hand Bücher zu schreiben, ohne daß die fortwährende gegenseitige und nähere Theilnahme an den Arbeiten des Andern dadurch gestört wird. Wenn ich meinen Bruder hier rühmen dürfte, so könnte ich es viel besser als Andere.

Schriften

Ueber den altdeutschen Meistergesang. Göttingen 1811.

* Kinder- und Häusmärchen. Berlin 1812. Zweiter Band 1815. Zweite Aufl. Berlin, Th. 1. und 2. 1819. Th. 3. 1822. Kleine Ausg. Berl. 1825. Holländische theilweise Uebersetzung unter dem Titel: Sprokiesboek. Amsterdam 1820. Englische Uebersetzung unter dem Titel: German popular stories, translated from the K. a. H. M. London 1823. Vol. 2. Lond. 1826, mit geistreich ausgeführten Kupfern von Cruikshank. Der Uebersetzer ist Edward Taylor. Es sind davon seitdem mehrere Auflagen gemacht worden.

Dieses Buch hat in Deutschland das seltsame, ungünstige Geschick erlebt, daß ein Namensverwandter Albert Ludwig Grimm fast zu gleicher Zeit in Heidelberg eine wohlfeilere Sammlung Kindermärchen herausgab, wodurch viel Irrthümer in der Bestellung entstanden sind.

* Die beiden ältesten deutschen Gedichte, das Lied von Hildebrand und Hadubrand und das Weißenbrunner Gebet. Kassel 1812, 4.

* Altdeutsche Wälder. Band 1. Kassel 1813. Band 2. 3. Frankfurt 1815. 1816.

* Der arme Heinrich von Hartmann von der Aue. Berlin 1815.

* Lieder der alten Edda. Erster Band. Berlin 1815.

Irmenstraße und Irmensäule. Wien 1815.

Silva de romances viejos. Vienna 1815.

* Deutsche Sagen. Th. 1. Berlin 1816. Th. 2. 1818.

Deutsche Grammatik Th. 1. Göttingen 1818. Zweite Ausgabe 1822. Th. 2. Gött. 1826. Th. 3 unter der Presse.

Wuk Stephanowitsch kleine Serbische Grammatik verdeutscht mit einer Vorrede. Leipzig und Berlin 1824.

Zur Rezension der deutschen Grammatik; unwiderlegt herausgegeben. Kassel 1826.

* Irische Elfenmärchen. Aus dem Engl. Leipzig 1826. Das Original:

Fairy legends and traditions of the south of Ireland, ist von Croston Croker und zu London 1828 neu aufgelegt erschienen. In dieser neuen Ausgabe ist zur Vergeltung unsere vorausgeschickte Einleitung auch ins Engl. übertragen.

Deutsche Rechtsalterthümer. Gött. 1828.

Kleinere Aufsätze von mir stehen in dem neuen literar. Anzeiger. München 1806; in der Zeitung für Einsiedler. Heidelb. 1808; in Hagen und Büsching's Museum für altd. Lit. Berlin 1811; in der Zeitschrift für geschichtl. Rechtswissenschaft, Band 2. 3. Berlin 1815. 1816; im Hermes, Band 2. 1819, ein Aufsatz gegen Jean Paul, worauf dieser antwortete in seiner Schrift über die deutschen Doppelwörter, Stuttgart 1820, im fünften Postskript. – Uebersetzung Serbischer Lieder von mir steht in Göthe's Kunst und Alterthum, Band 4. Stuttg. 1824.

Rezensionen in verschiednen Zeitschriften, in den Heidelberger Jahrb. von 1811–1817; in der Hallischen Lit. Zeit. (nur 1812 *Rask's* isländ. Sprachlehre); in der Leipz. Lit. Zeit. von 1812 und 1813; in den Göttinger gel. Anzeigen, seit 1819, mit und ohne Namensunterschrift; in den Wiener Jahrbüchern (die besten sind wohl die über *Graff's* Präpositionen, Band 28, über *Berthold's* Predigen, Band 32, und über *Castiglione's* Ulfilas, Band 46).

Im Jahr 1824 wurde mir der von der königl. deutschen Gesellschaft zu Königsberg auf eine historisch-grammatische Untersuchung der deutschen Adjectiva ausgesetzte Preis zuerkannt. Diese Abhandlung ist aber mit Bewilligung der Gesellschaft noch nicht im Druck erschienen, weil ich ihr durch Benutzung der seitdem herausgegebenen und bald erwartet werdenden neuen Quellen altdeutscher Sprache eine größere Vollkommenheit zu geben strebe.

Jacob Grimm
über seine Entlassung

War sint die eide komen?
NIB. 562,3.

Der Wetterstrahl, von dem mein stilles Haus getroffen wurde, bewegt die Herzen in weiten Kreisen. Ist es bloß menschliches Mitgefühl, oder hat sich der Schlag electrisch fort verbreitet, und ist es zugleich Furcht, daß ein eigner Besitz gefährdet werde? Nicht der Arm der Gerechtigkeit, die Gewalt nöthigte mich ein Land zu räumen, in das man mich berufen, wo ich acht Jahre in treuem, ehrenvollem Dienste zugebracht hatte. »Gib dem Herrn eine Hand, er ist ein Flüchtling,« sagte eine Großmutter zu ihrem Enkel, als ich am 16 December die Grenze überschritten hatte. Und wo ward ich so genannt? In meinem Geburtslande, das an dem Abend desselben Tages ungern mich wieder aufnahm, meine Gefährten sogar von sich stieß.

Ueber eine That, deren Absicht offen, deren Beurtheilung Allen unerschwert war, die nicht mit sehenden Augen blind sein wollen, durfte sich die allzu neue Aufwallung anfangs Schweigen gebieten; es ist mir von Freunden und Unbekannten liebevolle, ehrende Theilnahme, untermischt bei einzelnen mit scheuer Beklommenheit an den Tag gelegt worden. Weder nach Beifall gelüstet hat mir, noch vor Tadel gebangt, als ich so handelte, wie ich muste; aber es verlauten auch widerwärtige Stimmen, vornehme, die mir Klugheit, hoffärtige, die mir gesunden Menschenverstand absprechen, selbst höhnende, die im voraus entschlossen sind, mir gemeine und unwürdige Beweggründe unterzulegen, wie die Krähe angeflogen kommt, dem, den sie für todt hält, die Augen auszuhacken. Ich bin keiner so weichlichen Gelassenheit, daß ich mein Recht unvertheidigt preisgeben und von allen in das Kreuz oder die Quere laufenden Tagesmeinungen verdrehen lassen möchte: mein gutes Recht, das, wie unbedeutend es der Welt scheinen mag, für mich den Inbegriff alles dessen enthält, was ich errungen habe, und ohne Makel, ungelästert hüten will. Nur die Wahrheit währt, und selbst Uebelgesinnte oder Schwache, die sie nicht laut bekennen, fühlen sich insgeheim von ihr durchzuckt. Die Welt ist voll von Männern, die das Rechte denken und lehren, sobald sie aber handeln sollen, von Zweifel und Kleinmuth angefochten werden, und zurückweichen. Ihr Zweifel gleicht dem Unkraut, das auf den Straßen durch das Pflaster bricht, manche rotten es aus, doch nicht lange, so hat es wieder ganze Stellen überzogen. Täuschungen und Entfärbungen darf sich die Kraft einer einfachen und schuldlosen Erzählung entgegenstellen: sie will glimpflich sein, aber frei und ungehemmt. Sie will keine Wunden vor der Zeit zuheilen lassen, sondern sich das Andenken an jeden Vorgang noch frisch erhalten; später wird Alles schon verharschen. Niemand setzt die Feder gern für sich selbst an, sogar in gerechtem Abwehren; wer mag neugierigen Blicken die Thüre seines Hauses öffnen, wo er, sähe er sich unangetastet, lieber in schirmender Zurückgezogenheit geblieben wäre?

Mein Leben, insoweit seine Schicksale von meiner Gemüthsart und Gesinnung abhängen, würde still und ungefährdet in unablässigem Dienste der Wissenschaft verflossen sein. Nun ist schon zum drittenmal der Pfad, den ich mir bahnen konnte, verdornt und gesperrt worden durch äußere Verhältnisse, die weit über den Widerstand hinaus walteten, den ich ihnen entgegen zu setzen hatte. Ich ziehe die Augen der Macht immer erst dann auf mich, wenn sie mich zwingt, das Feuer meines Herdes fortzutragen und auf einer neuen Stätte anzufachen. Nie, von früh auf bis jetzt, ist mir oder meinem Bruder von irgend einer Regierung Unterstützung oder Auszeichnung zu Theil geworden: einigemal jener war ich dieser nie bedürftig. Diese Unabhängigkeit hat meine Seele gestählt, sie widersteht Anmuthungen, welche die Reinheit meines Bewustseins beflecken wollen. Mein Bruder hat noch die Pflicht eine solche Gesinnung seinen Kindern zu überliefern. Spräche er statt meiner, er würde sich in seiner Weise ausdrücken, aber seine Antwort auf jede ernste Frage würde nicht anders lauten, weil die Quelle, aus der ich sie schöpfe, auch ihn tränkt.

Ich bin von unbemittelten aber braven, mir frühe entrissenen Eltern in Hessen geboren und fühle mich noch heftig allen Eigenheiten meiner Heimat zugewandt, selbst von ihren Mängeln und Gebrechen berührt. Sie gewöhnten mich von Kindesbeinen an, diese durch glänzende Mittel wenig hervorstechende, durch angestammte Tüchtigkeit und Genügsamkeit ausgezeichnete Landschaft nur als einen wesentlichen Bestandtheil des deutschen Vaterlands anzusehn, dessen Ruhm und Größe auch sie bestrahlen, und was sie ihm zum Opfer darbringen könnte, liebend empfangen müste. Meine Gedanken, sobald ich sie sammeln, meine Arbeiten, so lange ich sie richten konnte, kehrten sich auf die Erforschung unscheinbarer, ja verschmähter Zustände und Eigenthümlichkeiten Deutschlands, aus welchen ich Haltpuncte zu gewinnen trachtete, stärkere, als uns oft die Beschäftigung mit dem Fremden zu Wege bringt. Schon der Beginn dieser Studien war hart aber trostreich. Mit herbstem Schmerz sah ich Deutschland in unwürdige Fesseln geschlagen, mein Geburtsland bis zur Vernichtung seines Namens aufgelöst. Da schienen mir beinahe alle Hoffnungen gewichen und alle Sterne untergegangen; nur erst mühevoll und langsam gerieth es mir die Faden des angelegten Werkes wieder zu knüpfen und dann wehmüthig festzuhalten. Es war nicht umsonst, ich hatte mich heimlich emporgerichtet, und meine Arbeiten gewannen Fortgang. Nach Deutschlands Befreiung und Hessens Wiederherstellung sollten sie mir den großen Lohn tragen, daß für den Gegenstand ihrer Forschungen die ihnen vorher abgewandte öffentliche Meinung empfänglich und günstig wurde. Jahre lang konnten wir, mein Bruder und ich, von jeher in entschiedner, unzertrennlicher und wechselseitig aushelfender Gemeinschaft der Studien und Schicksale, mäßig und anspruchlos zusammen arbeiten, und Früchte gedeihen sehn, die auf den noch schmalen Beeten, aber unsers eigensten Bodens wuchsen. Als eine offenbare Ungerechtigkeit unsern treuen Dienst und erworbnen Anspruch auf damals oder nie in der Heimat zu erwartende Besserung unserer Lage, ohne welche unabhängig und sorgenfrei fortzubestehn schwierig schien, mit einemmal abschnitt, kostete es wegzuziehn immer noch heiße Ueberwindung. Wir folgten einem Rufe nach Göttingen, keine der Anstrengungen scheuend, welche der Uebergang aus zurückgezogener, aber innerlich freier Wirksamkeit in eine öffentliche und gemessenere mit sich führt. Man behauptet mit Grund, die Bestimmung zur akademischen Laufbahn müsse von frühe entschieden und durch lange Gewohnheit unterstützt werden. Das Lehramt auf Universitäten ist ein eigenes Element, das seine Freiheit, aber auch seinen Zwang hat, und dessen Wahl oft erst durch Nebenumstände, die außer allem Anschlag liegen, für viele gerechtfertigt erscheint. Seinen Anforderungen zu genügen haben wir acht Jahre hindurch gestrebt, wenn nicht ohne Sehnsucht nach dem vorausgegangenen Stilleben, auch nicht ohne das frohe Bewustsein unvorhergesehener, in der engeren Gemeinschaft mit trefflichen Menschen beruhender Gewinne. Aus diesen neuen Gewohnheiten des Daseins und Wirkens, die vielleicht tiefere Wurzel in uns, als wir selbst wissen, gefaßt haben, sollen wir wiederum weichen, nicht einem Antrage folgend, dessen Vortheile und Nachtheile sorgfältig abgewogen werden dürfen, sondern auf einmal verschlagen in unabsehbare Ferne, gerissen mitten aus angelegten und begonnenen Arbeiten, ja was am innigsten versehrt, augenblicklich sogar persönlich von einander getrennt.

Was ist es denn für ein Ereignis, das an die abgelegne Kammer meiner einförmigen und harmlosen Beschäftigungen schlägt, eindringt und mich herauswirft? Wer, vor einem Jahre noch, hätte mir die Möglichkeit eingeredet, daß eine zurückgezogne, unbeleidigende Existenz beeinträchtigt, geleidigt und verletzt werden könnte? Der Grund ist, weil ich eine vom Land, in das ich aufgenommen worden war, ohne alles mein Zuthun, mir auferlegte Pflicht nicht brechen wollte, und als die drohende Anforderung an mich trat, das zu thun, was ich ohne Meineid nicht thun konnte, nicht zauderte der Stimme meines Gewissens zu folgen. Mich hat das, was weder mein Herz noch die Gedanken meiner Seele erfüllte, plötzlich mit unabwendbarer Nothwendigkeit ergriffen und fortgezogen. Wie ein ruhig wandelnder Mann in ein Handgemenge geräth, aus dem ein Ruf erschallt, dem er auf der Stelle gehorchen muß, sehe ich mich in eine öffentliche Angelegenheit verflochten, der ich keinen Fußbreit ausweichen darf, nicht erst lange umblicken, was Hunderttausende thun oder nicht thun, die gleich mir zu ihrer Aufrechthaltung verbunden sind.

Meine Vaterlandsliebe habe ich niemals hingeben mögen in die Bande, aus welchen sich zwei Parteien einander anfeinden. Ich habe gesehen, daß liebreiche Herzen in diesen Fesseln erstarrten. Wer nicht Eine von den paar Farben, welche die kurzsichtige Politik in Curs bringt, aufsteckt, wer nicht die von Gott mit unergründlichen Gaben ausgestatteten Seelen der Menschen wie ein Schwarz und Weiß getheiltes Schachbrett ansieht, den haßt sie mehr als ihren Gegner, der nur ihre Livree anzuziehen braucht, um ihr zu gefallen. Hat nicht die Geschichte unserer Zeit oft genug gezeigt, daß keine Regierung sich irgend einer Partei hat lange ergeben können? Ich traue jedem dieser Gegensätze einen größern oder kleinern Theil Wahrheit zu, und halte für unmöglich, daß sie in voller Einigung aufgehn. Wer fühlte nicht in gewissen Puncten zusammen mit dem Liberalen, mit dem Servilen, mit dem Constitutionellen und dem Legitimisten, Radicalen und Absoluten, sobald sie nur nicht unredlich oder Heuchler sind? Unsere Sprache besitzt zum Glück noch keine Ausdrücke, die das Ultrierte in allen diesen Begriffen wiedergäben; viel naturgemäßer scheint in einigen Ländern eine historische Bezeichnung der beiden Theile, wie durch Whigs und Torys, welche Namen darum keinem jener abstracten genau entsprechen und doch ihr geistiges Element in sich fassen. In dem Grunde solcher Entgegensetzungen sehe ich oft wilde Pflanzen treiben, üppig in Stengel und Laub, ohne nährende Frucht. Unter den vielen wechselnden Verfassungen waren die glücklichsten die, welchen es gelang, das allgemeine Loos irdischer Tugenden und Unvollkommenheiten dergestalt zu beherschen, daß sie, was Zeiten und Völker am eigensten hob, sich gewähren ließen und schirmten. In seiner noch größeren Einfachheit und Abschließung hat das Alterthum vollendetere Einrichtungen aufzuweisen, deren Erfolge in der Geschichte verzeichnet stehn, dem menschlichen Geschlecht zu unverrinnender Erquickung, nicht zu unbesonnener Nachahmung, die blindlings das Sichere der eignen Gegenwart fahren läßt und nach einem verschwundnen Zustande ringt. Noch jetzt aber, bei vielen Völkern, haften Grundpfeiler von Treue und Anhänglichkeit an hergebrachte und angestammte Ordnung, unter deren Sonne und Schatten sie groß gezogen worden sind. Auf ihr zu beharren, ohne sich der Macht des Neuen zu entschlagen, die Verfallnes und Verwittertes nach eignen Mitteln herzustellen hat, das scheint die Aufgabe, bleibe nun der alte Stil vorherschend oder werde er überstiegen von dem Neubau. Den heilsamsten Anlaß zu solcher, wie soll man sagen, Fortentwicklung oder Verjüngung? führt die Mitte herbei, nicht das Ende, aber jene Mitte des Lebens, des Herzens, nicht die künstlich gemachte, die Lüge mit Lüge abwägt. Die innere Mitte ist warm, die Extreme sind erkältet, um sie webt schnell die luftigste Theorie, während jener Schoße die goldne Praxis entsteigt. Ich habe, auch ganz zujüngst, Liberale augenblicklich, wo es daran lag, servil handeln, Servile, wo ihr Vortheil oder Schaden ins Spiel trat, ohne weiteres die liberalste Schonungslosigkeit in ihr Verfahren legen sehen. Ein Paar Gleichnisse sollen versuchen den Eindruck darzustellen, den jene Gegensätze wohl bei mir hinterlassen. An Constitutionellen misbehagt mir ihr pedantisches Streben nach Ausgleichung und Gleichförmigkeit, Berggipfel möchten sie ebnen, stolze Wälder ausrotten, ihren Pflug in blumenreiche Wiesengründe die Furche des Ackers reißen lassen. Sie mühen sich, das Obere hinab, das Niedere hinauf zu rücken, ihr eigentliches Gefallen ist das Gewöhnliche, Nützliche. Wenn von ihnen alles mit Hast getrieben wird, gehn die Absolutisten aus auf eine unnatürliche Stätigkeit aller Dinge; sie scheuen und suchen jede Erhebung des Geringen zu hintertreiben, ihre Mittel sind langsamer und geschmeidiger. Sie unternehmen es wohl, wenn ihrer Ansicht der Vordergrund unsrer Zeit zu eintönig und abgeblichen erscheint, ihn mit grellen Farben aufzumahlen, und vor unsern Augen Fratzen hinzustellen, welche die Zukunft hohnlachend niederreißen wird. Alle Gegenwart in der Zeit hat mit der Nähe im Raum gemein, daß sie den Zuständen und Gebräuchen sanftes und verschmelzendes Colorit verleiht.

Es gibt noch ein Kennzeichen für beide Parteien. Die Liberalen verachten das Mittelalter und schreien wider Barbarei und Feudalismus; die Servilen tragen eine gewisse Sehnsucht danach zur Schau. Ich darf hier ein Wort mitsprechen, der ich gerade mein Leben an die Untersuchung unseres Mittelalters setzte. Ich habe mit innerer Freude getrunken an seinen stillen Brunnen, die mir kein Sumpf schienen; in die rauhen Wälder unsrer Vorfahren suchte ich einzudringen, ihrer edlen Sprache und reinen Sage lauschend. Weder die alte Freiheit des Volks blieb mir verborgen, noch daß es schon, bevor des Christenthums Segen ihm nahte, sinnigen, herzlichen Glauben hegte. Ihr habt oft wenig gewust von diesen Dingen, ihr konntet Waffen holen aus meinen Büchern, wenn ihr, nach euerm Zweck, die Gegenwart durch die Vergangenheit herabwürdigen oder bestätigen, wenn ihr dem König, dem Volk, der Kirche bald geben, bald nehmen wolltet. Schriftsteller die sich einem verlassnen Felde widmen, pflegen ihm Vorliebe zuzuwenden; ich hoffe, wer meine Arbeiten näher kennt, daß er mir keine Art Geringhaltung des großen Rechts, welches der waltenden Gegenwart über unsere Sprache, Poesie, Rechte und Einrichtungen gebührt, nachweisen könne. Denn selbst wo wir sonst besser waren, müssen wir heute so sein, wie wir sind.

Ich fühle mich eingenommen für alles Bestehende, für Fürsten und Verfassungen. Wie gerne hätte ich in stiller *Abgeschiedenheit,* zufrieden mit der Ehre, die mir die Wissenschaft gibt, mein Leben in dem Dienste eines von der Liebe und Ehrfurcht seines Volkes umgebenen Herrn zugebracht. Die Person des Fürsten bleibt uns geheiligt, während wir seine Maßregeln und Handlungen nach menschlicher Weise betrachten. Die Könige des Mittelalters zeigten sich dem Volke noch in ihrer Würde Zeichen, die Krone auf dem Haupt unter wallenden Locken, den Mantel um die Schultern; wenn die heutigen Könige dieses Glanzes sich entäußernd gleich Unterthanen einhergehn, wenn sie bei vielen Anläßen die Bequemlichkeit des Privatlebens der Bürde ihrer öffentlichen Stellung vorziehen; schwebt ihnen dann nicht das allgemeine Ziel aller menschlichen Hinfälligkeit[1] lebendiger vor Augen? fühlen sie dann nicht, daß ihre Zeit auch Privattugenden von ihnen heischt? Der Majestät Strahl umgibt sie immer noch, je mehr sie im Licht der Gerechtigkeit wandeln, die ihre erste Eigenschaft ist.

[1] wer kan den hêrren von dem knehte scheiden, swa er ir gebeine blôzez fünde? Walther von der Vogelweide 22, 12; vgl. Neocorus 1, 489.

Hier kann ich zu den Hergängen übergehen, durch welche die bestandene Ruhe nicht allein des Königreichs Hannover, sondern des ganzen deutschen Vaterlandes auf das empfindlichste und zum Leidwesen der Redlichen, man darf hinzufügen von allen Parteien, unterbrochen worden ist.

Es ist nicht von Nöthen, den Inhalt beider Patente auszuheben, welche König Ernst August nach seiner Thronbesteigung erließ; es wäre anzuführen überflüssig, wie durch diese Acte unmilder Gewalt die Freude gedämpft wurde, daß ein wichtiger Landstrich aus der zwar ehrenvollen, oft ersprießlichen, aber das Nationalgefühl herabdrückenden Verbindung mit einem mächtigen fremden Reiche in das reine Verhältnis der andern deutschen Bundesstaaten übergegangen war. Dumpfe Bestürzung verbreitete das erste Patent, heftigere und unverhaltbare das andere.

Der Herzog von Cumberland, in dem freisten, glücklichsten und blühendsten Reiche der Welt geboren, hatte von Kindheit auf die Luft brittischer Verfassung eingesogen und muste alle die Eindrücke wahrgenommen haben, welche aus einer lange bewährten großartigen Ordnung der englischen Macht auf jeden Unbefangenen, wie viel mehr auf alle Landesgenossen hervorgehn. Dort wird nichts so lebhaft gefühlt, so augenblicklich vereitelt und gerächt, als jeder Eingriff in die festgegründeten Rechte beneidenswerther Institutionen.

Unter Privatleuten gilt als edle Sitte, daß der Bruder, wenn er des Bruders Habe erbt, des Hingeschiednen Ruhe nicht störe und alle Anstalten desselben aufrecht erhalte. Während Wilhelm des vierten, als eines milden, gerechten Königs Andenken zahllose Unterthanen segneten, als die Leichenfeier noch nicht verhallt ist, beginnt der Nachfolger seine Regierung damit anzutreten, daß er des königlichen Bruders und Vorfahren Werk, als sei es ein nichtiges und untaugliches, umstürzt.

Dies Werk war das im Jahr 1833, nach langer, von allen Theilen wohlgemeinter Berathung zwischen König Wilhelm und den Ständen auferrichtete Grundgesetz, welchem von da an bis auf jenen Machtschritt Regent, Land und Leute mit Treu und Glauben angehangen hatten, gegen dessen völligen, unkränkbaren Rechtsbestand in dem Volke selbst nicht der leiseste Zweifel obwaltete. Jetzt plötzlich soll dieses Gesetz nicht mehr gelten. Also ein König, dessen angebornes Wohlwollen aus allen seinen Aeußerungen hervorleuchtete, Minister, deren redliche Absicht zu bezweifeln keine Ursache war, haben dem Lande eine Verfassung gegeben, deren Nichtigkeit sie vor allen einsehen musten? Sie haben einen Eid darauf abgelegt, von dem sie wusten, daß er auf Täuschung beruhe, und vier Jahre danach regiert? Kann der einfache gesunde Sinn das glauben?

Der König findet seine agnatischen Rechte ungewahrt. Wer kann ihn tadeln, wenn er darauf hält? Das durfte ihn zu deren neuer Erörterung führen, nicht zu einseitiger Auflösung eines ihm als Regierungsnachfolger überlieferten Staatsgrundgesetzes. Als Nachfolger tritt er aus der Reihe der Agnaten, und ihnen gegenüber, er nimmt seines Vorgängers Gesichtspunct an. Könnte jeder Nachfolger den Vertrag lösen, der mit dem Lande eingegangen war, so würde niemals Sicherheit, auch nicht während langer Regierungen entspringen, weil hinter jedem Thronerben ein Umwurf drohen würde. Nicht daß Verfassungen ewige Dauer gebührt: sie sollen gleich allem Irdischen vergänglich und zerbrechlich sein, nicht aber aus Willkür, sondern von beiden Theilen, zwischen welchen sie zu Stande gekommen waren, abgeändert oder zerbrochen werden. Es fällt mir weder ein noch ist es meine Sache, eine ungewöhnliche Trefflichkeit des hannöverischen Gesetzes von 1833 zu behaupten; es wird dem einen democratischen Stoffes zu viel, dem andern zu wenig enthalten und genug Mängel sonst an sich tragen; aber es hat bisher bestanden und gegolten. Allen ständischen Verfassungen in Deutschland kann der negative Nutzen schwerlich abgesprochen werden, den sie seit ihrer Dauer stifteten. Sie fördern nicht so offenbar, als sie wohlthätig Misbräuche hemmen; sie sind ein Damm, der eine Gegend noch nicht fruchtbar macht, aber den einbrechenden und versandenden Wellen wehrt. Der eigentliche Segen geht allerdings erst von der reinen Liebe des Fürsten zu seinem Lande aus.

Bei Bekanntwerdung des ersten Patents fanden sich die Landstände gerade noch in Hannover versammelt, und ihr Präsident scheint schwere Verantwortung auf sich geladen zu haben, dadurch daß er ihren rechtmäßigen Einspruch, als es die höchste Zeit war ihn geltend zu machen, vereitelte. Alle späteren Schwierigkeiten hängen von diesem unberechenbaren Fehlgriff ab, das Land ist der nothwendigsten Form beraubt worden, an welche es seinen Widerstand binden durfte.

Das einfachste Mittel war entrissen; aller Augen richteten sich auf die Minister hin, denen nun zunächst die Pflicht des Handelns oblag. In constitutionellen Ländern sind sie ein Barometer, sie dürfen über eine bestimmte Linie weder hinaufsteigen noch herabsinken, ohne einen gefährlichen, ja unerträglichen Stand der Dinge anzuzeigen. Ein begründeter Ruf der Rechtlichkeit und Unbescholtenheit umgab diese Männer, ihre Namen wären mit unvergänglicher Ehre in den Annalen des Landes eingeschrieben, wenn sie Muth und Tact gehabt hätten jede falsche Stellung von sich abzulehnen. Eine solche war ganz deutlich die, welche sie nach dem ersten königlichen Erlaß noch einnahmen. Wer aber drückt das allgemeine Staunen aus, als sie sogar nach dem zweiten Patent in einem Amte zu verharren wagten, das für sie selbst persönlich um eine Stufe erniedrigt wurde? Aus treuen Freunden der Verfassung, deren oberste Hüter und Wächter sie gewesen waren, wandelten sie sich in erklärte Feinde derselben, die fortan nothgedrungen waren, jeden Angriff auf sie zu erleichtern und zu beschönigen. Fühlten, auf so schlüpfrigem Boden, sie wenigstens nicht einmal die Gefahr des gegebenen Beispiels? Der belastet sich zwiefach, der auch noch andere in den Fall mit sich fortreißt.

Und sie hatten zuoberst den Eid auf die Verfassung geleistet, der so heilig ist als jeder andere Eid, der von allen Staatsdienern als wesentliche Ergänzung des Huldigungseides im Jahr 1833 geschworen worden war, und seitdem von jedem neu in den Staatsdienst eintretenden geleistet werden muste. Was nun den Eindruck des zweiten Patents mehr als alles steigerte, war eben die darin unumwunden ausgesprochene Loszählung aller Staatsdiener von dem auf die Constitution geleisteten Schwur. Dem Gewissen, das keine irdische Macht, kein König entbinden kann, wird hier eine Erledigung angeboten, die zu immer währender Belastung führt. Den Eid auf die Verfassung konnte niemand lösen als entweder der König gemeinschaftlich mit den nach dem Gesetz von 1833 berufenen Landständen, oder ein rechtlicher Ausspruch des Bundestages; einen dritten Weg gab es nicht. Beiden Entscheidungen würden wir uns in ehrerbietigem Gehorsam gefügt haben, aber ohne volle Ueberzeugung war keine Entlastung möglich, jeder Zweifel hätte einen unerträglichen Zustand der Seele mit sich geführt. Ich sehe das kalte Lächeln derer, die sich die Klugen nennen, und hier bloß eine nicht ernsthaft gemeinte Ausflucht erblicken; habe ich doch selbst sagen hören, ein Eid in politischen Angelegenheiten bedeute nicht viel, oder auch, der aufgelegte Eid binde eben nicht, man erfülle ihn so weit man Lust habe. Gut, denkt der eine, daß sich Veranlassung findet, eine liberale Verfassung umzuwerfen, wenn es gelingt, so heiligt der Zweck die Mittel; wir haben ein höheres Recht, das die Rechte des Machwerks nicht zu achten braucht. Was kümmert mich die Politik, meint der andere, wenn sie mich in meiner Behaglichkeit oder in meinen gelehrten Arbeiten stört. Aber so sehr ist die Religiosität nicht verschwunden, daß nicht viele, die etwas höheres als weltliche Klugheit kennen, die volle Schwere des Grundes mit mir in tiefstem Herzen empfinden. Es gibt noch Männer, die auch der Gewalt gegenüber ein Gewissen haben. – Späterhin wurde eine weitere Deutung aufgesucht: der König sei alleiniger Dienstherr, ihm allein, keinem andern, sei der Eid geschworen, in seiner Macht stehe es den Diener von dem Eide zu entbinden. Gewiß, der König ist der einzige Herr, gewiß, der Eid ist in die Hand seines Bevollmächtigten abgelegt, dennoch steht es nicht in der Macht des Königs, den einmal vor Gott ausgesprochenen zu lösen. Er ist auf die Aufrechthaltung des Grundgesetzes geleistet, und so lange dies nicht rechtsgültig aufgehoben ist, muß er unverbrüchlich sein. Ich habe keine staatsrechtliche Theorie gemacht und keine zu verfechten, ich muß mich an das halten, was mir von oben gegeben ist, aber nach der Basis, auf welcher das Grundgesetz ruht, kann man mit vollem Recht sagen, der Eid ist auch dem Lande geleistet. Und braucht man nach analogen Verhältnissen weit zu suchen? Hat ein Oberappellationsgericht einen andern Herrn als den König? und steht es in seiner Macht, die Mitglieder desselben von dem Eide, den sie auf die Gerichtsordnung geleistet haben, zu entbinden? – Würde sich vor einem Jahre jemand mit einer solchen Deutung vorgewagt haben? und glaubt man, daß sophistische Wendungen dieser Art in ein ehrliches, einfach denkendes Gemüth eindringen?

Indem ich mich nunmehr anschicke, von den Gesinnungen und Handlungen zu reden, welche sich in Göttingen seit den beiden Patenten kundgaben, gedenke ich zuvor noch des tragischen Verhängnisses, das diese Unterbrechung der öffentlichen Ruhe unmittelbar in den Zeitpunct fallen ließ, wo die Universität die größte Feier zu begehn hatte, die ihr seit ihrer Stiftung zu Theil werden konnte. Alle Gemüther waren innig erregt und die Blicke von ganz Deutschland auf Göttingen gerichtet; das Schicksal hatte dem höchsten Glanz der Academie schon eine Zuthat von unruhigem Schmerz gegeben, der an den feierlichen Tagen sich noch in den Hintergrund ziehen durfte, weil damals die auf das erste Patent gefolgte zweifelnde, noch nicht verzweifelnde Beklemmung herrschte. Der noch reine Festhimmel war nur am Rande mit bedenklichen Wolken gesäumt. Die von den Schaaren fremder Gäste und Zuschauer, wie nie vorher, belebten Straßen der Stadt waren wieder öde geworden und ein kurzer Feriengenuß eingetreten, als unmittelbar mit dem Beginn des neuen Semesters die gefürchtete Catastrophe eintrat und alle gehegten Besorgnisse, auf einen Schlag, weit überbot. Die unerwartete, bald aber bestätigte Botschaft von der Nachgiebigkeit der alten Minister vollendete die allgemeine Bestürzung.

Kein anderer Bestandtheil des ganzen Königreichs konnte von dieser Begebenheit lebhafter und tiefer ergriffen werden, als die Universität. Die deutschen hohen Schulen, solange ihre bewährte und treffliche Einrichtung stehn bleiben wird, sind nicht bloß der zu und abströmenden Menge der Jünglinge, sondern auch der genau darauf berechneten Eigenheiten der Lehrer wegen, höchst reizbar und empfindlich für alles, was im Lande Gutes oder Böses geschieht. Wäre dem anders, sie würden aufhören, ihren Zweck, so wie bisher, zu erfüllen. Der offne, unverdorbne Sinn der Jugend fordert, daß auch die Lehrenden, bei aller Gelegenheit, jede Frage über wichtige Lebens- und Staatsverhältnisse auf ihren reinsten und sittlichsten Gehalt zurückführen und mit redlicher Wahrheit beantworten. Da gilt kein Heucheln, und so stark ist die Gewalt des Rechts und der Tugend auf das noch uneingenommene Gemüth der Zuhörer, daß sie sich ihm von selbst zuwenden und über jede Entstellung Widerwillen empfinden. Da kann auch nicht hinterm Berge gehalten werden mit freier, nur durch die innere Ueberzeugung gefesselter Lehre über das Wesen, die Bedingungen und die Folgen einer beglückenden Regierung. Lehrer des öffentlichen Rechts und der Politik sind, kraft ihres Amtes, angewiesen die Grundsätze des öffentlichen Lebens aus dem lautersten Quell ihrer Einsichten und Forschungen zu schöpfen; Lehrer der Geschichte können keinen Augenblick verschweigen, welchen Einfluß Verfassung und Regierung auf das Wohl oder Wehe der Völker übten; Lehrer der Philologie stoßen allerwärts auf ergreifende Stellen der Classiker über die Regierungen des Alterthums, oder sie haben den lebendigen Einfluß freier oder gestörter Volksentwicklung auf den Gang der Poesie und sogar den innersten Haushalt der Sprachen unmittelbar darzulegen. Alle diese Ergebnisse rühren aneinander und tragen sich wechselseitig. Es bedarf kaum gesagt zu werden, daß auch das ganze Gebiet der Theologie und selbst der Medicin, indem sie die Geheimnisse der Religion und Natur zu enthüllen streben, dazu beitragen müssen, den Sinn und das Bedürfnis der Jugend für das Heilige, Einfache und Wahre zu stimmen und zu stärken. Wie allseitig muß also die Universität von der Kunde ergriffen werden, daß die Verfassung des Landes dem Umsturz ausgesetzt sei. Eine Menge junger Leute nehmen Antheil an der veränderten Lage ihrer Eltern, Brüder, Freunde und Lehrer, an der Verrückung ihrer eignen Stellung; alle bewegt ein allgemeines Gefühl der schwebenden Gewaltthätigkeit, und es braucht nicht erst gesagt zu werden, auf welcher Seite sie stehen.

Unter den Professoren thaten sich bald verschiedenartige Gruppen hervor, die Charactere, wie mein Bruder treffend bemerkte, fiengen an sich zu entblättern gleich den Bäumen des Herbstes bei einem Nachtfrost; da sah man viele in nackten Reisern, des Laubes beraubt, womit sie sich in dem Umgang des gewöhnlichen Lebens verhüllten. Zwar das muß zugegeben werden, daß alle und jede von dem Entschluß des Königs unangenehm berührt wurden und ihn lieber ungeschehn gewust hätten. Die vom Alter abgestumpften scheuten die Mühe und den Lärm der Neuerung, aus der für ihre letzten Bequemlichkeiten sich Störungen ergeben könnten; sie überlegten nicht, daß auch dem ablaufenden Leben Festigkeit zieme, sogar gefahrlosere bereitet sei, daß noch die scheidende Sonne ein zu Ende neigendes ehrenvolles Wirken überglänzen könne. Ein andrer Theil, an sich gegen jede Verfassungsform völlig gleichgültig und nur eigne Vortheile ins Auge fassend, mochte dem Grundgesetz von 1833 abgeneigt sein, weil es einzelne frühere Rechte und Privilegien der Universität aufgehoben hatte. Dahin gehörte zumal die Vernichtung der dem Professorenstande so nöthigen Einquartierungsfreiheit, worüber ärgerliche Reibungen und Verhandlungen mit den Bürgern entsprungen waren, die sich hier einmal als tüchtige Staatsbürger fühlten und begierig an dem Princip der gleichen Beitragspflichtigkeit zu allen Staatslasten festhiengen, in Zeiten wahrer Noth aber wenig Beruf in sich spüren, ihrer Staatsbürgerverpflichtung nachzukommen. Ich will dem Aufheben solcher Privilegien nicht das Wort reden, es wird an der allgemeinen Nivellierung aller Verhältnisse ein weniges dadurch gewonnen, aber der Verband der Corporation gelockert, an welchem viel mehr gelegen war. Solange nicht die Ausgleichung den Gipfel erlangt hat, daß sie den Bürger befähigt abwechselnd mit dem academischen Lehrer das Catheder zu besteigen, diesen nöthigt, abwechselnd mit dem Bürger zu backen und zu schlachten, brauchen noch keine Söldaten in die Auditorien eingelegt zu werden. Doch war hier weniger die Richtung der Constitution von 1833 anzuklagen, als der schon lange wirkende Zeitgeist, dem sie huldigte. Ältere Göttinger Professoren erinnern sich auch einer sonst bestandnen Accisefreiheit, deren Wohlthaten schon geraume Zeit vorher, ehe jemand an ein Grundgesetz dachte, aufgehört hatten. Man muß Verbesserungen im Großen hinnehmen mit Verschlimmerungen im Kleinen, nicht umgekehrt ein ganzes Verderbnis entschuldigen aus einzelnen Vortheilen, die es bringen könnte. Es mag indessen nur sehr wenige Professoren geben, die sich von solchen Gründen hätten bewegen lassen, dem königlichen Patent ihren Beifall zu zollen, aus dessen Sinn durchaus nicht entnommen werden darf, daß mit der Vertilgung der Verfassung jene Bevorrechtungen einzelner Stände wieder erwachen werden. Jede Regierungsart ist so klug, daß sie sich auch einige Folgerungen aus der ihr ganz entgegengesetzten gefallen läßt.

Der größten Zahl der Professoren muste einleuchten, daß das königliche Machtgebot die wichtigste Angelegenheit des Landes betreffe und daß es nun auch der Universität gelte, sich ihm entweder muthlos zu ergeben, oder ein gegründetes Recht des Widerspruchs auszuüben. Wiederum aber zerfielen die, welche es für rathsam hielten unterwürfig zu schweigen, in zwei sehr verschiedne Parteien. Zur einen gehörten die Männer welche, sonst vorlaut und stolz genug, vor aller Gewalt verstummen, und jede Ungnade in den Augen des Herschers als das unerträglichste Unglück betrachten; sie waren, auf Kosten ihrer selbsteignen Denkungsart, zur Nachgiebigkeit bereit, und schnell erfinderisch Scheingründe für ihre Abtrünnigkeit nicht bloß hervorzusuchen, sondern sie auch anders gesinnten auf alle Weise anzuempfehlen. Andere, allerdings achtungswerther, bedauerten zwar den Untergang der beschwornen Verfassung, hiengen aber über alles an der Aufrechthaltung der Universität, deren Gefahr, wenn sie den Unwillen des Königs auf sich ziehen sollte, ihrem Herzen weit näher lag, als das Heil des ganzen Reichs, welcher daher die angelobte Pflicht unbedenklich aufgeopfert werden müsse. Verkennend, daß auch die edelsten und berühmtesten Einrichtungen darunter am meisten leiden, wenn die Gerechtigkeit von ihren Verwaltern versäumt wird, sind sie Beamten ähnlich, die aus misverstandner Liebe zu ihrem Amt dessen ganze Würde in die Schanze schlagen, und das ihnen rein vertraute Gut fleckig werden lassen, um ihren Nachfolgern wegen der zu ziehenden Diäten nichts zu vergeben. Die Wissenschaft bewahrt die edelsten Erwerbungen des Menschen, die höchsten irdischen Güter, aber was ist sie gegen die Grundlage des Daseins werth, ich meine gegen die ungebeugte Ehrfurcht vor göttlichen Geboten? Sie wird, von dieser abgetrennt, wie jene italienischen von Marmor täuschend nachgeahmten Früchte ein eitles Schaugericht, das niemand sättigt und nährt. Auf diesem Wege verstehe ich es nicht, den Glanz der Georgia Augusta zu erhalten, für den ich freudig und mit treuer Anhänglichkeit meine besten Kräfte hingegeben, keine Störung der liebsten Arbeiten gescheut habe. Hier mögen meine Collegen, selbst die anders gehandelt haben, hier mag das Curatorium Zeugnis ablegen.

Mit Freuden bekenne ich, daß, diese die höhere Pflicht und jene alles Selbstgefühl aufgebenden abgerechnet, unter der bedeutenderen Masse aller Uebrigen, in den ersten Wochen, die Meinung der vor Zorn und Scham glühenden das Uebergewicht hatte, welche ihren Eid zu wahren, nicht zu brechen gedachten. Hätte man damals die Stimmen gesammelt, sie wären fast alle zu Gunsten der Wahrheit und des Rechts abgegeben worden, und selbst die Schwächeren fühlten sich durch die Reinheit des ersten Eindrucks, wie er sich bei solchen Gelegenheiten überall geltend macht, empor gehalten. An den Mitteln aber, welche man berathschlagte, thaten sich bald Trennungen hervor, und den Nachgiebigeren oder Zagenden war es innerlich willkommen, ohne der anfangs geäußerten Gesinnung zu entsagen, vorerst die Ablehnung festerer Maßregeln durch aufhaltende Bedingungen oder die Halbheit dazwischen geworfner vielfacher Vorschläge zu erreichen. Während den Gewissen mit jener Anmuthung sich des Eides zu entschlagen eine sofortige und laute Gegenerklärung geboten war, faßte bei vielen die leidige Ansicht Wurzel, der rechte Zeitpunct sich zu erklären trete für die Universität erst dann ein, wenn sie die bevorstehende Aufforderung zur Wahl eines Deputierten in die vom König unberechtigt einberufene Ständeversammlung nach den Grundsätzen von 1819 entschlossen bei Seite zu weisen habe. War denn nicht der Eid auf die Constitution von 1833 factisch zu Boden getreten, und gab es Gründe sein Sträuben dawider warten zu lassen? Bedurfte es erst noch eines andern Factums, gegen welches Widerstand zu leisten sei? War nicht Gefahr, daß durch die lange Erwartung dieses Factums Erschlaffung der Handelnden herbeigeführt werden würde? Der Erfolg hat diese Besorgnisse vollkommen gerechtfertigt. Unter dem Vorwand, bei Einberufung der Wählenden einen allgemeinen Protest der gesammten Universität zu Stande zu bringen (woran gleich damals billig zu zweifeln war), gab man die starke Eintracht der besseren Mehrheit auf, und stellte die Entschloßnen größerer Gefahr Preis. Es hat sich gezeigt, daß die Stunde jener Wahl nicht vierzehn Tage (wie man vorschützte), sondern über acht volle Wochen nach dem Patent eintreten sollte, nachdem sich durch eine Reihe anderer Vorgänge und Einwirkungen die Gemüther hinlänglich abgelenkt[1] haben können. Was

---

[1] Sed si aliquis ita bene moratus, ut de eo divinum judicium pariter humanumque consentiat; sed est animi viribus infirmus: cui si quid eveniat adversi, desinet colere forsitan innocentiam, per quam non potuit retinere fortunam.   *Boethius de consol.*

auch nunmehr bei diesem Wahlact vorgehn möge, es wird von wenigem Gewicht auf das Ganze sein. Die Regierung weiß nunmehr viel besser als damals, wie sie selbst eine völlige Verwerfung ihres Wahlvorschlags aufzunehmen und zu behandeln habe.

In so peinlicher, vielberathner und hingehaltner Lage entschied sich endlich eine geringe Zahl Beherztgebliebener das Eis des Schweigens zu brechen, dessen Rinde hart und schmählich das ganze Land überzogen hatte.[1] Unsere Erklärung an das Curatorium war den 17. November Abends entworfen worden, noch wusten wir nicht, ob sie am folgenden Tage von fünf, oder von sieben, oder von dreizehn unterschrieben abgehn sollte. Sieben Namen standen am Schluß der am 18. November entsandten Ausfertigung. Jeder war auf seinem Wege mit völliger Unabhängigkeit des Geistes zu der Ueberzeugung gelangt, welche die Protestation aussprach. Es war also wenigstens eine Besiebnung, der das altdeutsche Recht entschiedne Kraft beimißt, vollführt.

In diesem erlaßnen Widerspruch gegen das Patent herscht die einfache aber starke Sprache unverstellter, unverschleierter Wahrheit. Die der Würde des Königs gebührende Ehrfurcht wird nirgends verletzt; was zu sagen war, konnte nicht verhalten bleiben. Das Schreiben wurde an die Behörde eingereicht, welche der Universität zunächst vorgesetzt war und in deren Verpflichtung es lag, der Regierung ungesäumte Kunde dieses Hergangs zu hinterbringen.

Er konnte und sollte nicht geheim gehalten werden. Nicht allein war die vorausgegangene Berathung und ihr Ziel unter der Mehrzahl der Professoren bekannt, sondern auch Entwurf und Reinschrift der Erklärung mehrern Collegen, die nicht mit unterzeichneten, vorgelegt worden. Und wie hätte eine Vorstellung gegen das, was der König öffentlich an das ganze Land erlassen hatte, sich in die Schranken einer bloß an das Ministerium gerichteten, vielleicht ohne weitere Folge zu den Acten genommenen Antwort zwängen mögen? Diese Antwort bedurfte eben so sehr an das Licht der Welt zu treten, als ihr Anlaß. Richtet der König sein Wort an seine Unterthanen, so steht auch ihnen offen zu antworten und sich zu vertheidigen frei. Was für ein Verbrechen wäre das Recht dieser Vertheidigung, die nichts verräth, nichts verdeckt, keinen Gehorsam aufkündigt, sondern nur gegen eine Gewaltmaß-

---

[1] Wie bitter ist der Tadel darüber, den ein etwas höher gestellter Beamter in Hannover aussprach, ohne es in seiner Unschuld zu merken: »Wir haben es nicht gewagt dem Könige zu widersprechen, und sieben Professoren nehmen es sich heraus.«

regel der Regierung Einsprache thut? Ihr einziges Ziel, die Beruhigung der Gewissen, war der Anerkennung würdig. Wer verabscheut mehr als ich alles was man politisches Treiben nennt? Es hat mich nie nur aus der Ferne berührt. Steht es so mit uns, daß die Lehre des Christenthums, den Strauchelnden durch Beispiel zu warnen, zu einem politischen Vergehen darf gestempelt werden? Ich halte jeden, der nicht mit voller unerkünstelter Ueberzeugung den Gründen des Patents vom 1. November nachgeben kann, auch den, der seine Gedanken aus Klugheit davon abwendend die Frage sich nicht beantworten will, noch heute für einen Eidbrüchigen.

Die Geschichte zeigt uns edle und freie Männer, welche es wagten, vor dem Angesicht der Könige die volle Wahrheit zu sagen; das Befugtsein gehört denen, die den Muth dazu haben. Oft hat ihr Bekenntnis gefruchtet, zuweilen hat es sie verderbt, nicht ihren Namen. Auch die Poesie, der Geschichte Widerschein, unterläßt es nicht, Handlungen der Fürsten nach der Gerechtigkeit zu wägen. Solche Beispiele lösen dem Unterthanen seine Zunge, da wo die Noth drängt, und trösten über jeden Ausgang.

Niemand in Göttingen, oder andrer Orte, hat übersehn können, wie verschieden die Entschlossenheit der einzelnen Faculkäten ausgefallen ist, das Recht der Universität auf Erhaltung des Grundgesetzes zu vertheidigen. Als Corporation befugt und verpflichtet ihren Deputierten den Ständen beizuordnen, gekränkt durch die ausgesprochne Aufhebung der Verfassung, war sie einzuschreiten ermächtigt und aufgefordert. Einer aus gelehrten, kundigen, feiner fühlenden Männern zusammengesetzten Gemeinheit gebührte dieser Beruf vor den übrigen im Lande: was als Laienwahrheit allen Herzen einleuchtete, sollte sie von der gelehrten Bank herab, nach göttlichen und menschlichen Satzungen, bestätigen und bestärken. Ein vollstimmiger Beschluß von Seiten der ganzen Universität hätte die bedeutendste Wirkung haben müssen; bald aber zeigte sich nicht nur die Unausführbarkeit einer solchen Vereinigung, sondern auch wie sehr die Kräfte der Muthigeren durch gesondertes, ungleichzeitig und in abweichenden Formen sich entfaltendes Auftreten zersplittern würden. Keiner der endlich eingeschlagnen Schritte vermochte die Mitglieder der theologischen noch der medicinischen Facultät für sich zu bestimmen. Die philosophische und juristische waren es, von welchen aller Entschluß und alle Anregung ausgiengen, und das bleibt eine fast psychologische Merkwürdigkeit. Wenn man auch anschlagen muß, daß der Zahl nach die philosophische Facultät auf allen Universitäten immer die bei weitem stärkste, die theologische die schwächste ist; so wird doch die medicinische in dieser Beziehung der juristischen wenig weichen. Macht die alltägliche Gewohnheit vor Sterbebetten zu stehn und mit dem Messer in Leichen zu schneiden Aerzte härter und unempfindlicher gegen die Noth des Vaterlands? wird ihnen durch ihr Geschäft mehr Gleichgültigkeit für die Bedrängnisse des menschlichen Lebens, dem sie nur von der leiblichen Seite her zu Hilfe kommen, eingeflößt? Es gibt gleichwohl die edelsten Beispiele liebender Aufopferung für das Gemeinwesen auch unter Aerzten, und ihre regere Berührung mit allen Ständen pflegt ihnen sonst die Kunde der öffentlichen Dinge zu erleichtern, nicht zu verleiden. Von den Theologen hingegen, den Bewahrern des Glaubens und der Gewissen, wäre am allerersten zu erwarten gewesen, daß sie, eingedenk lutherischer Freimüthigkeit und Standhaftigkeit, ihre Zornschalen kräftig ausgeschüttet und alle Blödigkeit des Zweifels dahin geworfen hätten. Es fehlte nicht an Beistimmung, aber an der Entschlossenheit sie öffentlich zu bekennen. Theologischer und juristischer Gelehrsamkeit stand hier allerdings die eigentliche Begründung der obschwebenden Fragen zu; wenn es die Unterzeichner der Protestation schmerzlich empfanden, von ihren theologischen Collegen verlassen zu sein, so durfte freilich die Theilnahmslosigkeit der medicinischen Facultät minder schwer auffallen, doch die Einstimmung strengjuristischer Ansichten mit denen, die aus der freieren philosophischen Classe hervorgiengen, vollkommen beruhigen.

Es ist außerdem, selbst öffentlich von der Regierung, hervorgehoben worden, daß an dem Widerstand, welchen sie zu erfahren hatte, hauptsächlich sogenannte Ausländer, d. h. keine gebornen Hannöveraner betheiligt seien. Ein tief kränkender, undankbarer Vorwurf, der, wenn er gelten könnte, überhaupt nur den Sinn haben würde, daß unter deutschen Gelehrten, zwischen welchen von jeher Freizügigkeit und Gefühl deutscher Nationaleinheit waltete, die Abgrenzung einzelner Bundesgebiete Spaltungen erzeugen sollte. Oder hören die, welche fünf, zehn, zwanzig Jahre im hannöverischen Lande gelebt und gewirkt haben, noch nicht Auswärtige zu heißen auf? Will der König seine hohe Schule mit lauter eingebürtigen Professoren besetzen, nur für eingeborne Studenten öffnen? Man schlage Göttingens Jahrbücher auf, und zähle nach, wie viel Gelehrte ihm die engere Heimat, wie viel das übrige Deutschland zugeführt hat? von welchen unter diesen der größte Glanz über es gekommen, die festeste Treue ihm bewiesen worden ist? Nach dem dermaligen Bestande des Personals der Universität bilden die eigentlichen Hannoveraner nicht einmal dessen vierten

Theil, und so schwerlich die Würde der ganzen Anstalt mit bloßen Hannoveranern aufrecht erhalten werden könnte, eben so wenig Lust bezeigen möchten die auf andern deutschen Universitäten zerstreuten, nirgend als Ausländer betrachteten hannöverischen Gelehrten jetzt nach Göttingen abzugehn. Haben die außerhalb gebornen Unterzeichner der Protestation (welchen sich, wie jedermann weiß, auch ein geborner Göttinger rühmlich zugesellte) keine Liebe zu dem Lande verrathen, dessen Grundverfassung sie auf Gefahr ihrer Stellung hin zu hegen unternehmen? Liegt der hier berührten Erscheinung etwas Wahres zum Grunde, so dreht sie sich um in den wirklichen Vorwurf, daß die eingebornen Landeskinder, denen keine geringere, sondern eine noch mächtigere Verpflichtung zu der Constitution oblag, saumselig und furchtsam ihr nicht nachgekommen sind. Ihre Lässigkeit kann das gewissenhafte Betragen der übrigen nicht zum Laster stempeln.

Man hat, im Gefühl es gebreche sonst an Ursachen uns zu verdammen, die schnelle Veröffentlichung jener Erklärung als etwas strafbares aufzufassen gestrebt. Wissen doch Regierungen selbst, wie schwer es heutzutage ist, sogar ihre verborgensten Handlungen der Oeffentlichkeit zu entziehen, die als wohlthätige zugleich und gefährliche, aber unausrottbar gewordne Macht ihren Schritten zur Seite steht. Und, wie verbotne Früchte süßer scheinen, kehrt sich auch der Vortheil augenblicklicher Hemmung bald hernach wider die, welche sie verursachen, wenn sich die geschehnen Dinge mit desto stärkerem Schwung Luft machen und das Gerücht ihnen erhöhten Reiz leiht. Des Verbots, der Censur blödsichtiges Auge vermag doch bloß in unmittelbarer Nähe und Gegenwart zu sichern, die drohenderen Uebel der Zukunft gewahrt es nicht. Hätten wir mit Angst und Sorge jede Mittheilung unsrer Worte gemieden, sie wären, einmal entsandt, doch auf mehr als einem Wege frei geworden. Wir wollten sie nicht zuerst verbreiten, erwarteten nie, daß sie geheim bleiben würden. Sind wir daran Schuld, wenn ein uns völlig unbekannter Correspondent einer englischen oder französischen Zeitung von unserer Absicht hörte und davon meldete? Was konnten wir mit einer solchen kahlen Notiz bezwecken? wir die wir nichts verheimlichen wollten, die wir offen und mit allen Gründen uns zu erklären vorhatten? Endlich was hätte selbst eine solche Nachricht strafwürdiges in sich? Ich für mein Theil habe ohne Bedenken was ich gethan, und niemand daß es geschehen würde vorher wuste, was ich noch jetzt für völlig schuldlos halte, ausgesagt, daß ich den vierten Tag nach der Entsendung, zu einer Zeit wo bereits zahllose Abschriften umgien-

gen und benachbarte öffentliche Blätter Auszüge lieferten, einem
auswärtigen Freunde, gar nicht zur Bekanntmachung, bloß zur
Kenntnisnahme, eine vollständige Copie mitgetheilt habe.[1] Aehn-
liches, so viel ich weiß, dürfen meine Collegen behaupten. Keiner
hat den andern gefragt, was er thun wollte; viere haben gar keine
Veranlassung zur Mittheilung gehabt. Und hätten wir wirklich zu
gestehn gehabt, die alsbaldige Veröffentlichung sei unmittelbar
von uns ausgegangen, stand darauf Landesverweisung, überhaupt
nur auf der Mittheilung einer Erklärung an die Behörde irgend
eine Strafe? War das Ausgesprochne in Recht und Wahrheit gegründet, so durfte es vor die Welt hintreten, wie vor den König
selbst. Indem wir es weder an seine eigne Person richteten, noch
unmittelbar öffentlich machten, folgten wir der Scheu natürlicher
Ehrerbietung.

Ich habe nunmehr ein Ereignis zu berühren, das künftige Geschichtschreiber der Universität Göttingen aus ihren Jahrbüchern
tilgen zu können wünschen werden, die berüchtigte Rothenkircher
Deputation.

Die innere Wahrheit unserer Protestation muste in Hannover
wider Willen gefühlt worden sein, denn man schwieg so lange, bis
der Versuch gemacht wäre, die übrige Universität von aller zu
besorgenden Nachfolge abzuschrecken. Einem Gerücht zufolge
wollte der König selbst nach Göttingen kommen, um über die
Protestanten das volle Maß seiner Ungnade auszuschütten; er be-
gab sich in das etwa vier Meilen ferne Jagdschloß Rothenkirchen.

Gegen Ende Novembers ließ der Prorector dem Senat eröffnen,
daß der König zu Rothenkirchen eine Becomplimentierung von
Seiten der Universität erwarte. Diese Förmlichkeit schien überflüssig, da die Dankgefühle der Universität bereits zur Zeit des
Jubiläums ihren reichlichen Erguß genommen hatten. Man wähnte
indessen, dem Prorector sei eine officielle Einladung des Ministe-
riums oder Curatoriums zugegangen, der sich nicht ausweichen
lasse. Es hat später verlautet, daß dieß nicht der Fall gewesen sei,
vielmehr eine dritte Mittelsperson die Hand im Spiel gehabt habe.
Gegen eine Bezeugung der Ehrfurcht war vom Senate, wie sich

[1] Meine Aussage muß in dem academischen Protocoll enthalten sein, und das nennt
die Hannöverische Zeitung von 17. December unumwunden eingestehn, zur Verbreitung der Protestation beigetragen zu haben. Weil ich auf allgemeines Befragen ehrlich
sage, was den Umständen nach völlig unerheblich ist, deshalb wird mir auferlegt,
Haus und Hof zu räumen, die Meinigen und meine Habe im Stich zu lassen! Welche
Barbarei will Mittheilungen an Freunde untersagen? Durch mich ist die Urkunde
sicher in kein öffentliches Blatt gelangt und jedes konnte sie bereits anderswoher
entlehnen.

von selbst versteht, nichts einzuwenden. Neben dem Prorector, der selbst zugleich Substitut des Regierungsbevollmächtigten und Decan der Juristenfacultät war, wurden deren Exdecan und die Decane der drei übrigen Facultäten zur Reise bestimmt. Einige Senatsglieder mögen sogar gemeint haben, das aufsteigende Unwetter könne durch eine offne und freie Sprache der Abgeordneten beschworen werden. Man wird es seltsam, ja unbegreiflich finden, daß diesen keine bestimmte Instruction entworfen wurde; sie hatten einen oder zwei Tage lang Zeit dazu, alle obwaltenden Verhältnisse zu überlegen, reisten aber unvorbereitet und in voller Selbstgenügsamkeit am 30. November ab. Zu Rothenkirchen angelangt, wurde die Deputation alsbald befragt, ob sie eine Adresse der Universität bringe? auf verneinende Antwort aber bedeutet, daß sie ohne eine solche nicht vorgelassen werden könne. Hier war nun ein einfacher durch die Umstände sogar gebotener Ausweg, eben dieses Mangels wegen umzukehren und heimzureisen. Der Prorector entschloß sich lieber, in dem Vorzimmer des Pallastes eine solche Schrift abzufassen und sich so den Weg zur Audienz zu bahnen. Er soll anfänglich eine allgemeine, d. h. nichts sagende aufgesetzt und übergeben haben. Diese wurde jedoch nicht angenommen, sondern mit dem Bedeuten zurückgestellt, es müsse darin eine Misbilligung der Protestation ausgedrückt sein. Die Deputirten sahen sich nun in dem schwierigen und peinlichen Fall, etwas aussprechen zu müssen, was sie selbst in Wahrheit nicht fühlten und wozu sie wenigstens durchaus nicht von der sie absendenden Senatsbehörde bevollmächtigt waren. Rechtlichen Männern, hier gedrungen, über einen Schritt ihrer Collegen abzuurtheilen, blieb das einleuchtende Mittel, eben diesen Abgang an aller Vollmacht geltend zu machen. Die Deputation dachte aber auf Umwegen durchzuschlüpfen, und eine neue Adresse ward ausgeklügelt, deren gewundne Phrasen wahrscheinlich einen vielleicht beschönigenden Tadel, nicht der Sache und Meinung selbst, sondern der schnellen Verbreitung der Protestation auszudrücken suchten. Diese Adresse, deren wörtlicher geschweige buchstäblicher Inhalt bisher noch auf keine Weise hat bekannt werden wollen, genügte, und wurde von dem König, nach bewilligtem Gehör, dergestalt beantwortet, daß nun seine Ungnade allein auf die Unterzeichner der Erklärung fallen, die übrige Universität aber ihrer bewiesenen loyalen Gesinnung halber gerühmt werden konnte. Der Prorector wurde außerdem zu einer besondern und geheimen Audienz gelassen, in welcher es ihm frei stand von seiner Privatansicht so viel als er mit sich selbst zu verantworten glaubte zu äußern. Klar aber ist, daß weder er noch die Decane, als Abgeordnete ihrer Collegen, im Namen der Universität, der Facultäten und des Senats nicht das gelindeste von dem auszusprechen befugt waren, was sie zu Rothenkirchen von sich gegeben haben sollen.

Was sie aber auch dort verhandelt und ausgerichtet haben mochten, ihre unerläßliche Pflicht war, ungesäumt nach der Heimkehr dem committirenden Senate nicht allein, sondern, in einer so wichtigen Angelegenheit, auch dem gesammten Corpus der Professoren Rechenschaft abzustatten. Sollte man es glauben, daß vom 1 bis zum 14 December, an welchem Tage mein bisheriges Verhältnis zur Academie gelöst wurde, mithin in zwei vollen Wochen, keine Silbe über diese Hergänge von Seiten des Prorectors an mich gelangt ist? Was sich im Senat zugetragen hat, mögen andere genau berichten; man weiß daß auch da der Prorector nur allgemeine, ganz unverfängliche Dinge gesagt zu haben bekannte, jeder genaueren Erklärung und schlichter Erzählung ausweichend. Nicht weniger als ihrem Oberhaupt lag aber auch den übrigen Abgeordneten, seit sie übelverrichteter Dinge zurückgekehrt waren, die stärkste rechtliche und sittliche Pflicht ob, auf die Erstattung dieser Rechenschaft zu dringen. In Privatäußerungen schienen einige von ihnen freimüthiger, ohne jedoch irgend etwas einzuräumen, was den noch wurzelnden Glauben beeinträchtigen konnte, sie hätten bei dieser Veranlassung, wie es sonst immer üblich ist, ihren Genossen die Farbe gehalten. Daß sie nicht recht klaren Wein einschenkten, fühlte man wol, war aber weit entfernt, eine solche Verleugnung ihnen aufzubürden, als sie deren einige Tage später öffentlich geziehen werden sollten.

Hegten die Mitglieder der Deputation insgeheim den Wunsch, daß die königliche Ungnade sich entladen würde, ohne sie in die Entwicklung einzumischen, so sind sie mit allem Recht geteuscht worden. Ihre unmannhafte Haltung, die sittliche Mattherzigkeit ihrer zu Rothenkirchen geführten Sprache ist es offenbar, was unser Verderben, wenn auch nicht bereitet, doch vollendet hat. Das muß frei und laut gesagt werden. Ihnen lag die moralische Pflicht ob, der Anklage ihrer Collegen gegenüber, auf die Sache selbst einzugehen, und bescheiden und ehrerbietig aber furchtlos ihre Ueberzeugung auszusprechen. Das wird niemand, wo sie selbst es nicht etwa thun, leugnen. Aus ihren Träumen oder Hoffnungen sahen sie sich plötzlich geweckt durch einen officiellen Artikel der Hannöverischen Zeitung vom ... December, dem es nicht genügt, jener misbilligenden Adresse Meldung zu thun, der vielmehr wörtlich und ausführlich die ganze Rede mittheilt, welche, in Gegenwart der Decane, der Vorstand der Deputation gesprochen haben soll, und worin sich die Universität überhaupt, in deren Namen unbefugterweise aufgetreten wird, nicht bloß von aller Gemeinschaft mit den sieben Protestierenden lossagt, sondern ihre Gesinnung öffentlich schmäht. Lange noch wird der Verfasser dieses Artikels, wer er auch sei, mit heimlicher Schamröthe übergossen werden müssen, wenn ihm der gehässige Eindruck vorschweben kann, den dieses Machwerk bis in die weiteste Ferne hervorgerufen hat. »Das sind Fabeln« sagte mir einer der Deputierten ins Gesicht, auf die gedruckten Worte weisend; es war ein übertreibendes Zerrbild ihrer ganzen Handlung. Man soll glimpflich urtheilen von Collegen, die unbedachterweise in eine gelegte Falle gerathen waren. Mir schien es jederzeit, daß die Ehre ihnen das unabweisliche Gebot stellte, von nun an, und sei es auf Kosten ihres Amtes, sich alles Lugs und Trugs zu überheben. Nichts in der Welt durfte ihnen das Recht abschneiden das, was zu Rothenkirchen aus ihrer Feder oder aus ihrem Munde gegangen war, wörtlich bekannt zu machen, und jeder Fälschung frei, ich meine mit der Unterschrift ihres Namens, zu widersprechen. Sie zauderten und zauderten, noch bis heute ist ihr Schweigen nicht gebrochen. Welcher diplomatische Codex wird es zuerst wagen, die echte Urkunde herzustellen?

Während durch die Rothenkircher Vorgänge die Theilung der Gemüther zunahm und die Spannung unter den Professoren eine vorher unglaubliche Höhe in wenigen Tagen erreichte, während bei einigen unsrer Gesinnung nahe stehenden edlen Freunden der Entschluß zur Nachfolge um so schneller reifte, als die Gefahr wuchs; nahte die Entscheidung nunmehr in raschen Zügen, und doch überraschend. Der Regierung stand es zu, Lehrer deren offen dargelegte Grundsätze ihr nicht gefielen, vom Amte zu suspendieren: darauf gefaßt sein muste man. Es gab jedoch eine doppelte Art und Weise, die Suspension bis zu dem Augenblick, wo die Ungewißheit über die Verfassung durch den Zusammentritt einer Ständeversammlung nach dem Gesetz von 1819 entschieden sein würde, aufzuschieben oder alsogleich zu verhängen. Selbst der zweite härtere Weg schien noch allzu gelind. Der König verfügte, nachdem ein kurzes inquisitorisches Verfahren über die Verbreitung (wobei ich das erstemal in meinem Leben vor irgend einem Gericht erschien) vorausgegangen war, unterm 11 December nicht Suspension, sondern förmliche Entlassung der sieben Professoren aus seinem Dienst. Dreien darunter, welche Exemplare des Protestes anderwärts mitgetheilt hatten, wurde binnen dreien Tagen

Frist das Land zu räumen auferlegt, widrigenfalls sie gefänglich eingezogen werden sollten.[1] Wer möchte aber schuldlos im Kerker schmachten!

Mahnte den Prorector nicht sein Gewissen, als er dieß ohne Zuziehung einer Behörde gefällte, nur von dem Cabinetsminister contrasignirte Urtheil Männern publicirte, denen er im Herzen selbst nichts vorzuwerfen hatte? Zeigte ihm die Ehre nicht den Weg den er gehen muste?

Durch diesen ohne Urtheil und Recht, selbst mit Verletzung der in des Königs eignen Patenten vorgeschriebnen Formen ausgesprochnen Entsetzungsact erachte ich mich meines wohlerworbnen Rechtes auf mein Amt und den damit verbundnen Gehalt noch nicht beraubt, und gedenke alle mir dagegen zu Gebote stehenden Mittel gerichtlich zu verfolgen. Der Gewalt zu weichen war ich gezwungen.

Die unmittelbarste Behörde der Universität, ihr eignes Curatorium, wurde bei einem, für das Wohl und Wehe der Anstalt folgenreichen Gewaltschritt so wenig von dem alles lenkenden Cabinetsminister gefragt oder gehört, daß es erst von Göttingen aus am 17 oder 18 December durch die kriegerisch vollzogne Maßregel Kunde des Geschehnen empfieng.

Die Regierung erhielt mit der Nachricht von der Ausführung ihrer Befehle gegen die sieben Professoren zugleich die Botschaft, daß sechs andere nicht ihr selbst, sondern alsogleich in öffentlichen Blättern erklärt hätten, keineswegs die Rothenkircher Schmach theilen zu wollen. Diese zweite Protestation zu Gunsten der bedrohten Constitution von 1833, ihrer Fassung nach schwächer als die erste, stärker hingegen, weil sie nach der schon ausgesprochnen Ungnade des Königs jener sich anzuschließen wagt, ist unsre schönste Ehrenrettung und ein herrliches Zeugnis für den Geist der Universität. War unsere Verurtheilung unverdient und schonungslos, so gedachten sicher die nachprotestierenden Männer keine durch die Finger blickende Schonung sich abzuverdienen. Aber die Regierung, die Consequenz ihrer Gerechtigkeit aufgebend, schien selbst über den Riß zu stutzen, den ihr Verfahren in dem edelsten Gebäude des Landes hervorbrachte. Ein ausgestoßner Stein zieht dann den andern nach sich und ganze Wände lockern

---

[1] Es wird ihnen geboten das Land in drei Tagen zu verlassen, und wenn sie sich dem nicht freiwillig fügen sollten, wird die Untersuchung gegen sie mit aller Strenge fortgesetzt werden, und sie zu dem Ende an einen andern Ort im Königreich gebracht werden.

sich zum Sturz. Wo dieses einhalten werde, läßt sich nicht einmal berechnen.

Es war vorauszusehn und ist allgemein bekannt, welche bewegten und schmerzhaften Eindrücke unsere Entsetzung im Lande, unter allen Mitgliedern der Universität, die ein Gefühl von Recht hatten, vorzüglich aber unter der studierenden Jugend erzeugen muste. Ich verzichte hier darauf sie zu beschreiben: sie bleiben in meine Brust gegraben.

Schwerer fällt es die weit in ganz Deutschland gefühlte und noch lange nachhaltende Wirkung des Ereignisses aufzufassen. Aber ich, der ich bloß von dem, was mich persönlich berührt, reden wollte, enthalte mich des Versuchs und überlasse die Pflicht dieß zu erwägen denen, welchen sie von ihrer Stellung unabweislich auferlegt wird.

Nun liegen meine Gedanken, Entschlüsse, Handlungen offen und ohne Rückhalt vor der Welt. Ob es mir fruchte oder schade, daß ich sie aufgedeckt habe, berechne ich nicht; gelangen diese Blätter auf ein kommendes Geschlecht, so lese es in meinem längst schon stillgestandnen Herzen. Solange ich aber den Athem ziehe, will ich froh sein gethan zu haben was ich that, und das fühle ich getrost, was von meinen Arbeiten mich selbst überdauern kann, daß es dadurch nicht verlieren sondern gewinnen werde.

Rede auf Wilhelm Grimm

Gehalten in der
Königl. Akademie der Wissenschaften
zu Berlin 5. Juli 1860

Ich soll hier vom bruder reden, den nun schon ein halbes jahr lang meine augen nicht mehr erblicken, der doch nachts im traum, ohne alle ahnung seines abscheidens, immer noch neben mir ist. ihm zum andenken niedergelegt sei denn ein gebund erinnerungen, die sich aber, wie man in diesem kreise erwarten wird, fast nur auf seine wissenschaftliche thätigkeit erstrecken. seine sonstigen lebensbegegnisse hat er selbst schon einmal anderswo erzählt.

Unter sippen und blutsverwandten dauert ja die lebendigste, vollste kunde und ihnen stehn von natur geheime zugänge offen, die sich den andern schlieszen. nicht allein leibliche eigenheiten und züge haben sich einzelnen gliedern eines geschlechts eingeprägt und zucken in wunderbarer mischung nach, sondern dasselbe thut auch die geistige besonderheit, dasz man oft darüber staunt; da hält ein kind den kopf oder dreht die achsel genau wie es vater oder groszvater gethan hatte und aus seiner kehle erschallen bestimmte laute mit derselben modulation, die jenen geläufig war; die leisesten anlagen, fähigkeiten und eindrücke der seele warum sollten nicht auch sie sich wiederholen? menschlicher freiheit geschieht dadurch kein eintrag, denn neben solchen einstimmungen und ähnlichkeiten entfaltet sich zugleich auch die entschiedenste selbständigkeit jedes einzelnen, weder dem leib noch dem geiste nach sind sich je, solange die welt besteht, zwei menschen vollkommen einander gleich gewesen, nur neben, mitten der die regel bildenden menschlichen individualität brechen strichweise wie aus dem hintergrund jene ausnahmen vor, die das band unsrer abstammung nicht verleugnen und ihm rechnung tragen.

Mir erscheint nun, dasz dieser edle, die menschheit festigende und bestätigende hintergrund seine gröste kraft hat zwischen geschwistern, stärkere sogar als zwischen eltern und kindern. geschlechter haben sich zu stämmen, stämme zu völkern erhoben nicht sowol dadurch, dasz auf den vater söhne und enkel in unabsehbarer reihe folgten, als dadurch dasz brüder und bruderskinder auf der seite fest zu dem stamm hielten. nicht die descendenten, erst die collateralen sind es, die einen stamm gründen, nicht auf sohnschaft sowol als auf brüderschaft beruht ein volk in seiner breite. ich laufe gefahr mich in eine politische anwendung zu verlieren und will lieber den einfachen grund angeben warum brüder sich besser verstehen und erkennen als vater und sohn. eltern und kinder leben nur ein halbes leben mit einander, geschwister ein ganzes. der sohn hat seines vaters kindheit und jugend nie gesehen, der vater nicht mehr seinen sohn als reifen mann und greis erlebt. eltern und kinder sind sich also nicht volle zeitgenossen, das leben der eltern sinkt vornen in die vergangenheit, das der kinder steht hinten in die zukunft; aber geschwister, wenn ihr lebensfaden nicht zu früh abgeschnitten wurde, haben zusammen als kinder gespielt, gehandelt als männer und nebeneinander gesessen bis ins alter. niemand weisz folglich bessern bescheid zu geben als vom bruder der bruder und diesem natürlichen verhalt hinzu tritt noch ein sittlicher. der vater vom sohne redend wird sich seiner gewalt über ihn stets bewust bleiben, der sohn zeugnis vom vater ablegend der gewohnten ehrfurcht nie vergessen. geschwister aber stehen untereinander, ihrer wechselseitigen liebe zum trotz, frei und unabhängig, so dasz ihr urtheil kein blatt vor den mund nimmt. und dazu nun die leibliche geschwisterähnlichkeit, also insgeheim auch die geistige, dem vater gleicht der sohn nur mehr oder weniger als halb, weil er auch mutterzüge in sich aufnimmt, hingegen brüder theilen sich in des vaters und der mutter gesicht und besitzen von jedem irgend etwas; laszt brüder sich in der kindheit noch so unähnlich erscheinen, im alter wenn ihre wangen einfallen, gleichen sie einander durch die bank.

Von acht unsrer eltern söhnen war ich der zweite, Wilhelm der dritte, beide nur ein jahr im alter unterschieden, gleich gekleidet und stets zusammen rückend, zum vierten bruder hin war ein gröszerer abstand, und wenn ich seiner gedenke, trübt sich die seele mir, dasz er sein ganzes leben hindurch alleinstehend mehr auf sich selbst angewiesen war. auch der fünfte und sechste hielten nah zu einander, der siebente und achte waren, wie der erste bruder noch als kleine kinder dem tode verfallen, so dasz ich nun obenan stand. man hört wol sagen, dasz in gesegneter ehe die älteren kinder mehr dem vater, die jüngeren mehr der mutter nachschlagen, sowie dasz unter den söhnen der erste minderbegabt sei als der zweite, diesen aber der dritte übertreffe, wie auch in kindermärchen der dritte hervorgehoben wird; haben solche wahrnehmungen irgend grund, so stehn ihnen sicher zahllose ausnahmen entgegen.

Wilhelm, ein blühender, froher knabe hatte die kinderjahre ohne

gefahr durchlaufen und alle krankheiten waren an ihm vorüberge-
gangen, während mich masern und blattern hart ergriffen und
meinem gesicht eine fülle von narben eindrückten, deren spur lange nicht schwinden wollte, er blieb unversehrt davon. als wir voll-
wachsen waren, ragte er daumenbreit über mich hinaus. an des
jünglings gesundheit begann aber, wie am rothwangigen apfel,
innerst ein wurm zu nagen, dessen sitz die ärzte jahrelang nicht
konnten ausfindig machen, bald war dem siechenden sein athem
beklommen, dasz er nur mühsame schritte that, bald das herz
beschwert: es fieng plötzlich heftiger zu klopfen an und liesz nicht
nach bis durch einen harten schlag, wie man einen kasten zuwirft,
das gleichgewicht der pulse hergestellt wurde. diese steten, in der
frischesten lebenszeit sich erneuernden ängste und drohungen eines
übels, das er nie vollends überwand, obschon die gefahr nach stufen zurückwich, musten auf seine ganze gemütsart und empfin-
dungsweise einen tiefen eindruck hinterlassen. den einzelnen anfäl-
len war jedesmal abspannung, dann wohlthätige erholung gefolgt,
der kopf zum glück immer ganz frei geblieben und von da aus
senkte sich bald auch neuer mut in die abgemattete brust. unmittelbar in der schwächung des leibs fühlte sich sein geist gekräftigt
und früher als gewöhnlich reifend, geduld und gleichmut fachten
seine lebenshofnung unausgesetzt an, gaben seinen gedanken
schwung und flöszten ihm feinheit des nachsinnens, tact der beobachtungen ein. was er damals dachte oder niederschrieb, würde er
auch später noch ebenso gedacht und geschrieben haben, seiner
ausbildung war aller sprung benommen und ein förderndes ebenmasz verliehen. um diese zeit las er nicht allein zur schonung und
erheiterung, sondern aus innerem trieb unsere groszen dichter und
war gleich entschieden Göthen zugewandt, während ich, der weniger anhaltend im zusammenhang lesen konnte, erst mehr von
Schiller eingenommen, nach und nach auch von jenem ergriffen
wurde. dann aber tröstete und ergetzte ihn ein uns beiden wie von
selbst aufgegangnes, durch keinen unterricht gehobnes zeichenta-
lent: in tusch und sepia, mit pinsel oder rabenfeder pflegten wir
figuren und bäume sauber nachzubilden, welche neigung uns noch
bis ins erste universitätsjahr begleitete, hernach muste sie zurück-
stehen. ihm aber hat die günstig erworbene fertigkeit, worin er es
weiter gebracht hatte als ich, späterhin dienste geleistet, da ihn alte
wichtige handschriften zur durchzeichnung ihrer züge und bilder
reizten, deren inhalt dann auch vorgenommen und von ihm veröf-
fentlicht wurde.

So nahm uns denn in den langsam schleichenden schuljahren éin bett auf und éin stübchen, da saszen wir an einem und demselben tisch arbeitend, hernach in der studentenzeit standen zwei bette und zwei tische in derselben stube, im späteren leben noch immer zwei arbeitstische in dem nemlichen zimmer, endlich bis zuletzt in zwei zimmern nebeneinander, immer unter éinem dach in gänzlicher unangefochten und ungestört beibehaltener gemeinschaft unsrer habe und bücher, mit ausnahme weniger, die jedem gleich zur hand liegen musten und darum doppelt gekauft wurden. auch unsere letzten bette, hat es allen anschein, werden wieder dicht nebeneinander gemacht sein; erwäge man, ob wir zusammengehören und ob von ihm redend ich es vermeiden kann meiner dabei zu erwähnen.

Auf der universität hatten wir, einer wie der andere dasselbe studium ergriffen, das der rechtswissenschaft, durch nichts zu ihr hingezogen, als weil der vater schon, der selbst jurist war, es so gemeint oder angeordnet hatte, oder weil für die frühe verwittwete mutter auf dieser laufbahn ihrer ältesten söhne am schnellsten eine stütze hervorgehn sollte. bricht einmal die altverlebte eintheilung alles wissens in vier facultäten zusammen, deren jede in ihrem schlepp die verschiedenartigsten gegenstände des lebens und lernens gefaltet mit sich trägt; dann wird auch jünglingen der gerade weg zu dem, was sie mit deutlichem trieb von frühauf anziehn und einmal erfüllen soll, unverbaut sein, zur seite liegen bleiben dürfen was die vorbereitung auf ein verwickeltes, oft zweideutiges und fruchtloses examen von ihnen fordert, und dann kann das rechte losungswort für ihr eigentliches talent desto leichter ausgesprochen werden. keinem von uns beiden, die wir mit ernst und eifer studierten, hat die erworbne rechtskenntnis hernach zu irgend einer stellung im lande verholfen; den gedanken mich einem gelehrten betrieb des römischen rechts zu widmen muste ich fahren lassen und durch einführung des code Napoleon in Hessen war uns ohnedem alle freude an der wissenschaft benommen, der gewinn des mühsam erlernten hingeschwunden. für Wilhelm sogar spurlos, ich wenigstens habe aus freien stücken mich noch in der folgezeit mit dem altdeutschen recht näher befaszt. die universität aber war uns, als freiere fortsetzung der schule, nur zu einem allgemeinen bildungsmittel geworden.

Wir hatten eine lange schon genährte neigung ausbildend unser ziel auf erforschung der einheimischen sprache und dichtkunst gestellt, welchen man doch die lebhafteste anziehungskraft für junge gemüter beilegen musz. die denkmäler und überreste unserer vorzeit rücken einem unbefangenen sinn näher als alle ausländischen, scheinen unleugbar gröszere sicherheit der erkenntnis anzubieten und in alle beziehungen des vaterlandes einzugreifen. der mensch würde sich selbst geringschätzen, wenn er das was seine ureltern nicht in eitlem, vorübergehendem drang, vielmehr nach bewährter sitte lange zeiten hindurch hervorgebracht haben verachten wollte. auf die kräftige speise und auf alle leckerbissen der classischen literatur mundet auch die einfachere derbe hausmannskost. gerade dasz uns so viel zerbröckeltes, unvollendetes und lückenhaft aufbewahrtes vor augen geführt wird, regt die einbildungskraft an und bruchstücke flöszen uns ein mitleiden ein, das sie zu betrachten und zu ergänzen auffordert. offenen blicken konnte sich nicht bergen, dasz hier ein frisches fast unbebautes feld vorliege, dem günstige erträge abzugewinnen seien. was in den letztverflossenen hundert jahren dafür unternommen worden war erwies sich als ohnmächtig; darunter ragten Bodmers bemühungen als das bedeutendste vor, ohne dasz sie nachfolge, geschweige fortschritte aufgerufen hätten. Lessings geist ahnte den werth unserer alten dichtung, war aber nicht auf das beste und vorzüglichste, sondern auf stücke erst des zweiten oder dritten rangs gefallen. Klopstocks verschrobene kunde von unserm alterthum konnte keine wirkung erzeugen, gründlich und mehr als man öffentlich davon gehört hat, war Vossens bestreben, nur dasz es unter vielen andern arbeiten nicht in die höhe wachsen konnte, blosz in seinem werke von der zeitmessung blicken deutliche kennzeichen dessen durch, was er zunächst vorgenommen hatte. Göthe und Schiller zeigten der altdeutschen poesie sich eher abgeneigt als förderlich und erst die neueren romantischen dichter begannen sie nachdrücklich zu empfehlen.

Es war uns, mir erst nach anderweit eingelenkten schweren versuchen zuletzt gelungen wieder zusammen an der nemlichen bibliothek eine stellung zu finden, die unsere pläne und vorsätze begünstigte. nun galt es stille, ruhige arbeit und samlung, die sich jahre lang nur selbst genügen konnten und unser wissen langsam, doch unablässig gedeihen lieszen. es waren die glücklichsten jahre unseres lebens, in solcher ruhe, wenn ich hier die worte eines alten dichters gebrauchen darf, ergrünte unser herz wie auf einer aue. von allen seiten her, nach allen seiten hin war gesammelt und geforscht worden, endlich erwachte auch das verlangen einiges von unsern ergebnissen vorzulegen und mitzutheilen.

In einem und demselben jahre traten wir zuerst, jedweder besonders mit sehr verschiedenen büchern auf, welchen doch beiden deutliche gunst widerfuhr. ich suchte darzuthun, dasz was man als minnesang und meistersang zu unterscheiden pflegte, gerade in einer ihnen gemeinsamen wesentlichen form dasselbe sein müsse, ihre abweichung nur als herabsinken einer kraft in unkraft anzusehn sei, wie alte gebräuche überall absterben und verkümmern, so dasz doch immer noch bedeutende ähnlichkeiten davon zurückbleiben. die gewonnene ansicht erkenne ich fortwährend als die richtige und zu erster entscheidung scheinen mir auch die damals beigebrachten gründe ausgereicht zu haben; der gegenstand trug alle fähigkeit in sich späterhin aus reicherem material glänzender und ohne das, was die erste behandlung überwucherte, entfaltet zu werden. bedeutenderen eindruck machte aber Wilhelms übersetzung der dänischen kämpeviser, wobei es auch schon an einleuchtenden untersuchungen über die deutsche heldensage nicht gebrach. sicher ist nichts schwerer als epische lieder, deren naiver ausdruck verschmolzen ist mit ihrem ganzen innern gehalt, in eine andere, wenn schon verwandte sprache zu übertragen, strenggenommen scheint es fast unmöglich, ihre ausdrucksweise bietet selbst einheimischen kennern genug dunkelheiten dar, wie sollte nicht ein ausländer an vielen stellen straucheln? es war doch daran gelegen einmal das volle gefühl des tons und der weise, die in diesen liedern anschlagen, zu empfangen; hat nicht Vossens Homer, soweit er im einzelnen hinter dem allzeit unerreichbaren original zurückbleiben musz, dennoch dessen geist und lebendigen athem erfaszt und nachgebildet, dadurch die einsicht epischer poesie unter uns allen tiefer aufgethan. ich entsinne mich, dasz damals Niebuhr, dem die dänischen dichtungen geläufig waren, die gelungne färbung dieser verdeutschung rühmte, und ganz vor kurzem erst ist mir ein urtheil kund geworden, das Hebel darüber gefällt hat und ich mich hier vorzutragen nicht enthalte. welche freude würde es meinem bruder bereitet haben, wenn die worte dieses gefeierten, mit dem volkston des liedes vertrautesten dichters jemals noch zu seinem ohr gedrungen wären. »wenn dir«, schreibt Hebel einem freunde, »in der poesie wie in der natur frischer lebendiger morgenhauch, gekühlt über den wassern und in den bergen und gewürzt im tannenwald besser behagt als die drückende schwüle oder gar der anhauch aus einem blasbalg, so lies Grimms altdänische heldenlieder, balladen und märchen«. Wilhelms buch hat, was verwundern könnte, keine zweite auflage erfahren, die bald darauf gefolgte neue ausgabe der originale hätte zu zahlreichen veränderungen und verbesserungen führen müssen, und die unterdessen aufgestiegene bekanntschaft mit unserm heimischen epos erleichterte auch das verständnis der dänischen sowie der oft noch schönern entsprechenden schwedischen urtexte selbst, es bedurfte keiner wörtlichen, eben dadurch erschwerten nachhülfe weiter.

Nichts natürlicher als dasz nach diesen erstlingen wir nun auch eine zeitlang uns zu neuen hervorbringungen einigten. sogar hatten wir die kühnheit für das damals noch in den ersten stoppeln liegende feld und ein der allgemeinen theilnahme fernabstehendes fach eine zeitschrift zu beginnen, die es nur zu drei schwachen bänden brachte und nachdem sie mit manchen übelständen gerungen hatte, heute wenig oder nichts von bleibendem werthe darbietet, wer an uns selbst und unsern fortschritten näheren theil nimmt, mag etwan einzelnen aufsätzen schon den spitzenden keim dessen ansehn, was in der folge besser hervortrat und höher wachsen konnte. er wird mitten darunter einigen fast noch rohen oder wilden grammatischen ansichten begegnen, die ich hernach zu erziehen oder zu zähmen mich beflisz, ohne dasz ich sie zu verleugnen brauche. klar vor augen liegen in dieser zeitschrift die grundrisse einer ihm später überaus gelungenen arbeit meines bruders, ich meine sein buch über die deutsche heldensage und stehe gar nicht an es als das hauptwerk seines lebens zu bezeichnen. es ist darin so vieles genau und fein angesponnen und gewoben, dasz wenn auch manche faden anders aufgezogen und eingeschlagen sein könnten, doch fast überall wohlgefallen und befriedigung aus dieser arbeit entspringen. ihm war unvergönnt eine neue, dritte umarbeitung, zu welcher er unablässig nachsammelte, fertig zu hinterlassen und andere hände dürfen sich kaum darin mischen. kurz vor den altdeutschen wäldern war auch eine gemeinschaftliche ausgabe des Hildebrandliedes erschienen, die erste überhaupt als lied auffassende, was vorher nur als prosa galt, nachdem ich im jahr 1810 die leichte entdeckung der darin wie im Wessobrunner gebet verborgnen alliterationen gemacht hatte. dies lied lag eben auf dem weg zu einer bald erfolgenden ausgabe der Edda, von welcher es, aus mehr als einem grunde, beim ersten bande geblieben ist. offenbar hatten wir zu hoch gegriffen und uns zugetraut, dasz die wahrnehmung und entfaltung überraschender bezüge, die das nordische mit unserm alterthum hat, schritt halten könne mit besiegung zahlloser schwierigkeiten, die der alte text herbeiführt und wozu es langer über Rasks isländische grammatik hinausreichender bekanntschaft mit den geheimnissen der altnordischen sprache bedurfte. gleichwol gereichte die mutig angesetzte arbeit selbst, mir wenigstens, zur festigung meiner studien in diesem wichtigen theil unserer sprachkunde.

Mit gröszerem behagen schaue ich zurück auf die begonnene seitdem nicht wieder ausgesetzte samlung deutscher märchen und sagen, die ich nachher noch zu besprechen mir erlaube.

Nach diesen gemeinschaftlichen, mit aller lust gepflognen arbeiten trat aber eine wendung ein, die nun wieder getrennte und von einander abweichende schritte forderte. dasz jeder seine eigenthümlichkeit wahren und walten lassen sollte, hatte sich immer von selbst verstanden, wir glaubten solche besonderheiten würden sich zusammenfügen und ein ganzes bilden können. schon beim Hildebrandlied, noch mehr bei der Edda, lernte ich einsehen, dasz unserm besten willen und wissen dabei auch erhebliche schwierigkeiten entgegentraten. offen, wie ich war, und geneigt meinungen aufzustecken oder zu bestreiten, schien es mir dasz vor dem publicum eine ansicht, von wem auch sie ausgegangen, überwiegen oder weichen müsse, er aber gerechter und schonender gesinnt, nicht ohne stärkeres selbstgefühl auf dem behaupteten beharrend, wollte lieber, dasz nebeneinander und dem leser zur wahl hingestellt würde, was zwischen den herausgebern unvermittelt bliebe. als nun im fortgang unserer studien ich zu rechter zeit den guten griff einer deutschen grammatik gethan hatte, die damals gleich einer nothwendigkeit in dem ganzen fach erschien, von welcher alle gunst ausgieng oder abhieng, die mir, also auch ihm fernerhin zu theil wurde, war ich auf einmal gegen ihn in vortheil gestellt, und ein abstand unserer naturen worüber wir allmälich erst uns klar geworden sind, fieng an sich geltender zu machen. von kindesbeinen an hatte ich etwas von eisernem fleisze in mir, den ihm schon seine geschwächte gesundheit verbot, seine arbeiten waren durchschlungen von silberblicken, die mir nicht zustanden. seine ganze art war weniger gestellt auf erfinden als auf ruhiges, sicheres in sich ausbilden. alles, soviel in den gang seiner eignen forschungen einschlug, beobachtete er reinlich und strebte es zu bestätigen; das übrige blieb ihm zur seite. fünde sind jedoch bedingt dadurch dasz nahe und fern gesucht werde, häufig ohne vorherbestimmung der stelle, wo sie zu heben stehen, ein ganzer stof will gleichsam als neutral bewältigt sein, aus dem dann die ergebnisse tauchen. kühnen und wagenden steht ungesehen das glück bei, plötzlich ist etwas gerathen; Wilhelm mochte nicht auf gerathewol ausgehen. ich weisz, den Ulfilas, Otfried, Notker und andere hauptquellen vom ersten bis zum letzten buchstaben genau zu lesen hat er nie unternommen noch vollführt, wie ich es oft that und immer wiederthue, niemals ohne zu entdecken. ihm genügte stellen aufzuschlagen, die er im besondern fall zu vergleichen hatte. an der grammatischen regel lag ihm jedesmal nur so weit, als sie in seine vorhabende untersuchung zu gehören schien und dann suchte er sie fest zu halten. wie hätte er darauf ausgehen wollen, die regeln selbst zu finden, zu überbieten und zu erhöhen? ihm gewährte freude und beruhigung sich in der arbeit gehen, umschauend von ihr erheitern zu lassen, meine freude und heiterkeit bestand eben in der arbeit selbst. wie manchen abend bis in die späte nacht habe ich in seliger einsamkeit über den büchern zugebracht, die ihm in froher gesellschaft, wo ihn jedermann gern sah und seiner anmutigen erzählungsgabe lauschte, vergiengen; auch musik zu hören machte ihm grosze, mir nur eingeschränkte lust.

In solcher gemächlichen ausführung seiner vorhaben, wie anhaltende gleichmäszige schritte dennoch weit reichen, ist von ihm rühmenswerthes begonnen und vollendet worden. er las sich texte aus in handschriften die ihm in aller nähe vorlagen und die er durch genommene abzeichnung oder facsimile schon lieb gewonnen hatte, um durch sorgsame behandlung ihre herausgabe vorzubereiten. er pflegte und besserte mit redlicher einsicht so genau er nur vermochte. gieng auch seinen emendationen das glänzende und schlagende der von Lachmann ab, das gefüge, geschmeidige der von Haupt, so empfahlen sich doch seine ausgaben einzelner gedichte sämtlich durch die vorhin gerühmten eigenschaften. ich bewundere seine schöne ergänzung des grafen Rudolf, wie sie der zierlich eingerichtete druck anschaulichst vor augen legt. Conrads von Würzburg, eines in vielem mit Ovid vergleichbaren dichters, darstellung und sprache beschäftigten ihn lange, wie seine ausgabe des Schwanritters, der Schmiede und Silvesters bezeugen; kein anderes gedicht hatte er öfter und aufmerksamer gelesen als den trojanischen krieg, dessen vollständige bekanntmachung er noch erlebte. mit dem Rolandslied und allen gestaltungen des Rosengarten, so viel er ihrer habhaft werden konnte war er höchst vertraut und ein neugewonnenes bruchstück des letzteren sollte eben noch mitgetheilt werden, als ihn der tod überraschte. unter allen gedichten am meisten war es Freidank, den er nach vielen handschriften bearbeitete und dessen zweite fertig gearbeitete ausgabe sich jetzt unter der presse befindet. hätte er doch auch die dafür unternommene vergleichung deutscher sprichwörter zum abschlusz bringen können, manches in den anmerkungen mitgetheilte macht das verlangen rege. auszerdem zeugen noch einzelne im schosze unserer akademie vorgetragene abhandlungen über Athis, althochdeutsche glossen und gespräche seine stets in diesem fach bewährte thätigkeit. was am wenigsten bekannt ist, überaus werthvolle und langathmige samlungen zur mittelhochdeutschen sprache, aus welchen ich mich oft raths bei ihm erholte, sind mit feiner feder in exemplare des Ziemannischen wörterbuches eingetragen, schon vor beginn des von Benecke angefangenen werks und davon unabhängig, obgleich theilweise dadurch überflüssig gemacht. dabei hatte er aller handgriffe, die für ausgaben alter dichtwerke befolgt und geläufig werden müssen sich bemächtigt, namentlich alle metrischen regeln, die um diese zeit erhoben und auf die spitze gebracht wurden, üben und beobachten gelernt, angelegentlicher als solche grammaticale gesetze die auf textbestimmung noch keinen einflusz gewonnen hatten. hierin schlosz er sich zunächst an Lachmann an, der eigentlich auch nicht grammatisch gestimmt, aber metrisch gerüstet und bewehrt bis an die zähne war und seiner scharfsinnigen lehre alsobald gelungene anwendungen folgen liesz. nicht zu geschweigen ist endlich einer schon der früheren zeit heimfallenden bedeutsamen schrift Wilhelms über deutsche runen, wozu ihn ganz zufällig die ausgrabung eines sehr zweifelhafte schriftzüge enthaltenden steins in Hessen veranlaszt hatte. mit sichtbarem erfolg dringt er in den ursprung und die verbreitung der runen überhaupt ein und erläutert die auf vielen tafeln mitgetheilten zeichen in befriedigender zusammenstellung zumal der gothischen, angelsächsischen, altnordischen und, wie sie heiszen markomannischen. doch gebricht eine weiter reichende vergleichung und erwägung slavischer, griechischer oder phönicischer alphabete, welche er auch später nachzuholen keine aufforderung in sich selbst fand, weshalb reichlich nachgesammelte angelsächsische und nordische runen unverarbeitet liegen geblieben sind.

In diesem allem oder doch dem meisten stehen sich vorneigung und talent bei ihm und mir einander gegenüber und ich werde nicht selten im nachtheil erscheinen. meine eigenheit ist eine andere. herausgeben liegt mir blosz dann nah, wenn etwas seltnes und wichtiges in meine hand fällt oder ein text in unmittelbarem bezug auf eine hauptuntersuchung liegt. critische ausgaben zu bereiten macht mir, ich gestehe es, eben kein vergnügen, ich bin froh dasz es andere thun und nütze ihre leistungen. Wolframs Wilhelm hat man erst recht gelesen, seit er von Lachmann geheilt und aufgestellt worden war, und ich verkenne nicht die von ihm und seiner schule auch vielen andern gedichten geleisteten dienste, wiewol mir vorkommt, dasz auch die metrische wissenschaft eben so leicht gefahr läuft in das unsichere zu schweifen, als man es halsbrechenden etymologischen künsten vorzuwerfen pflegt. mein spruch lautet »besser gelernt als gelehrt« und ich fühle es, dasz meiner grammatik das practische lehrhafte element entgeht, räume aber ein, ausgaben zu machen, zu wiederholen und zu bessern sei ein viel näheres bedürfnis als das die wörter und formen zu erschlieszen.

Sollte nicht was sich hier beispielsweise an einem brüderpaar erzeigt, höhere anwendung auf den betrieb der wissenschaften insgemein leiden: kommt nicht in ihrem groszen gebiet derselbe unterschied zweier richtungen, deren jede für sich reiz und glanz hat, zum vorschein? denn zuerst entsprossen sind alle wissenschaften aus einem bedarf, der nach seiner stillung und befriedigung immer weiter führende verlangen erzeugte. die medicin, wie schon ihr name gibt, gieng hervor aus der unmittelbaren nothwendigkeit zu heilen und darum die kräfte der pflanzen und steine zu erkunden, die chirurgie aus einer nothwendigkeit hand zu legen an den verband der wunden und knochenbrüche. es hatte unendlichen werth solcher heilkräfte zu gewahren und im besitz solcher geschicklichkeit des verbindens sich zu befinden. aus jener kräuterkunde ist allmälich botanik, aus jener beschäftigung mit erde und gestein chemie und geognosie entsprungen, aus der einsicht in alle innere theile des leibs und in den knochenbau [die vergleichende anatomie] von welcher die ärzte und wundärzte noch nicht die ahnung hatten. diese wissenschaften sind also über die anfängliche, wenn auch fortwährend unerläszliche anwendung hinausgeschritten in ein endloses, kein nahes ziel, sondern das fernste in die augen fassendes bestreben. wir erlernen eine benachbarte sprache oder eine erloschene der vorzeit, um sie dergestalt zu verstehen und zu üben, dasz wir uns in ihrem umfang frei zu bewegen und alles was darin verfaszt wurde zu erkennen vermögen, eine menge regeln sind zu diesen zwecken aufgestellt, geprüft, geläutert und beobachtet worden. sie leiten getrost zur lehre aber auch zur heilung und berichtigung der durch länge der zeit entstellten, von zusatz oder auslassung verderbten schriftlichen denkmäler. abgewandt den blick von so weitgreifenden, dennoch, wenn man den ausdruck dulden will, wieder engeren zwecken offenbart sich eine gewisse unzulänglichkeit der bisherigen anstalten für eine neu vordringende, auf kaum geebneten pfaden rüstig aufstrebende forschung. auch das wiederaufrichten unserer alten deutschen und die bessere ergründung selbst unserer heutigen sprache wird von gewicht für die nothwendig gewordene aufnahme aller und jeder bisher vernachlässigten europäischen zungen in den kreis vielfacher studien, wofür die sanscritischen sprachen den entscheidendsten ausschlag gegeben haben. eine vergleichende grammatik ist

74

geschaffen und erblüht, deren ergebnisse sich auch, wie nicht ausbleiben kann, rückwärts zu den classischen sprachen wenden. die classische philologie, ihrer festgegründeten herschaft und ihres heilbringenden einflusses sich bewust, wird, ohne das geringste aufzugeben, freudig anerkennen, dasz sich neue schichten des wissens gebildet haben, deren unabhängige erfolge nicht zu hindern sind; wie sollte dem arzte der chemiker oder botaniker ein dorn im auge sein? ich bin fern davon meine in so groszartigen bestrebungen der heutigen sprachforschung klein erscheinenden studien irgend hervortreten zu lassen, ich wollte blosz in bezug auf meinen bruder ihre richtung bezeichnen. Wilhelm hatte wenig geschick fremde sprachen zu erlernen, ich glaube er wäre ein sehr guter arzt geworden, ich ein schlechter, zur noth ein leidlicher botaniker.

Bisher sprach ich von den unterschieden zwischen uns brüdern, was ich hinzuzufügen habe sind lauter einklänge.

Wir haben noch zuletzt gegen unseres lebens neige ein werk von unermeszlichem umfang auf die schultern genommen, besser, dasz es früher geschehen wäre, doch waren lange vorbereitungen und zurüstungen unvermeidlich; nun hängt dieses deutsche wörterbuch über mir allein. ein doppeltes ziel schwebte uns vor. die heutige spracherklärung hatte, wo nicht aller, doch der meisten vortheile theilhaftig zu werden, die aus erhöhter forschung hervorgegangen sind. dann aber sollten reiche anführungen alle einzelnen wörter beleben und bestätigen; es kam darauf an selbst gleiche oder ganz ähnliche beispiele zu häufen, weil sie die gangbarkeit des ausdrucks, die sparsam beigebrachten dessen seltenheit bezeugen musten. dann aber unterlieszen wir jede beschränkung auf den heutigen sprachstand und trugen auch die wörter der vergangnen uns zunächst stehenden jahrhunderte ein. der heutigen sprache ist fast jeder mächtig, ohne dasz er viel nachschlage, seitdem aber angefangen ist die schriften der vier letzten jahrhunderte zu sammeln und neu herauszugeben, wie hätte ein dafür nothwendiges hülfsmittel gebrechen dürfen? alle leser werden die schöne ausführlichkeit loben, die mein bruder den einzelnen wortbedeutungen gab und gern die oft ungleiche behandlung der ableitungen oder wurzeln dulden, ohne dasz hiermit ein tadel des einen oder des andern verfahrens ausgesprochen sein soll. mag seit des treuen mitarbeiters abgang die aussicht auf vollendung des werks durch dessen urheber selbst noch zweifelhafter geworden sein, als sie menschlichen voraussetzungen nach gleich anfangs war, so tröstet mich die begründete hofnung dasz jemehr mir noch selbst auszuarbeiten gelingt, die ganze einrichtung, art und weise des unternehmens fest ermittelt sein und auch bewährten nachfolgern erreichbar bleiben werde. wol ist die aufgewandte mühe anstrengend, doch macht die aufeinanderfolge der verschiedensten wörter dasz im steten wechsel der gesichtspunkt erfrischt erscheint.

Tragen wir einen dank davon für alle mühe und sorge, der uns selbst zu überdauern vermag, so ist es der für die samlung der märchen, die nicht nur eine unverwüstliche nahrung für die jugend und jeden unbefangenen leser darbieten, sondern auch, wie die durchdringende einsicht gelehrt hat, einen groszen und der forschung unentbehrlichen schatz des alterthums in sich bewahren. dieser wünschelruthenzweig fiel uns glücklich in die hand und seit wir damit in den boden geschlagen haben, ist allerorten ein reicher hort der sage und überlieferung an tag gekommen. umliegende völker haben sich beeifert zu sammeln, am ergiebigsten ist der grund gewesen bei solchen, die für roh und ungebildet gelten, denen man alle literatur abstritt. gerade weil ihnen unsere bildung und verbildung mangelt, dauern ihnen, gleichsam zum ersatz von uralter zeit bis auf heute und in unverkümmerter und naturgemäszer darstellung diese ewig jungen märchen fort. sie sind alle nichts erdachtes, erfundenes, sondern des ältesten volksglaubens ein niederschlag und unversiegende quelle der eigentlichen lautersten mythen. was ist mythologie? nach verjährter ansicht versteht man darunter nichts als griechischen götterglauben, immer und ewig nichts als den glauben der Griechen, wie ihn zahllose bildwerke griechischer kunst verherrlichen und veranschaulichen, höchstens dasz von auszen sich auch noch römische mythen, am gipfel ägyptische oder orientalische anfügen, überall bildet Griechenthum die mittelpuncte der forschung, gleich als ob auch griechische poesie, deren hohe schönheit wir alle anerkennen, das dasein anderer sprachen tilge und aufhebe. der fülle unschuldiger, barbarischer sage, wenn sie erst einmal vollauf wird gekannt sein, bleibt es vorbehalten, ein anderes, weiteres feld daneben zu eröffnen. nicht sollen die griechischen götter gestürzt werden zum andernmal, sondern fortwohnen in ihren heiteren hallen, nur musz die ansicht weichen, als sei erst von Griechenland aus oder vom Morgenland her glaube und wissen unter alle völker gedrungen. der vorbereitungswege können gar manche gedacht werden, und erst neulich ist mit vollem fug auf einen buddhistischen einflusz gewiesen worden; zusammenhänge mit spuren der naht sind an mehr als einer stelle sichtbar – ich halte fest an einsichtbarem vollgeheimnis – die für sprache wie sage müssen stattgefunden haben, und der hauptgründe einen lehren mich meine forschungen über die thierfabel, die wir unter Littauern, Esten, Finnen, Lappen und allen tiefen Slaven so reich entfaltet sehn, dasz an entlehnung aus dem unter diesem gesichtspunct magern Aesop ferner gar nicht zu denken ist, so weit er sich verbreitet haben könne. statt dasz die missionare früherhin immer die heilige schrift zur grundlage wählten, um für die sprache der heiden samlungen zu veranstalten, wird wie schon beispiele darthun, erzählung von märchen ein natürliches, lebhaftes element darreichen, um sich anschaulicher an die eigenheit aller volksmundarten zu schmiegen und damit geschieht durch die sagensamlung der aufnahme des sprachstoffs ein unberechenbarer vorschub.

Auch mein bruder hat aus der thiersage groszes vergnügen geschöpft und einzelne, noch aus späterem meistergesang gewonnene stücke mit aller umsicht erklärt. von allen unsern büchern lag ihm die märchensamlung zunächst am herzen und er verlor sie nicht aus den augen. nachdem wir die beiden ersten auflagen mit gleichem eifer gehegt und besorgt hatten, muste ich, seit mich die grammatik immer dichter umstrickte, die ausstattung der märchen groszentheils ihm überlassen und anziehende abhandlungen über sie von seiner hand wurden später angefügt. sie sind mit sanfter feder abgefaszt und halten sich scheu zurück vor den ihm noch unverlässigen ansichten die ich im Reinhart und in der mythologie ausgesprochen hatte und die ich, wenn mir das leben fristet, in einer schrift über märchen und thierfabel nochmals aufzunehmen beabsichtige. so oft aber ich nunmehr das märchenbuch zur hand nehme, rührt und bewegt es mich, denn auf allen blättern steht vor mir sein bild und ich erkenne seine waltende spur. –

Rede auf Lachmann

Gehalten in der öffentlichen Sitzung der
Akademie der Wissenschaften am 3. Juli 1851

Jahr ein jahr aus pflegt an allen akademien in laute freude ein dumpfer klageton zu fallen, und dringlich wird ihnen die lehre vorgeführt, daß menschen den menschen platz machen müssen. Welche frohe hofnungen aus dem neuen zutritt rüstiger und vielbegabter mitglieder unsrer genossenschaft erwachsen ist vorhin vernommen worden; gleich der zukunft tragen doch alle hofnungen ihr ungewisses in sich, desto gewisser sind die schweren verluste, die uns heuer getroffen haben. Link, der seine manneskraft noch ins höhere alter übertrug und fast ungeschwächt des lebens gipfel erreichte, Jacobi, dessen gesundheit zwar längst untergraben schien, aber durch seltne geistesstärke aufrecht erhalten blieb, wurden uns plötzlich entrissen; nicht der geringste schlag war Lachmanns, dem ein mäßiges, unerschüttertes leben viel längere dauer geweissagt haben sollte, unerwarteter, durch ein anfangs wenig bedrohliches, bald aber tückische gewalt über ihn gewinnendes übel herbei geführter tod.

Während andere mitglieder sich noch vorbehalten Links und Jacobis andenken in unserm schoße würdig zu feiern, suche ich, wiewol durch die heute übrig gelassene zeit beschränkt, der mir auferlegten pflicht zu genügen und ein bild der wissenschaftlichen thätigkeit Lachmanns zu entwerfen, wie mir langjährige freundschaft und wahrheitsliebe alle züge dazu eingeben. Traurig ist es über einen freund gleichsam das letzte wort zu haben, stände er hinter mir, er würde vielleicht einigemal den kopf schütteln, nicht von meiner rede sich abwenden. Wenn vorragende männer allen völkern angehören, so behauptet doch ihr vaterland immer den ersten anspruch auf sie, und die Schweden empfinden am lebendigsten, daß Berzelius ihr eigenthum war, wir wollen unsers Lachmanns gedenken, unser schmerz ist der frischere.

Für die unvergleichliche wirkung, welche er hervor brachte, könnte man versucht sein schon darin den schlagendsten ausdruck zu finden, daß ihm, dem von der philologie ausgegangnen aus freien stücken auch die theologische und juristische doctorwürde zuerkannt wurde. hätte der zufall ihn zur herausgabe eines alten griechischen arztes geführt, mit gleichem fug würde die medicinische facultät ihren hut auf sein haupt gedrückt haben und wir sehn eigentlich damit die größere macht der philosophischen über die drei andern, in welche sie leicht einlenkt, ausgesprochen. Viel besser glaube ich aber Lachmanns innerstes wesen zu bezeichnen dadurch, daß er seine meisterschaft in der classischen wie in der neu entstandnen deutschen philologie, zu deren festigung er ein großes beigetragen hat, mit demselben erfolg bewährte, und daß nun die wirkungen hinüber und herüber schlugen. denn die classische regel gab seinen schritten auf dem deutschen gebiet frühe stätigkeit und bewahrte sie vor allem strauchen; aus dem noch jugendlichen, kaum übernächtigen wachsthum und trieb des deutschen alterthums konnte er wagende kühnheit schöpfen für jene classischen bisher reich, zuweilen einseitig entfalteten, einigemal schon ermüdeten gesetze. Zwei sonst einander ausschließende oder gar abstoßende wissenschaften (falls man überhaupt deutsche philologie für eine wissenschaft gelten ließ) fanden in ihm einen unerwartet vordringenden, fruchtbaren vertreter, der sie als etwas gemeinsames und sogar nahverwandtes zu handhaben und auszusöhnen verstand. Beide weichen dem stof und der form nach beträchtlich von einander ab, jede fordert ihr eignes geräth und werkzeug, das unverworren und mit besondern kunstgriffen gebraucht sein will, in deren besitz sich Lachmann vollständig gesetzt hatte; seine begeisterung waltete also nach jeder seite hin und seine ganze eigenheit wäre vernichtet, wollte man den von ihm in ununterbrochnem wechsel erlangten erfolgen hier oder dort abreißen.

Dies im allgemeinen vorausgesandt hoffe ich, daß es mir nicht mislingen werde ihm auf seiner raschen laufbahn und in dem, was er sich errungen hat, behutsam nachzugehn, wobei ich doch nur meinen maßstab anlegen kann; andere mögen ihn anders messen.

Karl Lachmann war am 4 merz 1793 geboren und bald nachdem er dieses tages für ihn letzte wiederkehr schon halbbetäubt von der qual der krankheit erlebt hatte, führten die nahenden martiae idus auch sein ende heran. Wie ist unser leben kurz und wie schnell rinnt es dahin; wenig gelehrte dürfen sich rühmen 35 jahre hindurch in unausgesetzter arbeitsamkeit und nie nachlassender, immer aufwärts steigender kraft vorgetreten zu sein, noch eine kleinere zahl wirkt ein halbes jahrhundert hindurch, die es erreichen, daß ihr andenken ein paar jahrhunderte dauere.

Es ist schon vieles werth an einer stätte das licht der welt erblickt zu haben, wo gute sitte herkömmlich fortgepflanzt wird. Lachmanns geburtsort war Braunschweig, eine stadt, die lange zeit her in ganz Norddeutschland ihren alten ruhm behauptet, die nicht wenig große männer in sich erzeugt und genährt, fast immer einen freien sinn bewahrt hat. Wer in einer solchen jung erwächst, dem müssen wie von selbst, wenn er ihre straßen durchwandelt, heilsame gedanken und entschlüsse aufsteigen.

Noch höher anzuschlagen scheint es, daß der mensch auch in einer großen zeit geboren sei, die gewaltiges ein und aus athme. jedwede zeit hat ihre thaten und leiden, ihre vorkämpfer und zurückdränger; wer aber, edlen sinnes, in den jüngeren geschlechtern, denen ihre hofnungen für das große deutsche vaterland eine nach der andern gedämpft und genommen werden, dürfte sich messen mit dem aus lastender schwere des feindlichen drucks empor getragnen siegesfrohen und überseligen enthusiasmus der jahre 1813, 1814, 1815?

In des erstarkenden knaben schuljahre, in des jünglings erste studentenzeit muste noch geheimer groll über Deutschlands schmach, dann aber freudige ahnung fallen, daß sich das blatt bald gewendet haben werde. Man denkt sich mit welchem jubel, in welcher gesinnung die endlich erschallende kunde der befreiung vernommen wurde, zu welchen eignen thaten sie ermunterte. Eben seine erste gelehrte arbeit entlassend trat Lachmann als freiwilliger in die reihen des feldzugs von 1815 und erwarb sich von nun an das recht ein Preuße zu heißen und zu sein, wie er es bis an sein lebensende treu geblieben ist. seine die vorrede schließenden worte lauten mutig so: nec mihi otium suppetit, cui eo festinandum est, quo hoc tempore viros omnes, quorum apta armis aetas est, pio ac forti animo properare decet.

Seine das ganze leben hindurch auf die freiheit des vaterlands, des geistes und des glaubens gerichtete denkungsart bedürfen meiner anerkennung und meines preises nicht. einige den meisten unbekannte zeugnisse dafür könnte ich geltend machen, wenn ich wollte oder das überhaupt hier passend wäre; denn ich gehe darauf aus seinen wissenschaftlichen character darzustellen, der freilich enge mit seinem öffentlichen und sittlichen leben zusammenhängt.

Lange, bis es nun zu spät war, hatte ich aufgespart ihm selbst näheres über seine Braunschweiger schulzeit abzufragen, und weiß bloß, daß er unter dem tüchtigen Heusinger mit gründlichen philologischen kenntnissen ausgestattet, in ihnen frühe zu schalten begann und bald reif zur universität entlassen werden konnte. Mir entgeht auch, ob er bereits daheim zur englischen sprache geleitet war, von der ein übergang, vielmehr rückumweg zu dem uns am nächsten liegenden studium der muttersprache manchen erleichtert wird, weil sie starke anklänge an unser alterthum bewahrt, die uns selbst heute verklungen sind. auch die italienische muß er frühe genau getrieben haben, wie ich aus seiner späteren belesenheit in ihr, und nach ihrem metrischen gehalt, der ihm zusagte, schließe. Öfter als anderswo mochte in Braunschweig die rede auf Lessing gefallen und die erinnerung an ihn lebendig gewesen sein, dessen werke einmal würdig herauszugeben Lachmann bestimmt war.

Zu Göttingen, wo er anfangs theologie studieren wollte und studierte, von der aber schon viele ab zur reinen philologie verlockt worden sind, hörte er eifrig bei Heyne und Dissen; unter aufstrebenden jünglingen verkehrend mit Lücke, Bunsen und Ernst Schulze, dem dichter der jetzt beinahe vergessenen bezauberten rose, an welcher ihm der leichtfließende versbau sehr behagte. Hervor zu heben ist aber der nachhaltige eindruck, den ein andrer nur in engerem kreise erkannter lehrer dort auf ihn machte. Benecke, überhaupt der erste, der auf unsern universitäten eine grammatische kenntnis altdeutscher sprache weckte, war es, der in Lachmann den hernach zu lichter flamme aufschlagenden funken deutscher philologie zündete, und mit wahrer frömmigkeit hieng er seinem lehrer, den er bald überragte, fortwährend an, wie es die widmung der auswahl und die vorrede zur zweiten ausgabe des Iwein schön kund thun; selbst von Beneckes halbenglischer stolzer sprödigkeit schien etwas auf ihn übergegangen. Für den lehrer wie den schüler erläutert aber jener fremdherschaft bleierner druck die trostreiche zuflucht zu den vergrabnen schätzen heimischer sprache und dichtung, aus denen fühlbare frische anwehte und etwas, das in der classischen, wenn auch überlegnen literatur nicht aufgieng, jedenfalls eine angestrengter forschung werthe und bedürftige uns vom eignen vaterlande selbst dargereichte gabe. vergleichen wir die deutsche literatur einem kleinen ort, der nur zwei enge ausgänge hat, die classische einer großen stadt, von der sich aus zehn prächtigen thoren nach allen seiten vordringen läßt; über ein gewisses ziel fort wird in die kunstreich gelegte heerstraße der schmale steig einlaufen und dann von beiden aus der menschliche geist in gleich ungemessene weite geführt werden.

Ein paar altdeutsche bücher mag Lachmann schon auf französischen boden mitgenommen haben, um sich die langeweile des bivouacs zu vertreiben. Unterdessen aber war das werk, aus dessen vorrede vorhin eine stelle gehoben wurde, erschienen und muste die augen aller philologen von fach auf sich ziehen, weil es, neben einigem unhaltbaren und wieder fahren zu lassenden, die fülle glücklicher emendationen gewährte und einen schwierigen text so behandelte, wie es nur auf echt critischer grundlage möglich war.

Mit großem geschick, das ihn auch nachher nie verließ, hatte der einundzwanzigjährige jüngling sich gerade auf den schönsten theil der ganzen lateinischen poesie, auf die elegischen dichter geworfen, und unter ihnen Properz, den geistigsten derselben, und dem am schlimmsten mitgespielt worden war, zuerst auserlesen. Dreizehn jahr später folgten, zwar schon mit größerer gewandtheit aber nach gleich scharfer critik der liebliche Tibull, der kräftig ausgelassene Catull. Diese bahn war gebrochen und des herausgebers verfahren hatte sich in der zwischenzeit auch an einigen der wichtigsten altdeutschen dichtungen bewährt, es war ihm völlig zu fleisch und blut geworden; ich will mich bestreben die art und weise seiner critik und worauf sie wesentlich beruhte, darzulegen. Seine zahlreichen schriften der reihe nach zu nennen kann ich dabei überhoben sein, da dies schon von andern umsichtig geschieht oder geschehen ist, und werde mich bloß auf diejenigen darunter beziehen, die jedesmal in meiner betrachtung hervorstechen. Sie hat es auch nicht mit seinen lebensverhältnissen zu thun, und wie schon vorhin unerwähnt blieb, daß er ein oder zwei semester in Berlin studierte, brauche ich mich nicht näher darauf einzulassen, daß er zuerst eine gymnasiallehrerstelle bekleidete, dann zu Königsberg als professor auftrat und von da nach Berlin gerufen wurde, wo nun auch unsere akademie sich seiner bemächtigen konnte. Mich beschäftigt sein innerer gang, den allerdings diese äußeren lagen seines lebens vielfach begünstigten.

Man kann alle philologen, die es zu etwas gebracht haben, in solche theilen, welche die worte um der sachen, oder die sachen um der worte willen treiben. Lachmann gehörte unverkennbar zu den letztern und ich übersehe nicht die großen vortheile seines standpuncts, wenn ich umgedreht mich lieber zu den ersteren halte. denn jeder wird eingeständig sein, daß die form mit dem wesen einer schrift und gar eines gedichts innig zusammenhange und auf allen fall der eines großen theils ihres wahren gehalts sicher habhaft werde, dem es in diese form einzudringen gelungen sei, während rücksicht auf die sache selbst von der eigenheit einzelner werke abzusehn und bienenartig auf den honig bedacht zu sein pflegt, der aus mehrern zusammen gesogen werden soll. Nicht daß es Lachmann an manigfaltigster sachkentnis irgend abgieng, deren sein außerordentliches gedächtnis stets für ihn eine menge bereit hielt und die ihm bei ausgedehnter belesenheit täglich anwuchs; allein seit er seinen wahren, eigentlichen beruf erkannte (und das muß bereits frühe eingetreten sein), haftete bewust oder unbewust seine theilnahme an den sachen nur insofern er daraus regeln und neue griffe für die behandlung seiner texte schöpfen konnte: das übrige blieb als störend und aufhaltend ihm zur seite liegen. Da nun diese richtung seines geistes, durch ihre eignen erfolge gestärkt, allmälich zunahm, musten andere arbeiten oder thätigkeiten, jemehr sie von ihr abstanden, für ihn gleichgültiger und unerfreuender werden. Von Benecke hörte ich zu Göttingen einigemal behaupten, ein bibliothecar (und er selbst war ein vortreflicher) gehe verloren, sobald sich in ihm ausschließliche neigung für bestimmte fächer der wissenschaften erzeuge; in solchem sinn ließe sich von strengen philologen sagen, daß sie alle aufmerksamkeit auf den reinen text kehrend, ihren geschmack dafür an sacherklärungen gleichsam sich zu verderben scheuen. pflicht ist ihnen das gesicherte wort aufzustellen, liege nun darin, gehe daraus hervor was da wolle.

Laut und beifallswerth hat sich auch Lachmann darüber ausgesprochen, daß die doctrin in der philologie wie in andern wissenschaften schaden anrichte, wenn sie immer vor der zeit fertig machen wolle und gerade nur so viel wahre und falsche grundsätze untereinander entfalte, als sie auszusinnen und zu verarbeiten ertrage, da doch die unerschöpften quellen eine überströmende ausbeute gewähren, deren man sich vor allem bemächtigen muß, ohne gleich auf alle fragen zu antworten, ohne jede daraus entspringende schwierigkeit zu beseitigen. Die erwartung ist höher gespannt, der gewinn unabsehbar, wenn das forschen, auf die urkunde des textes gerichtet, langsam und sicher vorschreitet, wenn der text fortwährend mehr gilt, als was oft nur winziges an ihm geschehn kann. Dem autor, welchen Lachmann studierte, wollte er nichts hinzubringen, sondern alles aus ihm lernen, nicht flach mit ihm experimentieren, aber seine echte gestalt von dem schmutz und verderbnis, die sich daran gesetzt hatten, reinigen. Weitgehende combinationsgabe war ihm entweder unverliehen, oder er übte sie nicht und verschmähte sie widerwillig, weil ihm alles ungenaue und halbe fruchtlos schien und vergeblich.

Selbst grammatische entdeckungen und erörterungen, welchen er ansah, daß sie in seine textcritik nicht einschlagen würden, berührten ihn fast nicht mehr. Der vergleichenden sprachwissenschaft hat er sich eher abhold als hold erzeigt, weil ihre ergebnisse ihm zu fern, d. h. ferner giengen als ein herausgeber classischer werke sie zu wissen nöthig hat. er schritt nicht gern über den kreis der deutschen, lateinischen und griechischen sprache, die ihm genau bekannt waren und immer vertrauter wurden. um der wörter letzte gründe war er unbekümmert, nur nicht um ihre bestimmte gestalt, kraft und wirkung für die zeit der behandelten quelle, die er mit dem seltensten talent und der glücklichsten kühnheit erspähte: wo drei oder vier um die rechte lesart verlegen waren, fand er sie auf der stelle und hat unzähligemal immer den nagel auf den kopf getroffen.

Unter den texten waren ihm am liebsten die schwersten und die dem critiker die vielseitigsten handhaben darböten. zwar fesselten ihn auch prosadenkmäler, deren text großen und eigenthümlichen, von ihm mutig überwundnen hindernissen unterliegt, wie des N. T., wofür ihn ohne zweifel Schleiermacher gewonnen hatte, oder die wiederholte durchsicht des Gajus, den vieler augen nicht fertig lasen, und der agrimensoren oft unheilbare verworrenheit. Seiner ganzen natur am meisten zusagend waren aber gedichte und eben die metrik in ihrer tiefe und höhe zu erforschen ihm das angelegenste. Auch die prosa hat ihre gesetze, der allgemeine sprachgebrauch und umgedreht die an sich unberechenbare eigenheit eines jeden einzelnen schriftstellers lassen der critik weiten spielraum; in der poesie aber wird die naturgabe oder nachlässigkeit eines verfassers noch durch waltende metrische regeln gezügelt, an denen seine arbeit geprüft, nach denen sie gereinigt werden kann.

Hatte Lachmann bei einem autor, was überall das erste ist, die geschlechter der handschriften, die einzelnen abschreiber und ihre weise ermittelt; so unterließ er nicht eine etwa noch unbekannte zerlegung des ganzen werks in bücher oder abschnitte an den tag zu bringen und dann deren zu verschiedner zeit erfolgten ursprung zu bestimmen. Hierzu muste ihn die beschäftigung mit den lyrischen und elegischen gedichten der Griechen und Römer, die begreiflich nicht chronologisch geordnet und der interpolation am leichtesten ausgesetzt sind, unmittelbar führen; schwieriger macht sich die annahme, daß ein erzählendes gedicht seinen eignen fluß unterbrochen habe und erst in der mitte oder gar am schweif auszuarbeiten begonnen, ihm zuletzt der kopf angehängt worden sei. Doch ist nicht unwahrscheinlich, daß der prolog zu Hartmanns Iwein (wie wir noch heute die vorrede eines buchs zuletzt schreiben) erst nach vollendung des ganzen zugefügt wurde, und ob auch andere einzelne theile dieses werks zu verschiedner zeit gedichtet seien? fragte Lachmann, ohne es nachzuweisen. des Parzival sechzehn bücher, die neun des Wilhelm scheinen auf natürliche weise ganz nach einander abgefaßt, eine stufenmäßige zeit der abfassung ließ bei mehrern des Parzival sich deutlich aufzeigen. Auch für Otfrieds werk scheint ihm ein beweis gelungen, daß zuerst das erste, dann das fünfte buch, zuletzt die mittleren theile gedichtet sind, und es wird auf einen anfangs nachlässigen, hernach fortschreitenden versbau geschlossen.

Das sorgfältigste und feinste studium des verschiednen versbaus trat nun ein, und im alterthum der hochdeutschen dichtkunst waren noch nachwirkungen der quantität auf den herschenden grundsatz der betonung zu spüren, welcher in zwei akademischen abhandlungen über das Hildebrandslied und althochdeutsche betonung lichtvoll und eindringlich erläutert wurde, wogegen die mittelhochdeutsche theorie der hebungen im commentar zu dem Iwein und den Nibelungen, etwas schwierig und allzu gedrungen, sich erörtert fand. Nächst der mittelhochdeutschen hatte Lachmann vorzugsweise die ihm zumal wollautende althochdeutsche sprache angebaut, der älteren und formgewaltigeren gothischen sich minder zugewandt, weil in ihr keine verse vorhanden, also für sie nur prosodische, keine metrischen regeln zu gewinnen sind, wenigstens weiß ich mir seine mehrmals vorblickende abneigung die überlegenheit der gothischen formen anzuerkennen nicht anders auszulegen. Der mittelhochdeutsche versbau wird aber auch noch durch die reinheit des reims gestützt, welchen Lachmann bei jedem genauer behandelten dichter in fleißigen registern sammelte und zu triftigen schlüssen nutzte. Man kann sich denken, daß das princip des meistersangs in den strophischen gedichten, hauptsächlich den lyrischen liedern und leichen, aber auch der strophenbau in den Nibelungen, Gudrun, Titurel und sonst seinen studien bedeutsame haltpuncte gewährten.

Doch hieran genügte ihm noch nicht. verse und strophen hinterlassen auf den hörer und beim vortrag im geleite von musik oder gesang deutlich empfunden eindruck. Seiner aufmerksamkeit entschlüpften außerdem andere mehr äußerliche und bisher unbemerkt gebliebne zahlenverhältnisse nicht, nach welchen ganze gedichte in bestimmte, dem ohr unfühlbare glieder oder ketten, wenn dieser ausdruck passend ist, aufgiengen. Auch hierbei hatte ihn wol zuerst eine in der griechischen dichtkunst gemachte wahrnehmung geleitet. In zwein seiner frühsten abhandlungen zerlegte er sinnreich und gelehrt erst die melischen, hernach sogar die scenischen gedichte der Griechen in heptaden, ich glaube ohne sich den allgemeinen beifall der classischen philologen zu erringen. Mit größerem glück wandte er nun eine ähnliche entdeckung auf unsre mhd. gedichte an, indem er Wolframs beide größeren werke in glieder von dreißig zeilen sonderte, bald auch den Iwein in dreißige, die Nibelungen und die klage hingegen in achtundzwanzige, folglich auch in heptaden, so daß die vierzeilige strophe siebenmal sich wiederholte. mich verwundert zu sehn, daß in der dritten ausgabe, deren erscheinen um ein paar wochen Lachmann nicht mehr erlebte, die klage nunmehr nach dreißigen, statt vorher nach achtundzwanzigen zertheilt ist.

Nicht zu leugnen steht, die dreißige empfangen durch das erste und letzte glied im Iwein, noch mehr durch die verzeichnisse der edelsteine und ritter im Parzival 791. 770. 772, des schlusses 827 und durch manches andere hier zu übergehende festen halt, und man kann nicht umhin anzunehmen, daß beim hersagen und aufzeichnen längerer gedichte auf solche die poesie selbst unberührt lassende gliederungen irgend ein uns noch nicht hinlänglich aufgeklärtes gewicht fiel, folglich die textcritik ihr augenmerk dahin zu richten befugt ist. Gleichwol scheint es dabei nicht ohne gefahr abzugehn, und nicht unmöglich dem text eine solche unbeabsichtigte eintheilung gleichsam aufzudrängen. dividiere man mit dreißig in die zahl aller verse eines gedichts, was übrig bleibend widerstrebt, läßt durch ausscheiden oder zuthun einzelner zeilen sich schon vereinbaren.

Außer allen diesen vielfachen mitteln, aus der form athetesen zu gewinnen, verderbte wörter und verse zu heilen, ja sich ganzer und unbeholfner zu entledigen, gibt es aber für das epos insonderheit noch einen weitführenden weg der herstellung aus seinem inhalt selbst und aus der eignen art und weise seines ursprungs.

Da nemlich die epische poesie nicht gleich aller übrigen von einzelnen und namhaften dichtern hervorgegangen, vielmehr unter dem volk selbst, im munde des volks, wie man das nun näher fasse, entsprossen und lange zeiten fortgetragen worden ist; so darf von vorn herein aufgestellt werden, daß sie wechselnden veränderungen, zusätzen sowol als abkürzungen in ganz andrer weise ausgesetzt gewesen müsse, als was man kunstpoesie zu nennen berechtigt ist, und großen reiz wird es haben, durch ausscheidung der entstellenden zuthaten ihrer echten oder echteren gestalt wieder auf die spur zu geraten; wie man andere gedichte oft schon einem bach, einem strom verglichen hat, das epos ist ein wogendes meer, das sich an den küsten bricht und bald hier bald dort schöner spiegelt.

Schon frühe, fast bei seinem ersten auftreten, hatte Lachmann, dem Wolfs prolegomena lebhaft in gedanken standen, sich überzeugt, daß die ansicht vom homerischen epos volle ja ausgedehntere anwendung auf unsere Nibelungen leide, und in einer kleinen, seinem Properz auf dem fuße gefolgten unvergeßlichen schrift eine reihe wol überlegter, eindringender, hernach unablässig fortgeführter untersuchungen über diesen gegenstand eröfnet. Es begann dadurch ungeahntes licht auf die ältesten verhältnisse unsrer poesie zu fallen, und im engsten band philologischer und sächlicher hier zusammenzielender aufschlüsse in seinen ausgaben des Nibelungenlieds und reichen hinzugetretnen anmerkungen wurde fruchtbar, meistentheils überzeugend erörtert, wie viel der epischen urgestalt von ihr fremdartigen zusätzen zugetreten oder durch abbruch benommen worden sei. Fester gewachsen in diesen blendenden ergebnissen kehrte Lachmann hernach auch sich wieder zu den Griechen und unterzog, vor den augen unsrer akademie, die Ilias einer neuen, ungleich weiter als Wolf beabsichtigte, vorrückenden prüfung.

Unter den für beiderlei epos reich aufgethanen beweisen sind einzelne schlagend und unwiderlegbar, andere verfehlen nicht des eindrucks. Nur hat es schon an sich etwas grausames, den gedichten so ansehnliche in den handschriften gegebne stücke abzustreiten, und schwer hält es epische schichten, die alle berechtigt sein können, von kunstfertigeren einschiebseln zu unterscheiden, wie sie auch in den erzählenden werken höfischer dichter begegnen. Aus der masse des epos flossen, ich sage lieber tropften auch, wie wir wissen, kleinere volkslieder ab, doch der knappe romanzenstil war seiner alten, mehr umfassenden behaglichen breite fremd und zwischen den critisch neu zerlegten gesängen und solchen wilderen oft ungeschlachten romanzen waltet fühlbarer unterschied. Diese critik ist immer raubend und tilgend, nicht verleihend, sie kann die interpolationen fort, das weggefallene echte nimmer herbei schaffen. Hauptsächlich aber muß ich das wider sie einwenden, daß mit unrecht von einer zu großen vollkommenheit des ursprünglichen epos ausgegangen werde, die wahrscheinlich nie vorhanden war, und in ihm alle flecken zu tilgen, alle wirklichen oder scheinbaren widersprüche aus ihm zu entfernen seien. Gleich anderm dem edelsten menschenwerk wird auch die epische dichtung ihre mängel an sich tragen und bei der gewaltigen wirkung, die sie im ganzen erzeugt, um einige unebenheiten, die sich in ihr eingefunden haben, unbekümmert sein dürfen. Wie keine völlig gleichmäßig gebildete sprache je erscheint, alles licht der abschattungen bedarf, macht ein homerisches schlummern oft gefälligeren eindruck als ihn der dichtkunst stets wach erhaltnes feuer hervor brächte. Wer wollte den helden vor Troja alle kampfestage, der Kriemhild ihre jahre ängstlich nachrechnen? Man läuft gefahr durch critisches ausscheiden, das gar kein ende hat, auf der einen seite zu zerreißen was auf der andern verbunden wurde; warum soll es hier nicht gesagt werden? aus Lachmanns zwanzig liedern ist in der that eine anzahl schöner, ergreifender und kaum zu missender strophen weggefallen, wie ich auch der Ilias nicht alles nehmen lassen möchte was er ihr abspricht. Was ich ihm selbst unverholen ließ, von seinem standpunct, auf den viele sich entschieden stellen, bin, je länger ich nachsann, ich meinerseits abgekommen und gedenke diesen gegenstand, welchen angefacht und ins licht gesetzt zu haben sein verdienst bleiben wird, einmal ausführlich zu erörtern.

Ich kann aus der angegebnen ursache den höhepunct seiner auf altdeutsche dichtungen gewandten critik nicht in den Nibelungen, vielmehr nur in der kostbaren ausgabe von Wolframs werken erblicken, die keiner vor ihm so befriedigend zu stande gebracht hätte, ihm sobald keiner nachthun würde. er wählte sich aus innerm trieb den an gedanken und gemüt reichsten dichter unsrer vorzeit und hat dessen tiefbegründeten abstand von Gotfried von Straßburg, welchen abstand wir zwar mehr in der bekannten stelle dieses, als in einer uns erhaltnen Wolframs selbst ausdrücklich anerkannt finden, gewissermaßen wieder aufgenommen. Was anmut, was lebendigen, weichen fluß der innigsten poesie angeht, steht Gotfrieds Tristan gewis höher, als Wolframs dunkler, schwerer Parzival, dessen inhalt auch lange nicht so lockt und fesselt, wie im Tristan; allein Lachmannen widerte schon die unsittlichkeit der auf ehbruch und fälschung eines gottesurteils mitgegründeten fabel an, so wenig der lieblichen und aus dem menschenherz strömenden dichtung die beschönigenden vorwände fehlen. Der sprachgewandte Wolfram war aber auch werth, daß gerade an ihm Lachmann die meisterschaft seiner durchdringenden sprachkentnis bewährte; mit welchem tact er in zahllosen fällen aus allen lesarten immer die richtige, gesunde herausgefunden hat, verdient bewunderung, er ließ damit alles, was für die herausgabe irgend eines altdeutschen gedichts bis dahin geleistet war, weit hinter sich, und sein ganzer feinhöriger text ist ein unerreichbares muster geworden für alle die an so schweres ihre mühe ansetzen wollen. Nach solchen langsam aber in jedem schritt sicheren arbeiten stob ihm die critik des Iwein, des Gregor und anderes leicht von der hand.

Aus denselben gründen zaudere ich nicht auch sein allerletztes werk, seinen Lucrez als ein gelungnes meisterstück zu preisen, obgleich auf altrömischem felde ich mir kein gleich sichres urtheil anmaße, aber auch der unkundigere findet sich schnell davon überzeugt. Dieser dichter war wieder seiner ganzen art und weise nicht minder angemessen als Wolfram, den ich doch an poetischer gabe höher stelle, insoweit beide überhaupt sich einander nur vergleichen lassen. Lucrez hatte die weihe edler, strenger gedankenfülle empfangen, zuweilen erweicht er sich, und dann fließen ihm anmutige verse, überall aber läßt er unmittelbar dahinter andere folgen, die in ihrer wendung wie im ausdruck baare prosa sind. Ich wenigstens kann dem von Lachmann hart angefahrnen ausspruche Bergks beistimmen, der den Lucrez ingenio maximum, arte rudem genannt hat, nur muß bei der kunst man nicht sowol seinen strengen und gebildeten versbau, als den einklang des ganzen gedichts im auge haben, der bei Virgil, Horaz, ja bei den elegikern vorhanden ist und anzieht, ihm aber abgeht. Es war doch kein guter plan Epikurs system der physik, wenn auch geistig erfaßt, und stellen anderer griechischer schriftsteller schritt vor schritt in verse überzuführen, so daß die einzelnen materien, zwar warm überdacht und wiedergegeben, nur an einander gereiht erscheinen, nicht zu einem gewaltigen ziele führen. Wie viel lebendiger und geschickter hat Virgils gedicht vom landbau lebhafte gegenstände behandelt. ich habe wol mit Lachmann darum gestritten und ihm mein geständnis abgelegt, daß einzelne zeilen bei Lucrez mich gemahnen wie verse lateinischer dichter des mittelalters, abgesehn von ihrer größeren metrischen vollendung. das sei stil der alten kunst, meinte er. gut denn, daß Virgil und Horaz, in deren keinem ich doch ein höchstes ideal der poesie anerkenne, dieser kunst ein ende gemacht haben. Lachmanns verdienst um die herstellung der lucrezischen schreib und ausdrucksweise kann nicht genug gepriesen werden, der lateinischen grammatik ist damit nach allen seiten vorschub geschehn; auf den gewinn, der für die philosophische betrachtung aus dieser rerum natura zu ziehen ist, ließ er seinerseits sich nicht ein. Völlig aber, scheint mir doch, gehn des Lucrez archaismen nicht auf in dem alten kunststil, da der ältere Ennius sich schon freier bewegte, Plautus überall dichterischer, dem auch unmittelbar die Griechen vorlagen und der doch nicht so über die patrii sermonis egestas klagte. im ganzen Lucrez wüste ich nichts so poetisches, wie zum beispiel der einzige prolog des plautinischen rudens ist.

Ich redete zu lange über Lucretius und darf nicht von seinem herausgeber ablenken. Wie es bilder gibt, in die sich die maler getheilt haben, so daß einer die landschaft, der andere die figuren lieferte; so liebte Lachmann es gemeinschaftlich mit andern arbeiten zu unternehmen, denn es gelang ihm dadurch sich streng auf die herstellung des textes zu wenden, dem freunde das übrige zu lassen. Wer sonst über einem geliebten, langerwognen autor waltet, den würde fremder antheil an der ausarbeitung eher stören:

ihm war höchst willkommen, was er für sich schon bei seite gelegt hätte, nun von andern händen ausgerichtet zu sehn, oder auch bei einem von andern angelegten werk daraus vorweg was ihm behagte an sich zu ziehen. So hat er im verein mit Buttmann (dem sohn) das neue testament, mit Rudorff die agrimensoren herausgegeben, und nach Göschen sich auch des vielbehandelten Gajus unterzogen. An seinem Babrius nahmen Meineke und Bekker theil, am Lichtenstein Karajan, Iwein war von ihm zusammen mit Benecke bearbeitet worden, nur zufällig entrathen seine Nibelungen freundes hilfe, weil dieser das schon auf dem titel enthaltene wörterbuch nicht lieferte. auch Lucrez hätte von dem sächlichen commentar, Parzival vom glossar eines andern begleitet sein können. Wiederholentlich bekannte er mir seine unfähigkeit zu lexicalischen arbeiten. das war keiner art säumnis oder trägheit, o nein, ihm lagen zu jedem altdeutschen dichter den er vornahm bald die mühsamsten reimregister zur hand und von jedem wort, das er setzte, hätte er rechenschaft geben können. seiner natur widerstritt aber einen ganzen vorrat von wörtern gleichmäßig zu behandeln, über deren einzelne die gewisseste, über andere nur ungenügende auskunft zu ertheilen er vermochte.

Seine schreibart in beiden sprachen war streng und sauber, mitunter dünkt mich ungeschmeidig, im latein störte er ohne noth, nie ohne grund durch einige abweichende orthographien; am deutschen, wo alle schreibung schmachvoll im argen liegt, durfte das nicht stören, dennoch enthielt er hier sich mehr der neuerung, vielleicht um nicht nachzuahmen. Was aber in seiner darstellung selbst wichtiger ist, er ließ gern hauptsachen an nebenstellen erscheinen und liebte es, gleichsam neckisch, einen theil des entdeckten zu bergen und zurück zubehalten, den wer ihm zu folgen verstand erraten und ergänzen muste. das hat der wirksamkeit seiner schriften, die es wahrlich keinem leicht machten, abbruch gethan. aufmerksame leser haben lieber daß ihnen zu viel als zu wenig gesagt werde, da sie das überlaufende leicht abziehen, das verschwiegne schwer hinzusetzen können.

Er hatte, meine ich, im deutschen stil wie in handhabung der dinge eine gewisse ähnlichkeit mit Johann Heinrich Voss, dessen ansicht ihm auch in manchem, mehr dem grad als dem endziel nach, unfern stand, mit dem er zugleich neben der classischen philologie die neigung zu Shakespeare und zum heimischen alterthum theilte, in welchem letztern er ihn doch weit übertraf. auch Lessing hatte die ältere deutsche dichtung hervor gezogen ohne doch daß er auf das beste schon gekommen wäre, und sein geistvolles vorbild muß auf Lachmann eingewirkt haben. unmittelbare muster, denen er glücklich nachstrebte, waren ihm, außer Bentley, unter den zeitgenossen Gotfried Hermann und Lobeck; mit Buttmann (dem vater, dessen griechische grammatik er auch in den späteren ausgaben pflegte), mit Meineke und Bekker hielt er enge, aufgeweckte freundschaft. mächtigen einfluß auf ihn übten Niebuhr, zumal Schleiermacher, in dessen letzten lebensjahren er vertraut mit ihm gewesen sein muß, mehrmals erzählte er mir bewegter als gewöhnlich von dem flatternden, weißen haar, in dem Schleiermacher rüstig die Berliner straßen durchschritten und wie ihn das gerührt habe: nun ruhen sie beide dicht nebeneinander.

Was von Lachmanns eigner sinnesart, von seinem privatleben soll ich hier hervor heben? Wer ihn genauer nicht kannte, dem mochte er herb und verschlossen erscheinen oder abstoßend, er war mildherzig, weich und voll liebe. allen umgang, der seinem ernsten wissen nicht fruchten konnte, hielt er von sich, und schwer fiel es die einmal bei ihm verscherzte gute meinung herzustellen. an abgeneigtheiten gebrach es bei ihm nicht. wenn nach hochtrabenden worten seichtes oder abgethanes sich wollte heraus legen, pflegte ihm ein vorwurf der absurdität zu entfahren. Im vertrauten kreise konnte er sich frohster heiterkeit überlassen und machte einer falschen deutung seines namens dann die größte ehre; es ist ein zeichen guter menschen herzinnig lachen zu können, oft, wenn er so in unhemmbarem schüttern sich ergoß, muste ich einer stelle seines Walthers gedenken, wo es heißt

friundes lachen sol sîn âne missetât,
süeze als der âbentrôt, der kündet lûter mære.

Aus dem alten Göttingen her waren seinem unfehlbaren gedächtnis noch ganze stücke der vorträge einiger professoren gegenwärtig, die er in stimme und gebärde vortrefflich nachzuahmen wuste, wie seiner laune eine auswahl kostbarer, auch wenn sie sich wiederholten, immer frisch bleibender anecdoten zu gebot stand. für geselligen umgang gemacht und gestimmt war er in mehrern vereinen ein wolgelittener praeses. Allen seinen freunden getreu und redlich wuste er gegen sie von keinem rückhalt und theilte gern und gradaus sein wissen mit. an beifall karg trat er, wo ihm etwas überhaupt misfiel, in nebendingen spitz lobend oder tadelnd hervor, so daß man dadurch weder verdrossen noch befriedigt werden konnte, sein volles zustimmen wog desto schwerer. Von eigensinn war er nicht frei, durch keine vorstellung konnte ich ihn bewegen das seine ausgaben der Nibelungen verunstaltende brechen der langzeilen aufzugeben: es lehrt nichts was man nicht schon von selbst fühlte, und wer möchte im hexameter die caesur sichtbar hervorheben? Seine schüler, die sich in ihn fanden und die er mochte, werden seiner liebreichen lehre unvergessen sein. Daß er unverheiratet geblieben war, wurde in seiner letzten schweren krankheit wehmütig empfunden, wo ihn keine weichen, sanften hände einer liebenden frau pflegen konnten, nicht einmal seine freunde ihm nahen durften, außer dem von Leipzig herüber gefahrnen Moriz Haupt, der nacht und tag seiner bis ans ende wartete. Erst, solange das übel nichts schien als ein podagra, das öfter gekommen und gegangen war, hatte man geringe sorge, ich erlaubte mir sogar damals in unsern monatsberichten von dem podagra mythisch zu handeln, ihn damit, wenn ers läse, ein wenig zu erheitern. als aber die seuche sich in ihrer ganzen feindesgestalt erzeigte, ward allgemeine schmerzliche theilnahme in der stadt um ihn, und nachdem er mutig eine fußabnahme ausgehalten hatte, bewunderung rege. was konnte alles helfen?

Der glückliche. Im letzten jahr, das er lebte, war sein neues testament vollendet und die pracht seines Lucrezes aufgegangen, die dritte ausgabe der Nibelungen bis zum titelblatt fertig gedruckt. auch Lucilius lag ausgearbeitet und kann in einigen wochen die presse verlassen. für den druck bereit steht eine samlung der ältesten minnesänger mit den schönsten textreinigungen. Ein Otfried, wie ich höre, in gemeinschaft mit Haupt war vorbedacht und man hätte nicht lange zu warten gebraucht, so giengs ihm von statten. den Titurel hatte er wol schon geraume zeit fahren lassen, den unternommenen Morolt nicht weit geführt. Noch manches andre willkommne und wünschenswerthe würde er zu tage gefördert haben, nichts, bin ich des glaubens, was seinen Wolfram und Lucrez in geschmack und zierde überholt hätte, seines ruhmes höchste staffel ist von ihm erklommen worden. er war zum herausgeber geboren, seines gleichen hat Deutschland in diesem jahrhundert noch nicht gesehn. Den jubiläen, die das alter unserer gelehrten mit langerweile bedrohn, ist er noch großentheils entronnen. Den schlichten prunklosen mann mit blondem haar im blauen oberrock werden wir lange an unsrer tafel missen, wie schonend, wenn es hätte sein sollen, wäre auch der krückenträger an ihr gehegt und gehütet worden, der sich dann hätte angewöhnen müssen still zu sitzen, nicht hinter allen stülen herum zu wandeln.

Gedanken
über
Mythos, Epos und Geschichte

Mit altdeutschen Beispielen

Das erste, was ein aufrichtiges Gemüth aus der Betrachtung alter Fabel und Sage lernen kann, ist, daß hinter ihnen kein eitler Grund, keine Erdichtung, sondern wahrhafte Dichtung liegt; wenn ich mich, in der Hoffnung klarer zu werden, so ausdrücken darf: objective Begeisterung. Bald aber wird die tiefer schreitende Untersuchung auf den Punkt bringen, wo man zu fragen hat: wie sich Sagenwahrheit verhalte zu der historischen Wahrheit, gleichsam zu einer greiflichen eine fühlbare.

Bewußt oder unbewußt sind alle Mythologen, welche ihren Gegenstand ehrten, auf irgend eine Antwort für diese Frage bedacht gewesen, die sie nach ihrem besonderen Sinn allgemeiner faßten, oder auch auf Entscheidung einzelner Fälle einschränkten. Was ihnen gelang und worin sie fehlten, wird meistentheils von dem Grade der Klarheit abhängig gewesen seyn, unter dem es ihnen jene Aufgabe in Gesichtspunkt zu faßen und zu lösen verliehen war.

Es scheint mir, als sey hier eigentlich blos zweyerley zu antworten möglich: entweder müßte die mythische Wahrheit eine himmlische oder eine irdische genannt werden.

Lösen sich alle Sagen in einfache, immer einfachere Offenbarungen des Heiligsten auf? sind sie nur ein wechselndes für das Unendliche, Unfaßliche, sich neuversuchendes Wort und fließen sie, im Schein wandelbar, im Grund unwandelbar, endlich in dem Urgedicht zusammen, von dem sie ausgegangen waren? Oder aber haben sie sich, wie Gebirgsduft über Fernen tritt, an die vergangene Menschenzeit gesetzt, gehören sie zu unserer Geschichte mit, und sind sie gleich dieser ewig hin etwas neues, verschiedenes, höchstens ähnliches?

Zu der letzten Meinung führt und gewöhnt die Geschichte selbst, die überall aus dem Schoos der Fabel aufgetaucht ist, und sich weder früher so rein von diesem mütterlichen Element losreißen will, noch späterhin es kann, wenn sie gleich wollte, ohne daß dort ein Stück des Mythus, hier ein Stück der Geschichte preisgegeben werden müßte.

Allein es vermag diese natürliche historische Ansicht der Tradition mit Recht denen nicht auszureichen, welche durch wundervolle, aber unleugbare Uebereinstimmungen unter nach Zeiten und Ländern getrennten Völkern bemerkbar nicht bloß in der Sache, sondern bis in die feinsten Fasern der Sprache und Form dahin bewogen werden, daß sie hier durchgehends Gottes Finger zu erblicken, und nur so zu einem würdigen Schlüßel einer unaussprechlichen That zu gelangen glauben.

Diese erste Meinung hat etwas erhebendes und großes, weil sie Menschen und Helden gen Himmel rückt, sie in Sterne und Götter verwandelt und dem Forscher ein so weites Feld öffnet, das auf das vielseitigste gebaut werden kann, ohne an Ergiebigkeit zu verlieren. Und wie unzweifelhaft und überzeugend sie mir auch in vielen Fällen vorgekommen sey, gestehe ich doch, daß sie andremale etwas niederschlagendes mit sich zu führen scheint, darum, weil sie uns eigentlich ein Stück unseres Trostes der Geschichte wegschneidet. Aller Trost aber, den wir aus der Geschichte schöpfen, beruht eben auf unserer Genoßenschaft und Gleichheit mit den gewesenen Menschen, da wir Gott nie gleich werden können; wird also die alte Geschichte für eine übermenschliche erklärt, so steht sie uns schon gewißermasen entfremdeter. Im Gegentheil regt sich ein sicheres Gefühl, daß unsere Vorfahren selbst zu jenen alten Handlungen beygetragen hätten, und wir würden das Andenken daran, das wir als ein Erbe und Eigenthum betrachten, uns mit Schmerzen entrissen sehen. Würde nicht die Freude an unsern altdeutschen Liedern abnehmen dadurch, daß uns jemand sagte, der Rhein, der in ihnen fließe, sey nicht unser geliebter Fluß, oder Brunhild nicht auf deutschem Boden gestorben, sondern vielleicht auf dem Gipfel des Caucasus, und so immer weiter zurückführend. Und selbst wenn wir bey einer mit uns eingewanderten Sage stehen blieben, so hat doch der nahe Grund und Boden der langen Heimath noch viel größere Kraft über uns.

Nur dadurch wird der Widerspruch versöhnt und gehoben werden, daß man beyde Meinungen vereinbart, d. h. dem Volksepos weder eine reinmythische (göttliche) noch reinhistorische (factische) Wahrheit zuschreibt, sondern ganz eigentlich sein Wesen in die Durchdringung beyder setzt. Gottähnlich sind alle Menschen, allein Gottes Ebenbild wurde erst durch die That des Menschen, der seines Gleichen zeugt, gleichsam zu jedem gebornen Menschen herzugerufen, und neuerdings mit wiedergeboren; so ist auch zu dem Epos eine historische That nöthig, von der das Volk lebendig erfüllt sey, daß sich die göttliche Sage daran setzen könne, und beyde sind durch einander bedingt gewesen. An einigen Beyspielen wird dieß deutlicher werden, die ich aus der vaterländischen Tradition zur Bewegung der mehr ungerechten als gegründeten Klage wähle, daß uns eine Mythologie fehle, da man nur die vorhandenen Sagen und Gedichte mythisch zu faßen braucht, um in ihnen ganz ähnliche Elemente und Bestandtheile wie in der griechischen Religion zu entdecken.

Das erste möge die berühmte Fabel von *Wilhelm Tell, dem Schweizerhelden* seyn. Auf des grausamen Vogts Geßler Geheiß soll er seinem liebsten Söhnlein glücklich den Apfel vom Haupt geschoßen, und im Fehlfall die übrigen Pfeile dem hartherzigen Feinde freymüthig zugedacht haben. Diesen Mythus, den kein gleichzeitiger Geschichtschreiber, unter den Chronisten[1] zuerst Etterlin von Luzern berichtet, hat sogar Johann v. Müller viel zu historisch genommen[2] entweder weil ihm das Gewicht bloß der einen Seitensage aus Saxo nicht genugsam schien, oder er die epische Wahrheit zu herzlich fühlte, um dem theuern Vaterland diesen seinen Stolz nehmen zu können. So gewiß aber ein kühner Mann gelebt hat, der den Vogt schlug und das Land rettete, so gewiß haben sich die Nebenumstände der That damals nicht zugetragen, aber das gerührte Volk übertrug fortan, unschuldig uralte Sagen auf den, der nun seiner Liebe zunächst lag. Man prüfe folgende Parallelen:

1. Saxo erzählt von *Toko,* der auf König Haralds Befehl zur Prüfung in seiner Bogenkunst von seines Kindes Haupt einen Apfel schießen mußte, und nach vollbrachter That um die übrigen Geschoße vom König, gerade wie Tell, gefragt wurde, es wird selbst noch hinzugefügt, wie auch Toko hernach gefährliche Schifffahrt bestanden. Doch aber ist des Abweichenden genug, um sagenmäßige Einstimmung nicht für Entlehnung zu halten.

2. Wilkinasaga meldet ähnliches von *Eigill,* Velents Bruder, den König Nidungr gleichfalls nach dem Knaben zielen heißt, und ihm nachher dieselbe Frage stellt.

[1] Dieses Wort hat neulich einmal Docen ohne Noth angefochten, als ob die Sprache nicht das Recht hätte, Wörter zu ändern, sonderlich fremde und auf Gefahr von Zweydeutigkeit selbst! Chroniker klingt schlechter, auch die Spanier sagen ruhig coronista und cronista, und warum sollen wir uns vor dem auf manche solcher Schreiber anwendbaren Nebensinn χρονιζειν fürchten, das doch auch selbst von χρονος abstammt? –

[2] Seinen Satz 1. 645: »Es zeigt geringe Erfahrung in der Geschichte von zwey Begebenheiten eine zu leugnen, weil in einem andern Land und Jahrhundert ihr eine andere ähnlich war« möchte ich nicht so bloß unterschreiben, zumal für die hier daraus gemachte Anwendung. Auf den ersten Druck des Saxo und das nähere Band zwischen Schweitzern und Norden kam hingegen hier wenig an.

3. Im altengl. Wildräuberlied (Percy Band I. Buch II. no. 1) sind drey ausbündige Schützen und Brüder, *Adam Bell, Clym of the Clough* und *Wyllyam of Cloudeslye*; der letzte wird gefangen und soll, nachdem er schon mit Reiserspalten Proben seiner Kunst gethan (wie Robin Hood und Tristan Prosa 133, 134) auch den Apfel vom Kind schießen.

4. Des Bellerophontes Söhne (nach Eustathius) stritten um die Erbschaft, und derjenige sollte sie erhalten, wer von des Kindes Brust, ohne es zu versehren, einen Ring abschießen[1] würde. Laodamia oder Deidamia, die Schwester, gab ihr Söhnlein Sarpedon, (griech. Karpedon) dazu her, welches nachher König wurde. Einiges ist dunkel, vermuthlich zielte ihr Gemahl, dessen Nahme ungewiß, mit, wurde erst selbst König und hatte Sarpedon zum Nachfolger.

In den drey letzten Erzählungen mangelt der Umstand von der Schifffahrt, den die beyden ersten, in den zwey letzten der von der Frage nach den Pfeilen, den die drey ersten hatten. Was aber der Hauptsache nach sich fünfmal mythisch erneuert, kann sich nicht fünfmall factisch wiederholt haben. Diese mythische Natur der Sage wird sich gleich noch auf andere Art hervorthun.

Schon einer oberflächlichen Betrachtung der Eigennahmen kann die Aehnlichkeit von *Tell, Bell, Velent, Bellerophon* kaum entgehen. Denn daß im altengl. Lied nicht Bell sondern Cloudesly den Schuß thut, wird so wenig Einwand abgeben, als daß es in der griech. Fabel der Großvater Bellerophontes ist, der Erwägung auf sich zieht. Aeltern und Kinder, Brüder wechseln Nahmen und Fabeln gegenseitig, dazu paßt der Vornahme Tells wieder ausdrücklich auf Wyllyam von Cloudesly, und ein ähnliches Verhältniß gilt zwischen den Brüdern *Velent* und *Egill*. Allein letzterer Nahme selbst gehört ganz eigentlich hieher, sobald man ihn auflöst; das g dehnt die Wurzel, ohne ihr nothwendig zu seyn, aus Segel, Nagel, Zagel u. a. machen die Engländer sail, nail, tail, wie auch deutsche Provinzialaussprache häufig über den Mittelconsonant hingleitet, Nâhl, Zâhl. Wir erhalten folglich *Eill, Ell,* welches mit Tell und Bell zu einem Stamme gehört.

Je mehr wir uns aber nun der inneren Bedeutung aller dieser Formen nähern, desto überraschender entwickelt sich wirklich ihre Identität. *Tell* wird deutlicher durch telum, Pfeil, *Bell* durch βελος Pfeil, und auf einmahl löst sich der Nahme *Toko* durch τοξον

---

[1] Dieß erinnert an ein anderes gangbares Märchen des Mittelalters, von drey Söhnen, die nach dem Leichnam ihres Vaters bogenschießen.

Bogen, Pfeil, zur völligen Uebereinstimmung auf. Wie bedeutend zeigen sie sich nicht sämmtlich für den kühnsten und glücklichsten Bogenschützen unter der Sonne, der von seines Kindes Haupt den Apfel; von der Brust den Ring ohne Schaden gezielt! Nun aber kann der im nordischen häufige Nahme *Egill, Eigill* kaum anders verstanden werden, als sehr paßend von dem Stachelthier *Igel*[1], wofür im Angelsächs. *igel, igl, ül* und *ill* vorkommt, da Stachel, Strahl und Pfeil gleichviel sind, sagt also *Egill* schon in dieser Form und ohne der Zusammenziehung in *Ell* zu bedürfen, genau dasselbe, was Tell und Bell aus. Noch mehr, *Clym* und *Cloudesly,* sammt *Clough* verlangen eine Wurzel, *clom, clam* ist auch so, eine Klamme, Klemme, ein Nagel, (weil dieser zusammenhält) *clou*, Nagel, Klaue, auch so, *clo, claw*, Hacken. Nagel, wie Nadel, ist ursprünglich das spitze, stachelige und wird häufig, auch in andern Formen gleichbedeutend mit Pfeil.

Dadurch daß ich deutsche Wörter mit griechischen und lateinischen zusammenstellte, will ich lange nicht jene aus diesen unmittelbar herleiten, oder umgekehrt, sondern nur erläutern, weil sich in der deutschen Sprache gerade so vollständige Beyspiele der Formen erhalten hatten. Aber daß sie sich doch alle irgend verwandt liegen, behaupte ich und es wird sich aus der allgemeinen Sprachbildung weisen, daß von der Grundform *all* oder *ell* (welche das schnelle, eilende, geschnellte, scharfe ausdrückt, und noch in Ahle, subula, isländ. alr, angels. äle, engl. awl, und dem isländ. *aull, öl* Pfeil über ist,) die unzähligen Bildungen: Pfeil, Pil, Edda: Bilda, βελος, Ziel, Tel, telum, τηλε (fern) rail, Strahl, nail, Nagel, Nadel, Stachel, Achel, Egel, Igel u. s. w. herstammen[2]. Daher Blutigel, die Schlange, der Blutsauger, zugleich ein poetisches Wort für Pfeil. Redet hiemit der nordische Nahme Egill für das Alterthum der germanischen Sage, so greift gerade auch sie in dieser Gestalt am lebendigsten in den großen Cyclus ein. Velent (Vaulundr, Vö-

---

[1] Nachdem dieß schon geschrieben war, fand ich zur Bestätigung, daß der gelehrte Thorlacius (IV. 74. 75) den Nahmen Egill aus egel, und igel, vermis leitet, (Schlange und Pfeil sind wieder eins) und auf ganz anderm Wege gleichfalls die Verwandtschaft der Nahmen Egill und Völund findet.

[2] Man pflegt mancherley Uebergänge verwandter, sonderlich anhebender Consonanten anzunehmen, (wie bellum in duellum, telum in Pil) welches vielleicht nur ein unschicklicher Ausdruck ist, da niemand mehr weiß, was bey Bildung und Austheilung der Sprachen im Anfang oder der Mitte gelegen. Am richtigsten betrachtet man die meisten Anfangsconsonanten als gleichgültige Vorsätze vor den Wurzelvocal, und jede Sprache hat sie aus ihrem Eigenen, Inneren getrieben, lieber als daß man sie für Uebergänge aus fremden halte. Aber die Beyspiele aus fremden Sprachen sind sehr förderlich.

lund, Wieland) lebt bey König Nidudr oder Nidungr (wie madr und mann) und Eigill sein Bruder schießt nach ihm, als er in der Luft fliegt, wie Hipponoos seinen Bruder Belleros, von andern *Deliades* genannt, (die Form Tell) tödtet, und Bellerophontes nachher auf das Luftpferd steigt. Mit einem wieder dasselbe aussagenden Beywort heißt Egill auch ausdrücklich: *ölrunar* Eigill (sagittarius).

Ein anderes, leicht noch merkwürdigeres Beyspiel sey es mir erlaubt auf die vor einiger Zeit erschienene Abhandlung des Lieds vom alten Hildebrand zu beziehen und durch freyere Ausschweifung in das mythische Gebieth (die dort absichtlich vermieden wurde) die Ansicht auszudehnen. S. 75 wurde darauf hingedeutet, daß die beyden Hausfrauen *Ute*, als Hildebrands Gemahlin und Stammfrau der Burgunder, zusammenfallen, wie die Etymologie schon die Begriffe und Worte *gut* und *Mutter* zu einander weist. Gehört nun aber *Ute* ins Geschlecht treurathender Meister, so ist es kein Wunder, daß sich gleich noch ein anderer Uebergang ergibt, und die männlichen Nahmen (wie sonst häufig) auch auf die Frau gewendet werden. Nämlich wie wir in *Berter* (braht, brand) den frommen weisen Stammvater sahen, ist auch die *sagenberühmte Berta*, keine andere, als *Frau Ute*, mythisch genau dieselbe.

Das ganze Mittelalter hat wenig Traditionen so lebendig gehegt und bewahrt, als die von der *spinnenden Frau Berta*, die bald ein guter Geist, Jungfrauen ein Muster der Häuslichkeit geltend; bald ein böser, strafend erscheint, Nachts unruhige Kinder schreckt und quält. In Franken und Schwaben pflegt man sie mit den Worten zu warnen: »still, die eiserne Berta kommt!« Ihr Nahme zeigt an soviel als: *weiße, glänzende,* altdeutsch: brehende, isländ. biart, die verschiedenen Formen Berahta, Berachta, Berichte, Brehte, Breide, Prechta, Vredeling (nach bloßem Auswuchs der Endigung, wie in französischen Berte, alt. Bertain, nonne und nonnain etc.) sind stets dasselbe Wort, aber mannichfaltig hat sich die Geschichte dieses fabelhafte Wesen zugeeignet und immer wieder neu aufgestellt.

Am würdigsten und gründlichsten mit der *Mutter Karls des Großen*, deren Spinnen und Weben lebendig in ihre Sage eingreift und die auch Berthe au grand pied heißt, *Platschfuß*, möglich Anspielung auf ein deutsches Mährlein von Spinnerinnen. Pipins[1] Gemahlin wird bald zu einer griechischen Kaisers-, bald ungarischen Königstochter, bald zu der eines Grafen von Laon Charibert ge-

---

[1] Ueber das Etymon des Nahmens Pipin anderswo.

macht; andere nennen ihren Vater König von Bretagne (vielleicht Spiel mit ihrem Nahmen Breta) oder gar von Kerlingen, da sie doch selber erst die Ahnmutter des Kerlingerstammes wurde. Hiermit fällt ein neues Licht auf die sonsther (aus König Rother) bekannte Anknüpfung des Geschlechts der Dietriche an die Kerlinger; nämlich sie zeigt sich als eine vollkommen mythische und gründliche, nicht aus Dichterlocalitäten zu erklärende.

Ob länger, als die Sagen selbst, im Mund des Volks, zumeist im Frankreich und Italien gangbar gebliebene Redensarten von der *Reine Berthe fileuse*, und der guten alten Zeit, *ove la reina Berta filava* sich auf diese kerlingische, oder näher auf eine spätere burgundische Bertha beziehen (da sogar auf burgundischen Siegeln die Frau mit der Spindel vorkommt, Joh. v. Müller Schweitzergesch. 1. 255.) kann eben so wenig angenommen werden, als sich zuverläßig selbst erstere auf eine noch ältere gründet. Hängen nicht Nahmen und Sagen der jüngeren Frankenkönigin Brunechild durch unverkennbare Fäden auch an der alten Brunhild des großen Cyclus?

Wieder genau ist diese Berta die *reine blanche*, oder *weiße Frau*, die als Urältermutter in Schlößern umwandert, ein Schlüßelgebund zu alten Kisten, Kasten und Thüren häuslich trägt, und bevorstehende wichtige Familienfälle stillschweigend weissagt. Historisch aber hat man sie an eine *Berta* oder *Prechta von Rosenberg* selbst aus verschiedenen Häusern gebunden, so das der scheinbare Vorname überall Hauptsache geblieben, und hier eigentlich die ursprüngliche Idee am reinsten herausgetreten ist; sie bedeutet hier blos die *strahlende, weiße, lichte,* wie himmlische Erscheinungen diese Farbe an sich nehmen. Darin liegt nun zugleich das Verständniß des ganz nahen Uebergangs in die Idee von Spinnen. Mythen und Sprachen nämlich stellen Strahlen den Haaren und dem Flachs völlig gleich[1]. Maria, die glänzende ist nur nach andern Ausdrükken: die mit langen Haaren bis zu den Fußsohlen eingehüllte, oder: die spinnende und webende; nach Werners Marienleben webt und spinnt die heil. Jungfrau mit S. Helena. Name und Fabel von Berta sagt also bald die strahlende, bald die strahlen-haare-spinnende, bald einfach: die spinnende aus, und wird damit in den hehren Kreis spinnender und webender *Nornen* und *Parzen* erhoben. Ein weiterer Schritt ist hiermit schon gethan, der unsere altdeutsche Hausmutter einer spinnenden Artemis, Minerva, Arachne, Leucothea, Lucretia, und sonderlich Penelope vergleicht; und führt uns

---

[1] Schon Kanne hat hierzu im Pantheum viel treffendes gesagt.

die letztere nicht wieder zu Ulysses, der dem *alten Hildebrand* auch sonst so ähnlich erschien[1].

Ja, fällt mit *diesem* nicht unmittelbar zusammen, daß Berta (als jene Kinderschreckerin) *Hildeberta* (auch Bildeberta) namentlich heißt, die Schutzfrau des Hauses, und es öffnet sich eine neue fruchtbare Aussicht. Wie in Hildebrand die Begriffe Hild und Brant (Krieg und Glanz) vereint liegen, in andern seines Stammes aber einzeln vortreten, ist diese Hildeberta ohne Zweifel auch die nordische *spinnende Norne* (Möre) *Hildur*; (Kriegsgöttin) Spinnen des Schicksals aber zugleich Spinnen des Kriegs, was ich allein schon mit dem doppelsinnigen Wort *Orlog* hinreichend beweise. Daher auch noch jetzt die Redensart: Unheil spinnen und ähnliche. *Hildur* selbst, die Zauberin, muß in Wort und Sache innig verwandt seyn mit dem in so viel nordischen Sagen auftretenden Zauberweib *Hulda*, noch mehr mit unserer deutschen *Frau Holle*, *Holde*, *Hulde*, von der das Volk noch sehr lebendig zu erzählen weiß, die es aber wohl zu merken, hauptsächlich wieder als *Spinnerin*[2] darstellt, als Lohnerin der Fleißigen, Haushältigen, dagegen sie

---

[1] Auch ist folgendes nicht zu übersehen, was hier nur berührt werden kann. Wie *Berter* durch Berchter in *Berker* fiel (Hildebrands Lied S. 69) so *Berta* in *Berka*, mit aufgelöstem Labialvorsatz (vergl. Oberlin voc. Erker, Erkfried, Berkfried, berfridus, belfredus, altfranz. berfroi, später beffroi; armherzig, barmherzig,) also *Erka*, der Name einer nicht weniger gepriesenen altdeutschen Hausfrau, Attilas erster Gemahlin und Verwandtin Dieterichs und Hildebrands, wofür man auch Cerca und Recca, (wie Berchta) einmal selbst Esca (vergl. Ospiru) findet, am gewöhnl. mit dem Hochlaut: *Herka, Herkia*, und nach einem andern häufigsten Umlaut Helche. Erkas Schwester (d. i. sie selbst) heißt aber in der Wilkinasaga bedeutend Berta. Und da wir doch einmal das Geschlecht der Budlungen mit dem der Wolfungen (Hildinger) vergleichen, würde selbst Attila an Attenus und Atta, Vater; Budli, Botelung an pater und Ute im allgemeinen erinnern. Im besondern aber ergiebt sich noch folgender wichtiger Aufschluß: Berter oder Bechtung heißt im Dresdner Gedicht *Puntung* und einigemal *Botelung*. Dieß letztere würde sich durchaus nicht aufklären und als Schreibfehler erscheinen, außer auf diesem mythischen Weg, der uns die Identität der Namen *Botelung, Budli, Ute*, und mit einfließendem n, *Puntung* lehrt; darum konnte Botelung in zwey sich nah berührenden Geschlechtern auf gleiche Art vorkommen.

[2] Durchaus gründlich, ja herrlich erscheint die Fabel, wo sie den gewöhnlichen Sinn des gemeinen Lebens nicht ausschließend, höheren, geheimeren in sich einschließt, oder mit andern Worten, den tüchtigen Grund menschlicher Sitte, den die Meisten nicht ahnen, bewahrt. Frauenarbeit ist Spinnen, ihr Werkzeug die Spindel; Männerarbeit der Krieg, ihr Werkzeug das Schwert, und die Altdeutschen pflegten den Männern Schwert, den Frauen Spindel mit ins Grab zu legen. Die Nornen und Parzen haben den Krieg zu spinnen, in den Namen Hildur und Bertha, hat das die Mythe bedeutend ausgedrückt, ihnen selbst eingelegt, und manchmal in Hildebrand und Hildeberta vereinigt. Wiederum heißt das Schwert *brand*, das leuchtende. Treffend, war auch die Eintheilung in Krieger und Spinnerinnen (Schwert- und Spillmagen) und in den Kindermärchen spielen die *spinnenden* Königstöchter eine mannichfaltige Rolle.

Faulenzerinnen, die ihren Rocken nicht abspinnen, diesen besudelt und ihnen alles gebrannte Herzeleid anthut. Worauf uns also die wörtliche Bedeutung leitete, Identität zwischen Frau Berta und *Frau Holle*[1], das wird durch die Sache überführend bestätigt.

Der Idee von dem gnädigen und ungnädigen Gott, von dem Guten und Bösen, begegnen wir auch allerwärts in diesen Spuren germanischer Mythologie. Mütterliche, gütige Wesen kehren sich um in schreckliche, grausame; wie Hecate, die Furien, Lamien, Larven nur der Gegensatz guter Göttinnen in denselben Personen sind, die herben Parzen sich an die lieblichen Grazien schließen, so sehen wir Berta und Holle bald als holde, bald als unholde, unheimliche, hexenhafte Erscheinungen. In einer tyroler Sage aber heißt Frau Holle *Frau Hutte*, welches eben dahin lenkt, von wo ich ausging, *Ute* und *Mutter*, so, daß der Uebertritt der Buchstaben auf mehr denn eine Art nachgewiesen wäre.

Es ist Zeit wieder einmal auf die Männernamen überzugehen, denn da Berter und selbst Hilder, wie wir gesehen, auf die weiblichen, auf die Stammmutter hinüberfielen, so steht zu erwarten, daß sich auch in jenen die Form *Ute* wirksam erzeigt. Ich erblicke sie nicht nur in dem häufigen nordischen Namen *Hodur*, *Hother* (ein deutscher Spuckgeist heißt *Hütchen*, hildesheimisch *Hödeken*, gerade der englische Robin *Hood*) sondern für unsere Fabel in *Otnit* und mit einem liquiden Vorsatz in *Rother*, *Ruther*. Wie aber Berther zu Berker, Bercher wurde, heißt Rother in den Handschriften des Renners ungemein bedeutsam für uns stets *Rucker*, *Rücker*, *Rucher*, und hiermit ist wieder die Verwandtschaft zu einem andern Helden, der auf eine sonst schwerlich zu erörternde Weise in den dänischen Volksliedern mit den Dieterichen verbunden wird, gefunden. *Ogier*, Augier, dän. *Olger* und Holger berührt demnach mythisch sowohl Otnit als auch Rother, und wie dieser im italien. Ruggieri heißt (der Lispel des g und d Lautes begegnen sich) so jener Uggieri, Uggiero. Dieses alles könnte noch weiter verfolget werden, gegenwärtig erlaube ich mir dafür einen Absprung auf *Ulysses*, an den uns schon das Wort *Holle*, *Hulle* an und für sich erinnert. Man hat die griechische Form *Odysseus* von οδυσσεμαι

---

[1] Nach einer ganz leichten Metathese (Milch Mler, falb flavus) ist *Holle*, *Hulde* einerley mit *Hluda*, *Hludana*, die den alten Deutschen die Erde, die nordische *Hlödyn* war. (Vergl. die englische Volks-Sage von Mutter *Ludsam*.) Wie aber Holle die Erde, war es auch Berta, nach abgeworfenem Vorsatz (wie vorhin Erka, Berka, Herka) *Erta*, *Hertha*, *Mutter Erde* (De-meter, d. i. Gämäter). Thorlacius (Sp. III.) hat über das schon muthgemaßt, daß *Hlod*, *Lud*, *Lod*, Lodin (nordisch und ossianisch) mit *Odin* zusammenfallen, welches ich hier ebenfalls auf *Hluda*, *Ute*, und *Oda* anwende.

geleitet, und könnte ihn in so fern, wie Ute zu Gudrun, zu Grimhild halten. Indessen scheint mir eigentlich weder Odysseus der
zürnende, noch Grimhild die grimmige geheißen zu haben. Bey
letzterm Namen denke man an *Grimur*, was wieder ganz gleichbe-
deutig ist mit *Gramur*, und beyde sagen aus: König oder Herr. Der
Könige Zürnen ist erst das Abgeleitete, wie Grimm und Gram im
Sinn von Zorn und Unmuth. Hiernach möchte eher οδυσσομαι
von Οδυσσευς oder dessen Stamm rühren, der freylich im Griechischen verloren ist; auf die richtige Spur leitet, die gleichsam
daraus spielende Fabel und Benennung von ουτις (IX. 366) ουδεις
oder ουϑεις, wofür sich der Held bey Polyphem ausgiebt, und was
die deutsche Uebersetzung durch *Niemand* nur halb richtig ausdrückt. Nicht wörtlich, aber sagenmäßig recht ist es übertragen in
unserm Lied von Wolfdieterich, der in so manchen Stücken[1] dem
griechischen König gleich steht, als ihn der Heide (Nr. 257 der
Dresdener Recens.) fragt: wie er hies gemeit?

Wolf Dieterich sprach: »nit anders dan ein *frumer man*«[2].

Aus *Odysseus* wurde *Ulysses* (wie aus εδαφος ελαφος, aus Ida,
Ila, Olymp etc.) in der Mitte läge *Uldysses*, Oldysses, welches nah
an Hullebrand, Hille-Hildebrandt liegt. Wie aber Rolands des Ker-
lingers Mutter, die obige Berta, seine Frau hingegen *Oda* (Aude,
Alda) heißt, beyde nur eine sind, so ergeben sich die Uebergänge
auf *Ute* (nord. *Oda*) die Mutter, und *Hadu*brand, *Ale*brand, *Olle*-
brand den Sohn gleicherweise.

Desto unbedenklicher wird auch die schon versuchte Zusammenstellung dieses letzteren, mit *Telemachos*, da T hier ein bloßer
Vorsatz, (Atta, Tatta) μαχος aber höchst passend einen Streiter,
Krieger (Hilder) bezeichnet. Der *fern*streitende, pfeilsendende Held
erscheint bloß als spätere aus der Sprache herauskeimende mythische, wiewohl fügliche Erklärungsart. Ich will zum Beschluß einen andern gewagteren Uebersprung machen: in die Thierfabel.
Wie Ulysses der Fuchs oder Wolf ist, der sich bald von der guten,
bald von der schlimmen Seite zeigt, und Sibich (Hund, Fuchs)
auch mit Hildebrand umtauscht, so ist mir Reinharts oder Reine-
kes Sohn, der altfranz. Malebranche heißt, kein anderer als unser
Alebrand, (m bloßer Zusatz, wie μονος unus, Mamma, Amme,
Munarheim, Unarheim u. v. a.) Die weitere Ausführung dieses

---

[1] Wolf Dieterich kommt zur Rauchels (Calypso), zur Marpaly (Circe), wird vom
Engel abgerufen und der Zauberin abgefordert (Hermmes), verstopft sich gleich Ulyß
die Ohren u. a. m.

[2] Auch in der Blomsturvallasaga will ein Held seinen Namen nicht nennen und
heißt sich versteckt *Triaman*.

und anderer ihm zur Seite stehender Sätze[1] bleibt aber zur bevorstehenden Ausgabe und Abhandlung dieser trefflichen, insgemein tüchtigen Thierfabel verspart. –

Ist das Resultat aus diesen Untersuchungen über Fabel und Sprache nicht unfruchtbar und ungünstig geblieben, so wird zuerst Unbefangenen einleuchten, daß sich die meisten scheinbaren Verschiedenheiten zurücksehnen nach einer ursprünglichen Einfachheit, (wie wir nach Gott), daß alle Formen einen reineren oder verhüllteren Gedanken[2], der von solchem Reichthum und einer Stärke ist, daß er in Sprachen und Sagen unendliche Strahlen wirft, wie wir z. B. im obigen einige Beleuchtung der Wörter hold und brehend empfangen haben (eben dahin gehört gut $\alpha\gamma\alpha\vartheta o\varsigma$). Auf ähnliche Art könnten wir auch unsern Tell wenigstens vergleichen mit Abel, (der wie Belleros vom Bruder erschlagen wurde,) mit Belus und Apollon (A-belus) den pfeilsendenden, und Sibich das böse Princip deutscher Fabel würde aus Typhon, Shiwen, Siva vielfach erläutert werden.

Wer wird die vielsinnigen, unergründlichen Wörter der Menschensprache aus einer todten, kalten Mechanik, aus einer bloßen Schallnachahmung (obschon auch der Schall *verwandt* ist) ableiten mögen, und wer nicht gern dem Tiefsinn der Hieroglyphen, aber auch der nordischen Kenningar huldigen! Das Scheinunsinnige ist es nur, weil wir es nicht durchschauen und vielmehr selbst den Sinn verloren, wenigstens gestumpft haben, vermöge dessen sich fremdartige Sachen und Wörter nahe liegen und unsichtbar umfassen. Beynahe hat man es zur Sitte gemacht, Wortuntersuchungen zu verdammen, so bald sie sich über eine gewisse Weite, die denn doch niemand abstecken kann, hinaus einlassen, während dem man den Mythologien schon größeren Spielraum zuläßt. Aber die Richtungen und Streifen in beyden Fächern sind sich höchst analog, und gewähren sich wechselseitige Bestärkung. In der That wäre nichts leichter, als Etymologien zu parodiren, indem die Parodie ganz nahe der Wahrheit liegt, und die ächte auch niemals versehrt; in jeder Uebertreibung ist zugleich etwas wahres und falsches gelegen, da sie aus dem Wahren springend, es bloß abseits

---

[1] Nur noch ein Beyspiel: *Nobel*, *Noblon* der König der Thiere gehört zu Nobelung, Nibelung, Imelung und Amelung.

[2] Folgende Wörter sind eins und das nämliche: Ute, Utys, Odyß, Ulyß (hieraus Ils wie schon Aventin wußte, daher Hildebrands Bruder Iisan, Mutter Eisen, Isis) Hulde, Hilde, Odin, Wodan (in Waltend, Woldan tritt auch das l vor) Bog, Gott, Vater, Atta, Tatta, Abba, Papa, die englische Frau Mab, Ahn, Tante, ama, amita, Amme, Mamme, Mutter, Juno, [D]-iana und unzählige andere mehr.

läßt, aber durchaus nicht bodenlos seyn darf. Obige meistentheils neue Versuche verlangen in dieser Hinsicht eine milde Beurtheilung, wie sie durch eine scharfe nicht vernichtet werden könnten.

Betrachten wir aber nun auch das Wesen der Poesie, welche Fülle von Sprachlebendigkeit hat sich zwischen der Ursprache (der offenbarten) und den heutigen Mundarten bewegt; welch ein Wachsthum des epischen Lebens liegt zwischen der göttlichen Idee und folgenden Zeiten, worin sie sich tausendmal wiedergeboren an menschliche Geschichten anknüpfte! Die Poesie, das Epos ist nun gerade diese nährende Mitte, diese irdische Glückseligkeit, worin wir weben und athmen, dieses Brod des Lebens; weiter und freyer als die Gegenwart, (die Geschichte, eine vergangene Gegenwart) enger und eingeschränkter als die Offenbarung (der zeitlose Ursprung). In der allgemeinen Sprache[1] würde kein Dichter singen können, durch eine allgemeine Mythologie würden wir uns um unsere Lieder, so zu sagen um unsere weibliche Freude am Leben bringen, und sollen daher, wenn wir das Allgemeine und Ewige ergründen wollen, das besondere, vaterländische, häusliche in der That unangetastet ruhen lassen. Wenn Homer und die Nibelungen uns das Herz bewegen, so ist gewiß, daß eine mythisch bewährte gelehrte Mischung beyder es kalt lassen müßte, oder doch nicht so erfüllen könnte. Verstand und Geist werden sich der Wissenschaft nie erwehren, aber auch das andere erweist seine Rechte und Ansprüche, wie weiche, lebensfrohe Gemüther den Gedanken an Grab und Jenseits gern von sich abwenden. Nur ist das naheliegende, die Poesie so sicher keine Täuschung und kein Traum, als unser Leben selbst, sondern ein wirkliches, ewig junges und nachwachsendes; wäre die Verwandtschaft mit Aeltern und Großältern nicht etwas, das in Wahrheit zwischen uns und Adam liegt, so würden wir den Unterschied nicht begreifen, warum uns jene etwas angeht, während Adam unserm Schmerz, wie unserer Freude entrückt ist. In ähnlichem Sinn wünsche ich verstanden, was ich über den Unterschied der mythischen, epischen und historischen Wahrheit gesagt, und dunkler oder deutlicher mehr als einmal empfunden habe; die Beweisarten sind das verschiedene in allen dreyen[2]. Nach meiner Meinung wird es fest stehen, daß das

[1] Die Möglichkeit ist undenkbar, daß aller Sprachschatz zusammt mit der Kraft seines Ursprungs und der Blüthe seiner Entfaltung in eins gefaßt würde; dann aber würde ihn auch keine Seele faßen und in dem Meere von Reden versinken. Jede Sprache verlangt also ihre Gränze, keine Gränze aber ist unerfreuner als die gerad und fest gezogene, dieß verurtheilt alle unersättliche, trockene Sprachneuerungen.

[2] Vollkommen ausgleichen und messen läßt sich aber hier nichts. Was mit zu dem

Epos, ja jeder rechte Mensch einen doppelten Theil an sich trage, einen göttlichen und menschlichen. Jener hebt die Poesie über die bloße Geschichte, (in der oft alle Lust niedergebrannt ist und nur kahle Mauern stehen,) dieser nähert es letzter wieder, indem er sie nie ohne historischen Hintergrund läßt, und ihr einen frischen Erdgeruch verleihet, der nichts eingebildetes, sondern etwas wahrhaftes[1] ist. Darum soll der Christ Gott höher halten, als den heidnischen Wodan, den er abgeworfen hat; darum mag der Schweizer seinen Tell als ein Eigenthum betrachten, das ihm weder durch Toko, noch Bell und Egill entzogen werden kann. Dieses Verhältniß des Mythus zur Geschichte ist mit andern Worten das des Schicksals zu der Freyheit. Wer nun das menschliche im Epos läugnet, der würde alles auf eine lastende Nothwendigkeit zurückführen, da doch vielmehr das Nothwendige und Freye durch ein ebenfalls unauszugründendes Wunder in unserm Leben, wie himmlische und irdische Wahrheit in derjenigen, welche ich die epische genannt habe, unabtrennlich gebunden sind, sich beyde untereinander erquicken und tränken.

---

schwersten und wunderwürdigsten gehört ist, daß oft sogar die eigentliche Historie eine mythische Bedeutung bekennt. So lassen sich an den Nibelungen die letzt angesetzten Ringe, als immer historischer werdende leicht erkennen, wiewohl Attilas und eben Tells Namen noch bedeutsam scheinen; nicht Pelegrins von Paßau z. B., aber Rüdiger könnte an Rother erinnern.

[1] Die Gestalten, die wir vorher vereinten, sind in dem deutschen Epos daher etwas gründlich und wahrhaftig verschiedenes.

Commentar zu einer Stelle
in Eschenbachs Parcifal

(B. 8369 u. folgg. vergl. 23829. 30. u. 23969. 70.)

I

Der herrliche Held Parcifal, in dem noch die Trübheit einer kindlichen, durch übergroße Angst seiner liebenden Mutter verschlossen gehaltenen Jugend mit dem innerlich klar und klarer aufgehenden Ruf zur Heiligkeit streitet[1]; schwer getroffen von Sigunens bitterem Schelten, daß er den traurigen Fischer[2] und den siechen Wirt der wunderbaren Burg nicht erlöst hat, aber voll edles Muthes und nachdem er so eben von Jescuten das unverdiente Leid wieder abgenommen, – zieht einsam durch Wüste und Wilde dahin. Eines Morgens bei Tages Anbruch ist ihm die Bahn seines Pfades verschneit, über Dorn und Stein reitet er; bald leuchtet der Wald in des Tages hohem Schein, er naht sich einem Plan, wo eine Heerde Gänse liegt, unter die ein Falk herabstößt und eine verwundet. Ihr ward weh an ihrem hohen Fluge, *von ihren Wunden auf dem Schnee fielen drei rothe Blutesthränen*, die fügten ihm große Noth und das geschah von seinen Treuen.

Als er auf dem Schnee, welcher ganz weiß war, die Bluteszähren sah, so gedachte er: wer hat doch seinen Fleiß an diese klare Farbe gewendet? Cundwiramurs[3], diese Farbe mag sich dir geleichen, Gott will mich beseeligen, daß ich hier deines Gleichen fand, Gottes Hand sey geehrt und alle seine Creatur! Condwiramurs, hier liegt dein Schein, der Schnee bietet dem Blut Weiße und so röthet das Blut den Schnee, Cundwiramurs dem geleichet sich dein schöner Leib!

---

[1] Ueber sein ganzes Leben ist ein Helldunkel gebreitet, daher heißt er der *tumbe klare,* (*tumb* im alten, viel milderen Sinn, verwandt mit stumm, engl. dumb) sonst auch: der *lichtgemale* (Titurel 4949 u. häufig) der klaren, weißen Farbe wegen, gleich anderen seines Geschlechts (isländ. biartlitnthr). Er wird vorgestellt: »keusch wie Taube, mild wie Rebentraube«, (Titurel) in seiner Kindheit ist der zarte Zug, daß ihn der Sang der Vögel zum Weinen brachte, weshalb seine Mutter alle wegfangen und tödten ließ. Die Schilderung seiner Jugend überhaupt gehört zu dem naivsten, was je gedichtet worden ist.

[2] Die bedeutungsschwere Verwandtschaft der Wörter pécheur und pêcheur konnte in die deutsche Dichtung nicht übergehen. (Schon der Apostel Petrus ist ein Fischer und Sünder.)

[3] Bekanntlich der Name seiner geliebten Frau.

Des Helden Augen maßen, wie es dort ergangen war, als zwei
Thränen standen an ihren Wangen, eine an ihrem Kinn. –

Ueber dieser geheimen Gleichung verschaut und versinnt er sich
so, daß er nichts mehr weiß, was um ihn vorgeht und still an der
Stelle hält, als ob er schliefe[1]. Ein abgesandter Ritter kommt und
fordert ihn auf, er antwortet nicht und rührt sich nicht, bis ihn
jener rauh vom Pferde stößt. Dadurch, daß er beim Aufstehen die
Blutsmale überschreitet und nun nicht mehr sieht, erlangt er auf
einmal Besinnung, wirft den fremden Ritter zu Boden, aber gleich
darauf und ohne ein Wort zu verlieren, wendet er sich zu den
Blutstropfen zurück, deren Betrachtung von neuem anfangend.

Nun wird ein zweiter Ritter abgesandt, dem es auf gleiche Weise
geht.

Klüger und behutsamer ist der dritte; als Parcifal auf sein höf-
liches, bescheidenes Grüßen gar nicht hört, sieht er wohl, daß
ihn der Minne Kraft zwinge, und er merkt den starren Blicken
ab, worauf sie gerichtet sind. Da nimmt er eine wilde Blume[2]
und schwingt sie auf die Blutmale hin; kaum wird die Blume

---

[1] Im Titurel wird er »der entzückte ob den Blutesmalen« genannt. Auch im roman
du S. Graal versinnt sich Gauvain über die drei Blutstropfen der heiligen Lanze,
welche Sage halb hierher gehört (edition de 1521. fol. 145ª). Vielleicht scheint eine
Stelle aus der Eyrbyggia Saga p. 242 gar nicht hierher zu passen, die mir auffiel.
Snorro sieht Blut im Schnee »hann tok upp altsaman blodit oc snioin i hendi ser, oc
kreysti (drückte) oc stack i mun ser« hieraus bestimmt er gleich, daß es Hohlblut und
das eines sterbenden gewesen.

[2] »eine failen ruoches von salin«
wie noch jetzt Veile allgemeiner von mehrern Blumen verstanden wird, das nähere
dürfte der Zusatz »gefurriert mit rothem Zindal« ergeben. Sie soll wie Salin oder
Sabin riechen, wobei wohl an saliuncula, wildes Wohlgemuth, weniger an Seben-
baum, sabin zu denken wäre. Vincent. bellov. sp. nat. X. 128. de sabina et saliunca
unter den wilden Kräutern. (Sandvig) symb. ad. lit. teuton. col. 366 saliuncula habens
spinas miri odoris. s. Adelung Mithrid. 2. 69. Seling Lavendel.

Spätere Anm. Die Zweifelhaftigkeit der ganzen Stelle wird durch merkwürdige
Varianten des alten Drucks von 1477. erhöht. Dieser liest:
    ein pfellel tuoch von surein
    gefuriret mit gelwem zendal
    dz swang er uber des bluotes mal
    do das vel ward der zehere dach etc.
das Gawein ein Tuch auf das Blut geworfen, ist an sich natürlich und wird durch
Ulrichs Gedicht bestätigt, auffallend nur die ungehörige umständliche Beschreibung
des Zeugs, die bei der Blume eher passend war. feile wäre faille, das nordische fald,
falda, wofür das Neutr. pfellel und vel gesetzt worden. Sollte statt surein *sabin* zu lesen
und linteum, bisso, Saben, zu verstehen seyn? – Auch durch zwei Stellen in Lichten-
steins Frauendienst (Tiek p. 140. 229.) bestätigt es sich, daß die Worte: »gefurret mit
gelbem zendal« auf ein *Tuch* gehen. Daher ist die Abweichung in Anm. 9. vielmehr
eine Uebereinstimmung.

der Thränen Dach und diese sind Parcifals Augen entrückt, so kehrt er zu sich und klagt blos wehmüthig: wer ihm seine Frau weggethan?

Rührend, und wie ganz sonderbar ergriffen, wird die tiefe Liebe des Helden zu seiner Frau gezeigt, die er aus eignem Trieb, ritterlichem und göttlichem Amt zu folgen, verlassen hatte; auf einmal in wilder, weiter Welt befällt ihn ihre Erinnerung, wie ein schwerer Traum, aus dem nur Gewalt aufwecken kann. Und bis er sie dann einmal wiedersieht, verstreichen noch viele Jahre; allein was recht bedeutend ist, die nächste Zusammenkunft der Beiden bindet sich wiederum, als an eine Ahnung, an diese Begebenheit. An derselben nämlichen Stelle, wo er die rothen Tropfen im Schnee gesehen hat, stehet das Zelt aufgeschlagen, unter dem er nach fünf Jahren zuerst wieder die geliebte Gemahlin sammt seinen zweien Zwillingskindern, die er noch nicht kennt, schlafend in *einem* Bette antrifft[1]. Außerordentlich schön ist die Wendung, womit das Bild, dessen Wahrheit ihn schon damals traf, nochmals in sein Leben hineintritt; an den drei Tropfen verstand er drei Thränen, die er einmal auf Condwiramurs Antlitz gesehen hatte, wie sie ihn heiß weinend aus dem Schlaf weckte[2], er wußte nicht, daß sie ihm auch Frau und zwei Kinder in ihren Armen, gleichsam drei Perlen, vorbedeuteten. Damals öffnete er die Augen und sah drei Thränen, die ihn aufgeweckt hatten, jetzt schlagen diese drei die Blicke auf und sehen ihn, der sie aus dem Morgenschlummer weckt; eine freudige Vergeltung. So erkennen wir Träume, Gedanken der Kindheit wieder, wann sie uns lange hernach im Leben eintreffen; oder wie ein alter Mann, als er die Sonne anschaut, sich heimlich besinnt, daß er sie schon einmal eben so als Kind, sitzend auf einem Hügelchen und seitdem nicht wieder so betrachtet hat; er weiß, daß sie vor ihm geschienen, eh er zur Welt geboren wurde, und denkt daran, daß sie bald auf sein Grab scheinen werde. Es sind wenig Sagen, die in so leiser, lieblicher und doch großer Beziehung stünden, als die unsrige in Parcifals Geschichte. Dies wird noch mehr einleuchten, wenn wir untersucht haben, wie vollkommen episch sie gewaltet und sich durchaus volksmäßig erzeigt hat, sowohl schon viel früher in dem Element der Poesie da gewesen,

---

[1] Der Dichter sagt:
      gezuchte im je blut und sne
      gesellescaft an wizzen e,
      uf derselben owe erz liegen vant.
edit. 1477. do im zuckte bluot etc.
[2] Parcifal 5736–41.

als nachher wieder an manchen Orten (entfaltet oder eingeschlossen) aufgetreten ist.

Das altfranzösische Gedicht des Christian v. Troyes[1] verlangt billig die erste Vergleichung. Wenn es zwar im Allgemeinen nicht anders, nur etwas trockener und kürzer erzählt, so hat es dagegen am Schluß eine gar schöne, ächt sagenmäßige Abweichung. Gawin, dessen Freundschaft zu dem Helden im deutschen Gedicht durch eine so zarte Handlung eingeleitet wird, wirft hier nichts auf die Blutesmale. Allmälig schmelzen die Sonnenstralen den Schnee auf, schon haben sie zwei der Tropfen weggeschmelzt und schon ist Parcifals Nachsinnen schwächer geworden, nach und nach zergeht auch der dritte und nun begrüßt ihn Gauvain zur glücklichen Stunde. Diese Auflösung, unschuldig und doch unerwartet, steht über der im altdeutschen Gedicht[2]. Es kann für das stille Aufhören kein treffenderes Bild gegeben werden, wie das des schmelzenden Schnees, die Zeit, gütig und grausam zugleich, und ruhig wie die Sonne schmelzt Leid und Freude des Menschen auf. Andere Mythen erzählen von Kindern, die Mutterliebe aus Schnee bildete[3], die lebendig wurden, aber vor der Sonne mußten gehütet werden.

Die gedruckte französische Prosa[4] hat wieder manches eigene, und ist darum sehr merkwürdig. Kein Falk stößt unter die Gänse, oder hier vielmehr Krähen, sie fliehen vor einem Knaben, der dahinter ist und eine verwundet. Daß nun gerade die verwundete eine beschneite Nuß[5] im Schnabel trägt und auf diese drei Tropfen Blut fallen, ist etwas durchaus neues und erhöht die Verwickelung.

Wie tief müssen diese Sagen Wurzel geschlagen haben, weil sie da, wo man äußeren Zusammenhang, Original, Uebersetzung

---

[1] Ich theile im Anhang A. die betreffende Stelle mit, wegen der seltenen Handschriften des Originals und der angenehmen Vergleichung mit dem wolframischen Gedicht. Letzteres hingegen kann jeder leicht nachlesen und wird gewiß der blumenreichen Darstellung des deutschen Meisters großen Vorzug eingestehen müssen. Allein sagenmäßig ist wenig aufgefaßt, wie gleich die einleitende Bemerkung über den unzeitigen Schnee, da sonst alles bei Artus maienhaft, die Motivirung des Falken (worüber selbst Christian hinaus geht) u. s. w. lehren kann.

[2] In Ulrich Fürterers Bearbeitung der Geschichte Parcifals, die sich ziemlich genau an Wolfram zu halten scheint, ist nur die geringere Verschiedenheit, daß Gaban die Blutstropfen mit einem Tuch oder *Lappen* bedeckte: »ach rief Parcifal aus, wie bist du so plötzlich vor meinen Augen verblichen« (Hofstäter 2. 98.) ein Leichentuch, das nun das gewesene Leben verhüllt.

[3] Eirinn fällt wie Schnee vor dem Strahl. (Fingal II. 297.) cymrisch eiry der Schnee. s. Eneidt 10322.

[4] Im Anhang C. ist ebenfalls eine Probe zu finden.

[5] Sollte etwa die Verwandtschaft der Wörter nux und nix, altfranz. noix und noif die Abweichung verursacht haben?

oder Umarbeitung annahm, oder anzunehmen gewiß geneigt wäre, in vielfältiger Gestalt erscheinen, deren jede ihren besondern Reitz und Lebendigkeit hat. Jeder dieser drei Recensionen mag daher eine ältere Quelle zum Grund gelegen haben und gar wenig oder nichts dem neuen Dichter zuzuschreiben seyn. In Deutschland war die Fabel ehdem weit gangbarer, wie nachstehende Stelle aus Hammersteins Erzählung vom Hirsch mit dem Goldgeweih[1] beweist: »in diese Gedanken versenkte er sich fast sehr, wie geschah Herrn Parcifal, als er sah die Blutströpflein im Schnee und gedachte an seinen Herzenstrost die liebe Frau Gundwiramirs, wie Milch und Blut«; vermutlich aber liegt diesen Worten der Druck des Gedichts von 1477. zum Grunde.

II

Da die Sage von Parcifal zum Theil altbrittanischen Ursprung hat, so verdient es schon bemerkt zu werden, wie die wunderbare Tradition von Blut auf Schnee zwar in ein bloßes Bild und Gleichniß aufgelöst, aber doch besonders häufig bei welschen, altenglischen und schottischen Dichtern angetroffen wird. Owen unter dem Wort cyvoriaw führt eine Stelle aus einem wallisischen Gedicht an, wo es heißt: schön war Llywy wie der *Schnee* auf dem Baum, (lliw eiry ar goed) als im Kampf überströmte das *Blut*. Thomas v. Ercildoun in s. gereimten Tristram (aus dem 13. J. H.) vergleicht:

> a bride bright thai ches
> as *blode opon snowing*

die altschottische Romanze vom gay goss hawk bei Scott II. 7. (neueste Ausg. II. 374.)

> the red, that's on my trueloves cheik,
> is like *blood drops on the snaw*

u. im Sir Launfal, v. 241. 42. (Ritson I. 180.)

> her faces wer whyt as *snow* on downe
> har rode was *red,* her eyn wer *browne*

obgleich hier bei der mangelnden Beziehung des Rothen auf den Schnee das Bild schon verloren hat. Auch an das Lied des Autolycus im Wintermärchen str. 1. dürfte erinnert werden, so wie (des gleich folgenden wegen,) an eine Stelle im Coriolan, wo Shakspeare das rothe wegläßt, aber das schwarze zusetzt:

---

[1] Geschrieben 1496. und gedruckt in Weinart n. sächs. hist. Handbibl. 2. p. 3–13. u. den Curiosität. Weimar 1811. Heft 3. 229–42.

lawn as *white* as *driven snow,*
cyprus *black* as e'er was *crow*

Bei Ossian wird die Schönheit dem *Schnee* auf der Höhe, die schwarzen Locken den *Raben*schwingen, oder dem dunkeln Nebel verglichen, indessen entsinne ich mich keines Bilds der *Röthe* bei ihm.

Desto reicher ist sonst die irische Sage, indem sie uns, was über das Bild geht, Handlungen, woraus es entsprungen, erzählt und zwar auf zweierlei ganz von einander verschiedene Weise.

In der Sage von Farawla[1] kommt folgende merkwürdige Stelle vor: »Farawla, as she entered her bower, cast her looks upon the earth, which was tinged with the blood of a bird, which a *raven* had newly killed. Like that *snow,* said Farawla, was the complexion of my beloved, his cheeks like the *sanguine traces* thereon, whilst the *raven* recalls to my memory the colour of his beautiful locks.« Man könnte fast Gleichheit oder ähnliche Bedeutung zwischen den Namen Faravla und Parcival vermuthen, wiewohl es hier die Heldin ist, die sich an ihren Geliebten erinnert; nicht zu übersehen aber wäre, daß wie in der französ. Prosa und einigen jener Gleichnisse, der *Rabe* oder die *Krähe* dazwischenkommt, und mit der *schwarzen* Farbe seiner Federn, die sich den Haaren vergleicht, das Bild erst vervollständigt wird.

Abweichender im einzelnen, aber noch wichtiger im Ganzen ist folgendes, was aus der Sage von Deirdre[2] hierher gehört: »It happend upon a time, as *Deirdre* and her governess were looking out of a window, they spied one of the slaughtermen of the garison killing a calf for the use of her table, upon a *snowy* day, and some of the *blood* they observd fell upon the *snow,* and a *raven* came and fed upon it. This sight occasiond a strange passion in the young Lady, for, nothwithstanding her confinement, she was of a very amourous disposition, and turning to *Leabharcham:* oh, says she, that I could but be so happy as to be in the arms of a man, who was of the three colours I now see, I mean who had a skin a white as the *driven snow*, hair as shining *black* as the feathers of a *raven* and a blooming *red* in his cheeks as deep as the calfs *blood!* Her governess was at first surprised at this uncommun wish, but out of tenderness tho the young lady, for whom she had an unalterable affection, she told her that there was a young gentleman, that belongd

[1] The adventures of Faravla princess of Scotland, and Carral O'Daly chief Bard of Ireland, irish fairy tale.
[2] In der engl. Uebersetzung von Keating's history of Ireland, fol. 176. 177.

to the court, who exactly agreed with that description, and his name was *Naois* the son of *Visneach*« etc. etc.

Diese Erzählung ist viel epischer, als die vorige, wo der todte Vogel gefunden wird, statt daß hier der Metzger, der das Kalb schlachtet, auftritt und der Rabe geflogen kommt. Hieran schließt sich nun ein *altdeutsches* Kindermärchen, wiewohl wieder unter neuen, lebendigen Umständen: »es war einmal eine Königin, die saß am Fenster und nähte und es war Winter und schneite: Und als sie so nähte und in die Flocken sah, die vom Himmel herunter fielen, stach sie sich mit der Nadel in ihren Finger, daß drei Tropfen Blut herauskamen. Und die Königin wünschte sich in ihrem Herzen und sprach: Ach, wenn ich doch ein Kind hätte, so weiß, wie dieser *Schnee,* so roth wie dieses *Blut* und mit so schwarzem Haar, als der Rabe, der da vor dem Fenster hüpft.« (Der Wunsch geht in Erfüllung und das neugeborene Königstöchterlein bekommt ausdrücklich den Namen *Schneeweißchen* (Snewitchen). Eine Variante fängt sich so an:

»Der Graf und die Gräfin fuhren zusammen aus spaziren, und fuhren an drei *Schneehaufen* vorbei. Da sprach der Graf: ich wünsche mir ein Kind, so weiß, wie diesen Schnee. Als sie weiter fuhren, kamen sie an drei Gruben vorbei, die standen voll *Blut.* Da sprach der Graf: ich wünsche mir ein Kind, das so rothe Backen hat, wie das Blut da. Und sie fuhren als weiter fort, da kamen vorbei geflogen drei kohlschwarze *Raben,* da sagte der Graf, ich wünsche mir ein Kind mit so schwarzen Haaren, als die Raben da« u. s. w.

Noch schöner aber und lieblicher kehrt alles wieder in dem übrigens ganz anderen Märchen vom Wacholderbaum, woraus folgende Stelle hierher gehört: Vor eerem huse was een hoff, darup stund en Machandelboom, ünner den stün de frou eens in'n winter un schalt sik eenen appel, un as se sik den appel schalt, so snet se sik in'n finger un dat *bloot* feel in den *snee* – ach sed de frou, un süft so recht hoch up un sach dat *bloot* för sik an un was so recht wehmödig, had ih doch een Kind so rot as *bloot* un so witt as *snee*!«

Fehlt hier wieder der Rabe, als das Dritte, so ist dagegen das *Schneiden,* wie im ersten Märchen das *Stechen in den Finger* tiefsinniger als das fremde Blut und zwar auch bedeutsamer, allein es leidet schon jetzt keinen Zweifel, wie der alte Kern der Sage sich in mehr als einen Zweig entfaltet hat. Daher gehören ihm nun auch nachstehende neapolitanische Kindermärchen unstreitig an, ob wohl sie beide das Motiv des Schnees auslassen oder vielmehr durch ein neues gleichbedeutendes ersetzen.

Das erste[1] berichtet von einem König, der so der Jagd ergeben war, daß er alles darüber versäumte. Eines Tages stieß er im Wald auf einen Marmorstein, ein eben getödteter *Rabe* lag darauf, sein frisches, frisches *Blut* tröpfelte auf den *weißen*, weißen Stein. Wie das der König sah, that er einen tiefen Seufzer und sprach: o Himmel, hätte ich doch eine Frau, so *weiß* und *roth*, wie dieser *Marmorstein*, von so *schwarzem* Haar und Augbraunen, wie die Federn dieses *Raben* sind[2]! (über diesen Gedanken und dem Gleichniß vertieft er sich so, daß ihm der Stein eine Bildsäule zu seyn scheint und er sich fest in die eingebildete Gestalt verliebt, bis ihn sein Bruder aus der Schwermuth reißt und zu Wasser und Land nach der Schönheit zu suchen verspricht).

Das zweite[3] von einem Königssohn, der sich immer verheirathen wollte, und keiner Vorstellungen achtete, die ihm deswegen geschahen. Einmal sitzt er zur Tafel, da wird gelabte Milch (recotta) aufgetragen, er hält ein Messer und will sie vorlegen, schneidet sich aber, indem er nach den vorbeifliegenden ciavole[4] schaut, in den Finger, und das *rothe Blut* läuft in die *weiße Milch*. Als er die wunderschöne Mischung sieht, erklärt er laut: Keine Frau wolle er nehmen, es sey denn eine die so weiß und roth wie diese Milch und dieses Blut wäre, macht sich auf und zieht in die weiten Welt umher, so lange bis er sie endlich nach mancherlei Abenteuern gefunden hat, die hier weiter nicht einschlagen, außer, daß sich einmal eine Schwarze unterschiebt, die er heimführt, und der Vater sagt: »ich dachte du brächtest eine weiße Taube mit, so bringst du eine *schwarze Krähe*.« Auf diese Art ist das schwarze Princip selbst in die Begebenheit, als ein böses, dennoch verflochten worden. Die *Krähe* aber steht, wie in dem französ. Prosabuch, für den *Raben* und wird fast in allen Mythen und Sprachen damit gleichbedeutend genommen[5]. Und wenn sich das zweite Märchen durch

---

[1] Der Seltenheit der Originale wegen sind im Anhang B. die hieher gehörenden Stellen aus zwei Dialecten mitgetheilt.

[2] Hiernach hat Gozzi seinen corvo gearbeitet, doch mit hineingebrachten Aenderungen. Er läßt nämlich den König selbst erst den Raben erschießen und einen darüber zornigen Zauberer das Herbeischaffen einer Jungfrau von den drei Farben zur Bedingung der Aussöhnung machen. Die letztere Abweichung ist gegen das Original wenigstens unglücklich genug.

[3] Auch im Pentamerone V. 9.

[4] Ich kann dies Wort ohne Galianis vocabolario napoletano nicht gewiß erklären. Vermuthlich daßelbe was in Brescia ciacola, nämlich Krähe, so daß der Rabe also doch auch hier vortritt.

[5] Es scheint in diesem Punct die Vorstellung des Prosaromans von Parcifal ächter, als die der beiden Dichter, der blutende Rabe ursprünglicher, als die Gans (gente). Da aber die Dichter einmal den jagenden Falken besser mit Artus Hofhaltung verknüpfen

den Fingerschnitt näher an die deutschen Kindermärchen, besonders an das vom Wacholderbaum schließt, so erinnert das erste mehr an die Stelle im Parcifal durch die Entzückung im Wald und den verwundeten Vogel.

III

Was unwillkürlich in der Mutter Sehnsucht nach dem Kind, in dem Liebenden nach der Geliebten, selbst der noch nicht gefundenen, rege macht und die geliebte Gestalt aus weiter Entfernung in die Nähe rückt, das ist kein blos poetisches Bild, in dem gewöhnlichen Sinn, nichts gleichgiltiges, sondern eine Blüte der Wahrheit. Sagen der Völker, im Ausdruck wechselnd, im Grund immer gleich, geben uns Wunder, aber nie eine Lüge.

So dürfen wir wohl das Wunderbare der unsrigen zuerst ganz auf eine einfache Weise zu erklären versuchen, weil damit vielseitiger anderer Verstand nicht im mindesten beschränkt oder ausgeschlossen wird. Man kann die drei Farben *weiß, roth* und *schwarz* schon insofern als die hauptsächlichsten und sinnlichsten anerkennen, weil in ihnen und in ihrer Mischung der menschliche Leib erscheint, das Weiße in Haut, Nerven, Sehnen, Knochen, das Rothe im Blut, das schwarze in Haaren und in der Sehe des Auges herrscht, wie denn alle drei sich in dem Milchsaft, dem rothen und schwarzen Blut wieder besonders ausdrücken[1].

konnten, so war es auch natürlich, daß sie den Falken auf keinen Raben, sondern eine Gans stoßen ließen, unachtsam, wie die tiefere Bedeutung dadurch geschwächt würde.

[1] Auch etymologisch ließe sich manches anführen. So scheint *Blut,* das von *fließen,* βλυειν, fluere, stammt, genau verwandt mit *frieren,* daher man auch βρυειν findet. Da aber b und k wechseln, (bräsig u. kräsig, s. Schütze holst. Idiot.; bras wallisisch für crassus; bran celtisch: Krähe, Krae etc.) so fällt Brunnen mit κρηνη zusammen und *Blut* mit cruor, von κρυειν, rinnen; *rinnen* hat aber auch wiederum die Bedeutung von *gerinnen,* d. h. im Fließen stillstehen, so daß Blut, Flut, Fluß, Frost eine Wurzel anerkennen. Dem Wort *Schnee* liegt der Begriff von gefrorener, geronnener Flüssigkeit unter, nix, griech. νιψ von ningo, νιγγω, dor. νιζω, ich netze, nässe, Schnee ist = Regen, wie χιων von χεω gießen, fließen (frieren) machen. Eben so aber wird das nord. dreyri, a. s. dreore, (*Blut*) von δροσος, ros, Thau, Naß abgeleitet, vergl. dreosan, deutsch drusen, fließen, tropfen, henneberg. dreischen, regnen; Drüse aber ist wieder eine feste, geronnene Flüssigkeit, woneben der näherliegende gerade Uebergang aus Blut, cruor (weil auch b, k und d untereinander tauschen) ebenfalls bestehen kann. Ferner, wie αἱμα Blut, heißt im Sanscrit haima, haimas, hima gerade der Schnee (wovon hyems und hämus, Himala, der Schneeberg, s. As. Researches VIII. 282.) slav. sima, zima die Kälte; die Fabeln von Geburt aus Blut, Schnee und Eis, von Blutregen und blutigem Schnee erklären sich danach von einer neuen Seite, ja die

Weil nun gerade die Vergleichung der Schönheit mit *Milch,* *Schnee* und *Blut* in aller Poesie, die wunderbare Geburt aus Blut oder Milch in den Mythen zusammenfließen, so ergiebt sich leicht ein recht gründliches Verhältniß der Wünsche, welche die Mutter thut, zu der hernach erfüllten Geburt des Kindes, und selbst Parcifals Betrachtung ließe sich auf die ihm geborenen Söhne mit deuten.

Hierzu übersehe man auch nicht, daß in einigen der beigebrachten Sagen das Blut aus dem *Fingerschnitt* eingeführt wird, *Hand,* *Daumen* und *Finger* aber sich genau auf Zeugung und Geburt beziehen[1]. Es wird hinreichen, hier an Wischnu, als Schiwas Weib, zu erinnern, der sich in den Finger schneidet, das Blut wird in einen Schädel gesammelt und daraus ein Kind geboren; Schiwa selbst schneidet sich in den Finger, um die zornige Bhadrakali zu versöhnen, wie Orestes zur Söhnung seinen Finger abgebissen hat, und noch unser Minnesänger Ulrich von Lichtenstein seine Frau mit einem abgeschnittenen Finger aussöhnt, der Trubadur Balaun in derselben Absicht sich den Nagel vom kleinen Finger ablöst, (Millot I. 127.) so unmythisch auch die beiden letzten Erzählungen aussehen mögen, da doch selbst Sitten und Gebräuche (wie ihnen zum Grund liegen müssen) auf ältere Mythen zurückführen. Gleich dem Finger hat der in dem altdeutschen Märchen vorkommende *Apfel* die Bedeutung der Zeugung.

Darum nun liegen uns die drei Farben so nahe und es ist nicht zu verwundern, warum sie vor allen die ausgemachteste und vollkommenste Bedeutung haben. Diese weißt sich nicht nur als eine welthistorische aus, in der Eintheilung des menschlichen Geschlechts in den weißen, rothen und schwarzen Stamm; (Görres S. 606.) sondern auch als eine sittliche, indem uns die rothe, weiße

Grönländer halten ausdrücklich den Schnee für Blut der Todten; (Majer myth. Taschenb. 1811. S. 19.) wohin nun auch eine Stelle aus den Daggar eda Dryfukenningar gehört: Dögg, El, Dryfa (procella nivea snow driven; drifa, *träufen,* fluere, ningere) ma kenna ... *sveita* skya (der Wolken Blut, Schweiß). König Snid's Tochter heißt bedeutend Drifa, Ynglinga S. cap. 16. – Auf der andern Seite hängen αἷμα, Seim, Samen, Saft (rother Saft = Blut) mit Milch zusammen, bekannt ist die Verwandtschaft zwischen Laich und lac, γαλα, lac, mlek und Milch sind nur eins; und das *Eis-Milch-* und *Lab-Lebermeer* mare amalchium blos verschiedene mythol. Ausdrücke für dieselbe Sache.

[1] Vergl. Kanne's treffende Bemerkungen im Pantheum an mehrern Stellen, über die Däumlinge sonderlich S. 53–54. Aber noch heut zu Tag lebt in ganz Europa vielfältige Tradition von *Däumlingen* im Munde des gemeinen Manns. (Isl. thumalinn, dän. tömling, engl. tom, tumb, französ. poucet, span. pulgarejo.) Dabei geht Däumling in Wort und Sache über in *Dümmling* und es könnte sogar der *tumbe* Parcifal hierher gezogen werden. s. oben Anm. 1, Seite 106.

und schwarze Farbe Geburt, Leben und Tod bezeichnen, weil die Erschaffung Freude, das Leben Reinheit, der Tod Trauer seyn soll. Von jeher sind Lust, Unschuld und Leid in diesen Farben symbolisirt worden. Die Bretagner pflegen selbst ihre Bienenstöcke bei Freudenfesten (Geburt und Hochzeit) in roth, bei Leid (Todesfall) in schwarz einzukleiden, weil, wenn man sie nicht so an dem Schicksal des Hauses Theil nehmen lasse, geglaubt wird, daß sie fortflögen[1].

Warum sollte nicht, nur daß alles größer und deutlicher ausgesprochen ist und also was Kleinigkeit erschiene, ein schwereres Gewicht annimmt, derselbe Sinn und daßelbe Verhältniß in der indischen Mythologie zu suchen und anzuerkennen seyn? Wir finden aber, daß Brahma, der die Erschaffung, Wischnu, der die Erhaltung, und Schiwa, der die Vernichtung bedeutet, mit roth, weiß und schwarz bezeichnet sind, welches auch wiederum darin durchdringt, daß sie dem Feuer, Wasser und der dunkeln Erde vorstehen[2].

Die Farbenreihe: schwarz, weiß und roth findet sich fast in allen alchymistischen[3] Processen ausgedrückt als mortificatio (Erde), solutio (Wasser) und rubificatio (Feuer); wenn sich aber aus dem weißen und schwarzen alle Farben erzeugen und zuletzt wieder darin verzehren, stehet roth in der lebendigen Mitte; die dunkle, schlafende Nacht, der schwarze Fittiche, Rabenschwingen gegeben sind, bricht in das helle Tageswachen auf und der Tag kehrt zu jener zurück durch die gleichsam blutenden Morgen- und Abendröthen. –

[1] Memoires de l'academie celtique II. 374. IV. 430.
[2] Görres S. 79. 85. 179. Upnekhat. 1. 54. 55. Paterson (of the origin of hindu religion, A. R. VIII. 45.) welcher dieselbe Götterordnung Brahma, Vishnu und Siva = creation, preservation, destruction setzt, kehrt die Folge der Farben um, insofern er dem zweiten *blue,* dem letzten *white* beilegt, wie auch die Eigenschaften dieser Wesen sich beständig vermischen. Daß *blau* (dark azure) mit *schwarz* hier ganz zusammenfällt, wird schon nach Göthes neusten Entdeckungen gar nicht befremden. Auch geht in den nordischen Sprachen diese Identität aus dem Worte *bla* selbst hervor, das beide Farben ausdrückt. Der Mohr heißt z. B. *Bla-man,* der Rabe, das böse, teuflische Zauberthier *Blaingur* und sind die Mohren ein abgesunkener, weißer Stamm, so wurden auch die weißen Raben erst in schwarze verwünscht. (Ovid.)
[3] Man sehe z. B. von Paracelsus die in Göthes Farbenlehre (2. 209. 210.) ausgezogenen Stellen; in dem liber Alze vom philosoph. Stein, Frankf. 1625. 4. 143. 147. heißt es: »wenn du ihn jetzt sihest geboren, so merke, daß die Weiße in dem Leibe der Schwärze verborgentlich behalten ist, so mußt du das weiße von dem schwarzen ziehen. Wann dann das weiße kommt, so gedenke, daß das rothe in dem weißen verborgen liege, so solt du es nicht ferner ausziehen, sondern kochen, bis es alles roth wird. Das rothe ist der König und es wird davon gemachet der Schatz der Welt. «

116

Unter den sieben Tropfen, welche in des Leibes Mitte liegen, werden in Upnekhat der weiße, rothe und schwarze als die drei ersten genannt[1], und sie verhalten sich zu den vier andern, wie überhaupt die Dreizahl zur Vierzahl in vielen andern Mythen, deren Wesen es ist, sich in unaufhörlich neuer Vereinfachung oder Verdoppelung, oder in andern Progressionen zu gefallen. Daher bedarf es am wenigsten einer Erläuterung, daß sich die unsere so vielmal blos nur in zweifacher Gestalt, mit Auslassung des schwarzen, dargestellt hat. Werden nämlich zwei Farben genannt, wo besondere Gründe keine andere fordern, so kann man sicher rechnen, daß die *weiße* und *rothe* (weniger schon die weiße und schwarze) überall zuerst, wie durch Instinct ergriffen worden sind. So schließt Odin die Brynhild in ein *weiß* und *rothes* Schild ein[2], so kämpft in Merlins Geschichte der *weiße* und *rothe* Drache, so werden in Kindermärchen weiße oder rothe Fahnen aufgesteckt und sie wehen in Igors altruss. Lied[3]; im Tristan aber verlangte die Vorbedeutung des Todes *weiße* oder *schwarze* Segel. Dagegen haben auf eine andere auch ganz practisch gewordene Weise die Chinesen ihre drei tragischen Helden in *roth*, *weiß* und *schwarz* gekleidet.

Besonders aber sind Gleichnisse: roth wie Blut, weiß wie Schnee und Milch, schwarz wie Rabe, als unveraltete, die immer recht frisch bleiben und mit keinen neuen besseren vertauscht werden mögen, in aller Poesie eingegangen.

Schon das hohe Lied singt: (V. 10. 11.) »mein Freund ist *weiß* und *roth,* seine Locken sind *schwarz,* wie *Rabe*«, wo nur die beiden ersten Farben des Bilds entbunden stehen. Bei Römern und Griechen finde ich zwar dieses, nicht aber die Handlung. Am einfachsten in einer Stelle, vermuthlich von Ennius: (ed. Hessel. p. 96.)

sic mulier erubuit ceu *lacte* et *purpura* mista Claudianus de raptu Proserp. lib. 1.

... *niveos* infecit *purpura* vultus
    per liquidas succensa genas,
ähnlich der lieblichen plattdeutschen Redensart: »se hat *Röseken* plantet« statt: sie erröthet (die *Rose*[4] wird statt des Bluts gesetzt,

---

[1] Vergl. vol. I. 153. color albus tendens ad rubrum. In einer andern Anwendung zeigt sich weiß, das reine A, in schwarz das tiefe u, nieder-, und in roth das hohe i aufsteigend.

[2] Helreid Brynhildar VIII.

[3] Müllers Uebers. S. 39.

[4] Das Wort Rose, ῥόδον stammt von roth, ital. rosso.

das Gleichniß ist nur nicht mehr so einfach, aber genau daßelbe, weil der Mythus die Rosenfarbe wieder aus dem Blut erklärt).

Anakreon: γραφε ῥινα και παρηας
          ῥοσα τω γαλακτι μιξας

Propertius II. 3. gelehrter und kälter:

ut moeotica *nix minio* si certet jbero

utque *rosae* puro *lacte* natant folia[1]

Auch liebte man die Vergleichung mit dem geröthetem Elfenbein, Virgilius I. 12. Statius Achill. lib. I. Ovidius am. II. 5. welche alle aus der schönen homerischen Stelle vom wunden Menelaos scheinen geflossen zu seyn (II. IV. 141. 147.).

Die Beispiele der britannischen Poesie sind bereits oben gegeben worden; in einem baskischen Volkslied stehen die Worte: elurrez ta carmiñez ederitzen aurpegui – a (Schnee und Carmin einten sich auf seinem Antlitz).

In roman de la rose finde ich:

rose sur rain ne *noif sur branche*

nest ni *vermeille* ni si *blanche*

wobei, wie in jenem wallis. Gedicht und der französ. Prosa der Zusatz: *auf dem Ast* zu bemerken ist. Auffällt es hingegen, daß bei unsern Minnesängern die *drei Farben* zwar auch regieren[2], aber stets aufgelöst und des Bildes entäußert sind[3]; Ulrich v. Lichtenstein singt: (2. 40.)

brun, *rot*, *wis*, der drie varwe schin

treit ir hohgeborner schoner lip,

ebenders. 2. 41.

roter danne ein *rose*

ist ir munt . . . .

brun ir bra, *wis* ir lip

Albr. v. Raprechtswile I. 189.

mit turen varwen zwo ist ir lip bestrichen

wis rot brun gemischelt wol,

im Ged. von Mai und Beaflor f. 3.

---

[1] Im Mittelalter streute man noch Badenden Rosenblätter ins Wasser (s. Parcifal 4957. und Tieks Lichtenstein S. 114.) Milchbäder kommen auch sonst vor, daher das Bild in dieser anmuthigen Sitte wirklich geworden. Bekannt sind aus Stumpf u. Joh. Müller die Worte des frevelnden Ritters: »heut baden wir in Rosen!«

[2] Insgemein braucht die lyrische Poesie gern heiße Bilder und bricht sie meistens kurz ab, um noch weitere dazu geben zu können; die leise wärmende und weitläufige Gemüthlichkeit des Epos verträgt sich nicht mehr zu jener.

[3] Doch Conr. v. Wirzburg vom Schnee und den Rosen des Antlitzes. (Troj. Kr. 19903–905.)

> gar *rot* und *weiß*
>
> was an valsch die klar,
>
> mit liecht *prawnem* har
>
> schon was sie geflorieret,
>
> mit *drein varben* gezieret

endlich der Provenzal Raimbaut Deira (Barbieri d. poësia rimata 111. 112.)

> ben aia lalbres, don nais tan bella *brancha*
>
> caital, com tanh ad avinen faiso,
>
> es de beutat *bruna, vermeilla e blancha*

nämlich das braune (wie schon in obiger Stelle aus Sir Launfal) ist gerade für das schwarze zu nehmen und damit völlig gleich, daher wir auch *Brunette* von Schwarzlockigen zu brauchen pflegen.

Blos bei der rothen Farbe stand das Bild der *Rose* und damit wird sie unzählig oft verglichen, eben so häufig und schön die Mundesröthe mit brennendem *Feuer* und *Rubin*[1] von ruber. *Blut* findet sich dafür schwerlich in einem Minnelied, auch nicht *Milch* für die Weiße; nur der epische Otnit hat (391.):

> ir farbe die was reine
>
> lieplich als *milch* und *blut*[2]

Schnee-weiß (snevar, hagelweiß) allein, steht in den alten Volksliedern oftmals, isl. *miallhvitr* und die Namen *Sniofridur, Sniolaug,* gleich unserm *Snewitchen*. Nicht selten: weiß wie *Hermelin,* oder wie *Schwan* (Svanhvita, Svanhild und die Sage von Schwanenjungfrauen). Das Schwarze wird am meisten mit *Kohlen, Raben*[3] und *Schlehen* (Kämpeviser, Vonved str. 42. 46.) zusammengestellt.

Noch mögen einige Beispiele, wie die Verschiedenheit und Verbindung der drei Farben von jeher und auf das mannigfaltigste zu sinniger Betrachtung erregt haben, die Untersuchung beschließen.

Die Fabel von den drei Thoren der Stadt Rom wollen wir nur in der Note berühren[4], den Schmuck dieser Farben zur vollkomme-

---

[1] Bekanntlich wird Gold das *rothe* (nicht gelbe), Silber das *weiße* genannt, so daß beide unsern Gegensatz aussagen. Morolf 2712. (so ist sin harnsch von silber wiß und von golde rot) von rothgoldenem Erz sagen die Bergmänner, daß es *blute*. Wiederum geht dies auf *Sonne* und *Mond* über, Titurel 375. goldfarbe Sonne, silberweißer Mond und könnte so noch weiter fortbezogen werden.

[2] Doch auch Eneidt 5139. und Blanscheflor 6808. Denkt man bei diesem Wort Blancheflur an die Verwandtschaft zwischen Blut, Blüte und Blume flos, floris, fleur, blossom, so bedeutete es gerade die beiden Farben. »man sach do lachen *wizze blut*« Mus. I. 64.

[3] Von dem etymol. Zusammentreffen dieser beiden ersten Wörter (in dem Wort *Kohlrabe, Kolkrabe*) anderswo.

[4] Legitur in historiis romanorum, quod tres portas habuit, Roma, prima fuit *alba,*

nen Frauenschönheit wußte schon Basilius[1]. In den gestis romanorum[2] wird von zwei Brüdern, einem geistlichen und einem
weltlichen erzählt, der geistliche studirte gar hoch und wurde ein
grundgelehrter Mann; der Laie blieb bei seiner Unschuld stehen
und merkte sich allen Tag drei Buchstaben, einen *schwarzen,* einen
rothen und einen *weißen,* wobei er über der Menschen Sünde, Christi Blut und Gottes Himmel nachdachte. Als er solches dem Clericus offenbarte, gestand dieser, das wäre mehr, denn alle Gelehrsamkeit werth.

Margaretha von Duin[3], die gegen das Ende des 13. J. H. ihre
Geschichte niederschrieb, sah einst ein heiliges Buch, das mit *weißen, schwarzen* und *rothen* Buchstaben geschrieben war, wovon die
ersten Christi Unbeflecktheit, die zweiten der Juden Bosheit, die
dritten des Heilands Wunden bedeuteten.

Anhang A

Auszug aus dem roman de Perceval par Chretien de Troyes

se part li rois de Carlion,
si le suient tuit li baron,
neis pucele ni remaint
que la reine ni amaint,
par hautesce et por signorie,
la nuit an une praerie
lez une forest sont logie.
cele nuit ot il bien negie
que moult froide estoit la contree,
et Percevax la matinee
fu leuez, si com il soloit,

qua ad praeliandum exibant, secunda fuit *rubra,* quam intrabant post obtentam victo-
riam, tertia *nigra,* quam intrabant quando in proelio succubuerunt.

[1] Basilii M. opp. omnia T. III. Paris 1730. fol. 576. quidam colores a mulieribus ad
decorandam faciem valde exquiruntur, *albus, rubens* et alius *niger,* ac albus quidem
candorem ementitur corporis, rubens in genis eflorescit, niger in modum lunae in
cornus curvatae circum oculos supercilia depingit. (ex comment. in Jesai. 467.)

[2] Deutsche Ausgabe cap. 25, latein. cap. 125.

[3] Aus dem MS. edirt von Champollic Figeac, nouv. recherches sur les patois, Paris
1809. p. 162. 163. »cis livros eret toy escret per defor de letros *blanchas, neyras* et
vermillas. en les letros blanchas eret escrita li sauncta conversatios al beneit fil deu,
liquaus fut tota blanchi por sa tres grant innocenti et por se sanctes oures. en les neyras
erant escrit li col et les templeas et les orduras, que li jue li gitavoun en sa sancti faci et
per son noble cor, tant que il semblevet estre mescus. en les vermillas erant escrite les
plaës et li pretion sans, qui fot espanchies por nos.«

120

qui querre et ancontrer voloit
avanture et chevalerie;
et vint droit an la praerie,
ou loz le roi estoit logiee
qui fu gelee et annegiee.
et einz, que il venist as tentes,
voloit une rote de gentes,
que la nois avoit esbloies.
veues les a et oies,
quelles sen aloient fuiant
por un faucon, qui vint bruiant
apres eles de grant randon,
tant cune an trove a bandon,
quert dantre les altres sevree.
si la ferue et si hurtee,
que ancontre terre labati,
mes trop fu tart, si san parti;
il ne la volt lier ne joindre
et puis comance a poindre,
la ou il ot veu le vol.
la gente fu ferue el col,
si seigna trois gotes de sanc,
qui sespandirent for le blanc,
si sanbla natural color,
la gente na mal ne dolor,
quancontre terre la tenist,
tant que il a tans i venist,
elle san fu encois volee;
et puis jut defolee
la noif, qui soz la gente jut,
et le sanc, qui encor parut;
si sapoia desor sa lance,
que la fresce color li sanble,
qui est an la face samie;
et panse tant, que il soblie,
ausins estoit en son avis
li vermauz sor le blanc asis,
come les gotes de sanc furent,
qui desor le blanc aparurent;
an lesgarder, que il feisoit.
li ert avis, tant li pleisoit,
quil veist la color novele
de la face samie bele;
puis sor la gote muse
tote la matinee use,
tant que hors des tantes issirent

escuier, qui muser le virent,
et cuiderent quil somellast.

 Encois que li rois sesvellast,
qui ancor gisoit en son tre,
ont li escuier ancontre
deuant le pavellon le roi
Sagremor, qui par son desroi
estoit *desreez* apelez[1].
diva, fet il, nel me celez
por coi venez vos ca si tost?
fire, font il, hors de cest ost
avons veu un chevalier,
qui somoille sor son destrier.
est il armez? par foi, oil,
girai parler a lui, fet il.

Nun waffnet sich Sagremor, geht hin zu dem träumenden Ritter, kann ihn
aber nicht zerstreuen und bekommt nicht einmal Antwort. Darauf erfolgt,
was im deutschen Buch, und nachdem auch der Prahler *Ker* noch viel
schimpflicher abgewiesen worden ist, macht sich endlich *Gauvain* auf:

et vint au chevalier tot droit,
qui sor la lance ert apoiez;
encor nestoit pas enuiez
de son panse, qui moult li plot;
et ne porquant li solauz ot
deus gotes del sanc remises,
qui sor la noif erent remises,
et la tierce aloit remetant,
por ce que ni pansoit mie tant
li chevaliers, com il ot fet,
et messire *Gauvain* se tret
vers lui tote une voie anblant,
sans fere nul felon sanblant,
et dit: sire je vos eusse
salue, se au tel seusse
vostre cuer, comme je faz le mien;
mais tant vous puisge dire bien,
que ge sui messages le roi,
il vous mande et dit par moi,

---

[1] Ein Beiwort so viel als wild, unbändig, sein eigentlicher Name nicht von dem
Fluch sacre mort abzuleiten, als vielmehr gleich anderen Wörtern dieser Endung aus
dem altbrittannischen. Segremors erinnert übrigens gerade zu an die nordischen *Ber-
serker*, und mußte auch gebunden werden, wann ihn die Kampfwuth befiel. Die Stelle
im Parcifal 8481–89. u. 12574, 75. (vergl. mit Titurel str. 2040. 2177.) ist darum sehr
merkwürdig. vergl. die altdeutschen Widolf Mittumstang, Aspilian oder Asprian,
Abendroth, Etgeir und Schruthan. – Daß Segremors und Key bei aller Gelegenheit
immer vornen sind, der eine aus Berserkerheit, der andere aus eiteler Prahlsucht, wird
im Titurel str. 4572. ausdrücklich gesagt.

que vos alez parler a lui; –
jl an i ont ja este dui,
fet *Perceval, qui me toloient
ma joie* et mener man voloient
ausi com se ge fusse pris;
et je estoie si pansis
dun panse, qui moult me pleisoit,
et cil, qui partir man voloient
naloit mie querant mon preu;
que devant moi en ice leu
avoit trois gotes de fres sanc,
qui enluminoient le blanc.
a lesgarder mestoit avis,
que la fresche color del vis
mamie la bele i veisse,
ja mes ialz partir nan quisse. –
certes, fet messire *Gauvain*,
cil pansers nestoit pas vilains,
ancois estoit cortoiz et dolz,
et cil estoit fos et estolz,
qui vostre cuer en remuoit,
mes ge desir, etc. etc.

Anhang B

In des Giambatt. Basile Pentamerone fängt trattenemiento IX. der
vierten jornata, nach der Ausgabe Napoli 1714. also an:

Ora dice, ch'era na vota Millucio lo re de fratta ombrosa, lo quale era
accossi perduto pe la caccia, che metteva a' monte le cose chiu necessarie
lo stato, e de la casa soia pe ire dereto pedate de no leparo, o appriesso lo
vuolo de no marvizzo; e tanto secotaie sta strata, che no juorno lo portaie la
fortuna a no vosco, che haveva fatto squatrone de terreno, e d'arvole
serrato, serrato pe non essere rutto da li cavalle de lo sole; dove 'ncoppa na
bellissima preta marmora trovaje no cuurvo, che frisco frisco era stato
acciso; lo re vedenno chillo sango vivo vivo sghizziato sopra chella preta
ianca ianca, jettanno no gran sospiro, disse: o cielo, e non porria havere na
mogliere accossi *ianca* e *rossa*, comme a chella preta, e che havesse li capille e
le ciglia accossi *negre*, comme so le penne de chisto cuurvo? e sopra sto
penziero se spresonnaie de manera, che pe no piezzo fece li dui simmele co
chella preta etc. etc.

Die bolognesische Uebersetzung der fola dal corv giebt dieses alles sehr
getreu wieder: (La Chiaglira dla Banzola. Bulogna 1742. 4. 39ste Fabel).

Dis, ch'ai era una volta un re, ch'aveva nom Mluzz, al so regn s'chiamava
frasca umbrosa. St sgnor era talment innamurà dla caccia, ch' lù n'aveva mai
altr in pinsir; an' deva gli udienzi, an badava niint al so stat, ch'agn cosa andava

123

alla malora pr badar a qula zirra d'qula caccia, ecm' al vlevi, al vgneva à cà tutt
aligr, preh' l'avè ammazzà, o una livra, un cero, o ch' soja mi.

Un di, ch'l'era zà andà pr st divertiment, l'arrivò in t'un bosc umbro-
fissm, al vist li in terra un bell pezz d'marm, ch'ai era su un corv, ch'as
acgnusseva, ch'l'era stà ammazzà just allora, perche ai era al sangu, ch'era
fresc fresc, ch'aveva schiattinà tutt qual marm, ch'era cand, es steva tant
ben qual bell ross d'qual sangu, con al bianc d'qual marm, ch'al re s'incantò
un gran pezz a guardari, e pò tri un gran suspir, dsend: oh, s'a priss auer mi
una mujer ch'fuss qusi *bianca*, e *rossa* cmod è qual marm, e qual sangu, e pò,
ch'aviss i cavj *nigr* cmod è l'penn d'st corv, mi n'sarè cosa m'vler u. s. w.
Diese kleinen Proben können schon ein Bild von dem weichsten und fließenden und dem härtesten und stoßenden Dialect Italiens geben.

Anhang C

Le roy . . . . . ung matin se partist et se logea luy et ses gens pour passer le
soir en une belle prairie assez pres dugne forest, ou ilz coucherent et fist le
mattin fort grant froit, comme nous dilhystoire, parceque fort neige et
gelle avoit.

Or estoit Perceval alors sur les champs, ses armes de neige couvertes,
assez pres des tentes du roy, ou se trouva cherchant son adventure comme
faire doibt tout bon chevallier pour parvenir a lotz et pris. Et fault entendre,
que Perceval si tost napprocha les tentes du roy comme il les veist: mais
saresta pour regarder passer une route doiseaulx nommer *gentes*, aultremeut
dit *corneilles*, lesquelles venoient de abbatre des noix pour elles menger.
lesquelles noix furent blanches à cause de la forte gellee et de la neige, qui
avoit lescaille couverte. Or sen volloient les corneilles criant en laier par
cause qung jeusne garson traioit apres, lequel en atainguit une, qui a lescart
des aultres estoit, enuiron le col, parquoy il envoist par terre, mais parce
que a mort navree ne fut, si tost se relieue et senvolle. Et est la noix blanche
en la place demeuree, que mise elle avoit en son becq. Et quant Perceval
advisa la corneille envollee brocha le cheval des esperons pour aller celle
part ou elle fut tombee, auquel lieu trouva la noix blanche taincte de sang,
qu'elle avoit par le coup respandu. Lors sapuya Perceval dessus sa lance,
pour contempler le sang, qui sur la noix apparessoit: et entra en si grand
pensement ce regardant, quil nen povoit issyr de hors, car sur la noix trois
gouttes de sang vermeil et fraitz apparurent, quil luy fist souvenir de la face
de son amye[1]. Et tant plus icelle blanche noix regardoit, et de tant plus de
son amye luy souvenoit, attendu la rougeur du sang posee dessus la blan-
cheur de la neige que tant a regarder luy plaisoit, que de son pensement ne
se povoit oster parce qui luy fut advis, comme dessus est dit, que ceste noix
a la face de son amye resembloit etc. etc.

(Edition de Paris 1530. fol. 23.)

[1] Der fehlerhafte Auszug in der bibl. des romans hat hier aus Nachlässigkeit oder
Unverstand (p. 72.) »de son ami« welches gar keinen Sinn gewährt.

Über das Pedantische in der deutschen Sprache

Vorgelesen
in der öffentlichen Sitzung der Akademie
der Wissenschaften am 21. October 1847

Wer gelobt hat darf auch einmal schelten. ich war von jugend an auf die ehre unsrer sprache beflissen, und wie, um mich eines platonischen gleichnisses zu bedienen, die hirten hungerndem vieh einen grünen laubzweig vorhalten und es damit leiten wohin sie wollen, hätte man mich mit einem altdeutschen buch durch das land locken können. Als es mir hernach gelang einige vormals verkannte tugenden dieser sprache, da sie von natur blöde ist, aufzudecken, und ihr den rang wieder zu sichern, auf welchen sie unter den übrigen von rechtswegen anspruch hat; so konnte es nicht fehlen, daß ich auch vielerlei schaden kennen lernte, an dem sie offen und geheim leidet. Es scheint nun aller mühe werth uns über solche gebrechen nichts zu verhehlen, denn wenn sie schon nicht ganz zu heben sind, beginnt doch ein ernstes gemüt von seiner angewöhnung abzuweichen und sich liebevoll auf den besseren pfad zu kehren, der ihm gezeigt worden ist; ernst und liebe stehn uns Deutschen, nach dem dichter, wol, ach die so manches entstellt.

Erwäge ich die schwächen unsrer sprache, von denen sie am meisten gedrückt ist, nicht bloß im einzelnen sondern allgemeinen, so stellt sich mir eine ihrer eigenschaften heraus, die ich heute zum gegenstand näherer betrachtung machen will und nicht anders bezeichnen kann, als es am eingang geschehen ist.

Da die innersten vorzüge und mängel der sprachen stärker als man wähnt und sogar mehr als andere besitzthümer mit der sinnlichen wie geistigen natur und anlage der völker, welchen sie gehören, zusammenhängen, so kann es nicht befremden, daß ich in der art und weise der Deutschen überhaupt oft schon die richtung wieder finde, die ich im begrif stehe zu schildern. sie greift, von der bessern seite genommen, ein in unsere bedächtige genauigkeit und treue, und es würde schwer halten sie mit stumpf und stil auszurotten, ohne diesen treflichen grundzug unseres characters mit zu verletzen. Das pedantische aber, glaube ich, wenn es früher noch gar nicht vorhanden gewesen wäre, würden die Deutschen zuerst erfunden haben. Man versetze sich in einen kreis von diplomaten, denen es obliegt in verwickelter lage die geschicke der länder zu wägen, und forsche, von welcher seite aus in kleinigkeiten hundert anstände und schwierigkeiten erhoben werden, in der hauptsache der verhandlung leichtestes nachgeben und ablassen eintrete; es kann keine andere als die der deutschen gesandten sein, und unsere nachbarn haben ihren vortheil daraus zu ziehen lange schon verstanden. eben das ist pedanterei, im geringfügigen eigensinnig zu widerstreben und nicht zu gewahren, daß uns daneben ein großer gewinn entschlüpft, daher auch im lustspiel der pedant jedesmal der braut, um die er geworben hat, verlustig geht. er hat für das neue keinen enthusiasmus, nur krittelei, für das hergekommne taube beschönigungen, ohne allen trieb ihm auf den grund zu sehn.

In der sprache aber heißt pedantisch, sich wie ein schulmeister auf die gelehrte, wie ein schulknabe auf die gelernte regel alles einbilden und vor lauter bäumen den wald nicht sehn; entweder an der oberfläche jener regel kleben und von den sie lebendig einschränkenden ausnahmen nichts wissen, oder die hinter vorgedrungnen ausnahmen still blickende regel gar nicht ahnen. alle grammatischen ausnahmen scheinen mir nachzügler alter regeln, die noch hier und da zucken, oder vorboten neuer regeln, die über kurz oder lang einbrechen werden. die pedantische ansicht der grammatik schaut über die schranke der sie befangenden gegenwart weder zurück, noch hinaus, mit gleich verstockter beharrlichkeit lehnt sie sich auf wider alles in der sprache veraltende, das sie nicht länger faßt, und wider die keime einer künftigen entfaltung, die sie in ihrer seichten gewohnheit stören.

Es würde mir nun leicht sein, wenn ich bloß ins einzelne gehn wollte, beispiele zu greifen, die das bild des pedanten keinen augenblick verkennen lassen. er schreibt mogte für mochte, weil nach mögen blickend er vom schönen uralten wandel der consonanten nichts weiß und sich weder auf macht, noch das lateinische agere actus besinnt. das richtige muste für sein mußte oder gar musste läßt er sich von keinem sterblichen einreden. ein Engländer oder Franzose würde lachen, geschähe ihnen anmutung deminutif und deminutive zu schreiben; aber der Deutsche meint sich schämen zu müssen wollte er länger di für de behalten, seit ihm die philologen eingebildet haben, nur de im lateinischen worte sei recht. überhaupt entstellt der pedant ungern fremde wörter, und möchte wie Tataren für Tartaren, Petrarca für Petrarch, chamomille für kamille wieder einführen; zur hauptangelegenheit aber wird es ihm teutsch für deutsch zu schreiben, weil es heiße Teuto-

nen, da doch das lat. T gerade der schlagendste grund für das
deutsche D in diesem wort ist und niemand darauf verfällt Tietrich
an die stelle von Dietrich, worin dieselbe wurzel steckt, zu setzen.
Am allermeisten in seinem wesen fühlt er sich, wenn sachkenntnis-
se ihn ermächtigen die sprache zu bessern; er wird seiner schwind-
süchtigen frau nicht eselsmilch[1], nur eselinnenmilch zu trinken
anrathen, und selbst den unschuldigen namen der euphorbia cypa-
rissus, wolfsmilch, wäre er nach solcher analogie zu berichtigen
versucht, obgleich auch die wölfin ihre milch nicht gegeben hat,
als dies kraut erschaffen wurde. Zeichenlehrer, rechenmeister
kommen dem pedant höchst albern vor und werden durch zeich-
nenlehrer, rechnenmeister ersetzt, als dürfte unsre sprache irgend
in eine zusammensetzung den baaren infinitiv aufnehmen. »am
ersten mai« zu setzen vermeidet er, es müsse heißen »am ersten des
mais«, nemlich tage. In der syntax sind ihm unterschiede nahe
liegender constructionen zuwider, wie zwischen wein trinken und
weines trinken, zwischen was hilft mich? und was hilft mir? dort
soll bloß der accusativ, hier bloß der dativ gerecht sein. Keine
einzige aller europäischen sprachen hat so ungebärdige schlecht
beholfne übertragungen technischer und grammatischer ausdrücke
hervorgebracht, vom zeugefall, klagefall und ruffall an bis zur
anzeigenden und bedingenden art herab, wie sie in deutschen büchern stehn.

Man sollte glauben, daß bei dem schönen ihr eignen hang zu
schmuckloser einfachheit unsere sprache vorzugsweise für übersetz-
zungen geschickt sei; und bis auf einen gewissen grad gibt sie sich
auch gern dazu her. Es heißt jedoch den werth dieser unter uns
allzusehr eingerissenen unersättlichen verdeutschungen fast jedes
fremden werkes von ruf übertreiben, wenn sogar behauptet worden ist, einzelne derselben seien so gelungen, daß sich aus ihnen
der urtext, wenn er abhanden käme, herstellen lassen würde. Ich
wenigstens bekenne, keinen begrif davon zu haben, daß selbst aus
Schlegels oder Vossens worten ein Shakspeare oder Homer aufer-
stehn sollte, so gewaltig wie der englische und griechische in ihrer
wunderbaren schönheit. Was übersetzen auf sich habe, läßt sich
mit demselben wort, dessen accent ich bloß zu ändern brauche,
deutlich machen: übersétzen ist übersetzen, traducere navem. wer
nun zur seefart aufgelegt, ein schif bemannen und mit vollem segel
an das gestade jenseits führen kann, muß dennoch landen, wo

[1] wie der Grieche ὁ und ἡ ὄνος, sagte auch der Gothe sa und sô asilus und beide
bilden den gen. asilaus. goth. wäre also asilaus miluks so genau wie das gr. ἱππο-
μολγός.

127

andrer boden ist und andre luft streicht. wir übertragen treu, weil wir uns in alle eigenheiten der fremden zunge einsaugen und uns das herz fassen sie nachzuahmen, aber allzutreu, weil sich form und gehalt der wörter in zwei sprachen niemals genau decken können und was jene gewinnt dieser einbüßt. während also die freien übersetzungen bloß den gedanken erreichen wollen und die schönheit des gewandes daran geben, mühen sich die strengen das gewand nachzuweben pedantisch ab und bleiben hinter dem urtext stehn, dessen form und inhalt ungesucht und natürlich zusammenstimmen. Nachahmung lateinischer oder griechischer verse zwingt uns die deutschen worte zu drängen, auf die gefahr hin dem sinn gewalt anzuthun; übertragne prosa pflegt alsogleich breiter zu gerathen, wie beim hinzuhalten des originals in die augen fällt. vordem, eh die treuen übersetzungen aufkamen, kann man beinah als regel annehmen, daß zwei lateinische oder griechische verse zu vier deutschen zeilen wurden; so sehr versagte sich unsere sprache gedrungnem, gedankenschwerem ausdruck. Es wäre undankbar die große wirksamkeit unumgänglicher übersetzungen in der geschichte unsrer sprache, deren älteste denkmäler geradezu darauf beruhen, herabsetzen zu wollen; ich finde daß der Gothe Ulfilas, der vom fuße des Haemus her deutschen laut auf ewige zeiten erschallen ließ, mit bewunderungswerther treue und fast fessellos sich den formen des urtextes anschloß; aber schon die frühsten unvollendeten versuche in hochdeutscher mundart reichen ihm lange nicht das wasser.

Dieser standpunkt der deutschen sprache gegenüber den werken fremder zunge fiel zu allererst ins auge; ich will aber noch weiter ins allgemeine vorschreiten und aus unserer sprache selbst einzelne züge hervorheben, die mir zugleich von der sitte und gewohnheit unseres volks unzertrennbar scheinen und desto mehr zu statten kommen. Wie vermögen wir in übersetzungen die volle einfachheit der alten zu erreichen, wenn uns in unsrer täglichen ausdrucksweise, unbesiegbare und fast persönliche hindernisse im weg stehn? wir sind dann genöthigt doppelter sprache zu pflegen, einer für das buch, einer andern im leben, und können die größere wärme des lebens nicht unmittelbar dem ausdruck des buchs lassen angedeihen. persönlich darf ich vor allem nennen, was die bezeichnung der person in der rede selbst angeht.

Oft habe ich mir die frage gestellt, wie ein volk, das durch sein auftreten den lebendigen hauch der fast erstorbnen freiheit in Europa anfachte, ein volk dessen rohe kraft noch frisch und ungekünstelt war, allmälich den unnatürlichsten und verschrobensten for-

men der rede verfallen konnte? Die thatsache selbst, wie gleichgültig sie uns heute trift, ist so ungeheuer und so vielfach mit unsrer
lebensart verwachsen, daß die betrachtung nicht unterlassen mag
darauf zurück zu lenken. unsere sprache verwischt den von der
natur selbst eingeprägten unterschied der person und der einheit
auf thörichte weise. den einzelnen, der uns gegenüber steht, reden
wir unter die augen nicht mit dem ihm gebührenden du an, sondern gebärden uns als sei er in zwei oder mehr theile gespalten und
müsse mit dem pronomen der mehrzahl angesprochen werden.
dem gemäß wird nun zwar auch das zu dem pronomen gehörige
verbum in den pluralis gesetzt, allein das attributive oder praedi-
cierende adjectivum im singularis gelassen, einem grundsatz der
grammatik zum trotz, welcher gleichen numerus für subject, praedicat und verbum erfordert.

Zur entschuldigung dieses unvernünftigen gebrauchs, auf dessen
ursprung ich hernach zurück kommen werde, läßt sich allerdings
anführen, daß die ganze neue welt willig ähnliche bürde trägt und
z. b. in der französischen sprache, deren adjectivflexion für das
praedicat besser erhalten ist, als die unsrige, jenes grammatische
gleichmaß ebenso verhöhnt wird, da es heißt vous êtes bon, vous
êtes bonne, also neben dem pluralis des verbums des singularis des
adjectivs eintritt. Was scheint unpassender als zu sagen: unglückli-
cher, ihr seid verloren, statt des einfachen: miser periisti! Es ist die
schwüle luft galanter höflichkeit in der ganz Europa seinen natürlichen ausdruck preisgab; wir Deutschen aber sind nicht dabei stehn
geblieben, sondern haben den widersinn dadurch pedantisch gesteigert, daß wir nicht einmal die zweite person in ihrem recht,
sondern dafür die dritte eintreten lassen, wozu wiederum das be-
gleitende verbum in die tertia pluralis gestellt wird, während das
adj. den sg. beibehält. also statt des ursprünglichen, allein rechtfer-
tigen du bist gut verwöhnten wir uns erst: ihr seid gut und endlich
zu sagen: sie sind gut, gleichsam als sei eine dritte gar nicht anwe-
sende und nicht die angeredete person gemeint. Welche zweideu-
tigkeiten aus dieser verstellung der formen allenthalben hervorgehn können, welche verwirrung des possessivums verursacht
wird, da die pluralform aller geschlechter der weiblichen des sg.
begegnet, leuchtet von selbst ein. nur das habe ich beizufügen, daß
die dritte statt der zweiten person im pluralis gerade eine bekla-
genswerthe eigenheit der herschenden hochdeutschen mundart ist,
indem die übrigen bis auf geringe anflüge des verderbnisses wenigstens die zweite person in ihrem natürlichen recht ungekränkt
lassen.

Ein kleiner oder großer trost, zugleich die volle verurtheilung des misbrauchs, bleibt uns der, daß die alles läuternde und gern lauter in sich aufnehmende poesie fortwährend den gebrauch des herzlichen einfachen du in der anrede geheiligt, ja verlangt hat, und könnte uns von irgendher eine rückkehr zu dem weg der natur gezeigt werden, so müste es durch sie geschehn. Auch bedient sich noch heute die zutrauliche, jener falschen zier müde rede und sogar die feierliche anrufung gottes des edeln du, das der alte Franke ebenso festgemut seinem könige zurief, wenn er ein: heil wis chuninc[1]! heil dû herro, liobo truhtîn, edil Franko! erschallen ließ.

Die steigerung schwer zu sättigender höflichkeit ist freilich nicht aus dem volk, das sich zulängst dawider sträubte, hervorgegangen, sondern ihm von oben, durch die vornehmen stände zugebracht worden. Als unsere könige und fürsten, schmuckloser einfalt ihres alterthums uneingedenk, byzantinische pracht und den schauprunk verderbter kaiserzeit annahmen von sich selbst ein majestätisches wir gebrauchend, muste ihnen auch mit ihr erwiedert werden, und wenn andern ständen nachahmung des wir nicht verstattet war, blieb es unverwehrt in der anrede und antwort jedem höheren mit ihr zu schmeicheln; einem lauffeuer gleich verbreitete sich unter den gebildeten des volks diese abweichung von der gesunden regel. Ich habe ihre unermüdlichen stufen anderwärts nachgewiesen und dargethan, daß das am meisten zu verwünschende »sie« aus einer verstärkung der dritten person des singularis, doch nicht viel länger als seit hundert und funfzig jahren unter uns in Deutschland entsprossen ist. Welch ein geringes alter gegenüber dem hohen unserer sprache insgemein, und welch ein ursprung zur unseligsten zeit, die auf den dreißigjährigen krieg, Deutschlands innerste schmach folgte, als beinahe jedes gefühl der würde unserer sprache und nation erloschen war.

Weil aber das widernatürliche an der stelle wo es begonnen hat selten einzuhalten pflegt, sondern um sich zu greifen trachtet, so ist auch allmälich unter uns für die anrede unserer fürsten und könige eine aufgedunsene ausdrucksweise der höflinge und geschäftsleute eingerissen, wie sie kein einziges anderes volk in Europa angenommen hat. Mit einführung griechischer oder römischer ceremonie schien für die mächtigen der welt die letzte staffel auf der leiter solcher äußerlichen ehre lange noch nicht erreicht; anfangs walteten alle titel der majestät bloß in lateinischer canzleisprache, die zum volk nicht so schnell vordringen konnte. Bei den dichtern

[1] der Angelsachse: väs hâl cyning!

unseres mittelalters bis ins dreizehnte, vierzehnte jahrhundert hinab ist noch keine spur, daß einem könig oder fürsten, so häufig sie angeredet werden, jemals der name majestät oder durchlaucht beigelegt wäre. diese titel waren und klangen zu undeutsch, wie gangbar schon lange zeit der ausdruck durhliohtan für translucere, durhliuhtic für illustris gewesen war. Erst die an sich heilsame verwendung deutscher sprache für urkunden, welche im dreizehnten jh. hin und wieder begann, im vierzehnten und funfzehnten allgemein ward, scheint das übersetzen lateinischer canzleiformen nach sich gezogen und dem hergebrachten deutschen ausdruck gewalt angethan zu haben. An Carl des vierten, wenn ich nicht irre, wenigstens Friedrich des dritten hof mochte sich der deutsche titel majestät volksmäßig festsetzen; zu Maximilians tagen begegnen wir ihm allenthalben, und für den kaiser, als den ansehnlichsten aller europäischen fürsten, pflegte man den superlativ gnädigster und durchlauchtigster, der an sich schon die volle potenz dieser begriffe erreicht, noch durch voraussendung des gen. pl. aller d. i. omnium zu erhöhen, wie wir von alters her auch allerliebst, allertheuerst, allerletzt sagen. Von dieser zeit an findet sich allerdurchlauchtigster in der anrede des kaisers, und bald auf die der könige erstreckt, jetzt auch auf die der übrigen fürsten, welche ohne könige zu heißen königliche ehre in anspruch nehmen, so daß der einschränkende begrif des worts durch seine ausgedehnte anwendung in sich aufgehoben scheint. Seit der mitte des vorigen jahrhunderts that nun die höfische sprache noch einen schritt, indem sie neben dieser anrede und nicht bloß in der anrede sondern auch wenn von dritter person gesprochen und erzählt wird[1], das einfache persönliche und relative pronomen, wo es sich auf fürsten bezieht, zu gebrauchen scheut, ohne es mit dem vorsatz höchst und allerhöchst zu verbinden[2] und gleichsam dadurch zu verschleiern; pedantischeres und steiferes kann es nichts geben. unsere hof und geschäftssprache ist dahin gebracht, daß sie im angesicht und

[1] im mittelalter, wenn von kaiser oder könig die rede war, in dessen hand und würde die gewalt des deutschen reichs lag, pflegte man diese auch durch den einfachen ausdruck »daz rîche« zu bezeichnen. »si zæmen wol dem rîche« will so viel sagen als dem könige; von einer schönen jungfrau sagt Hartmann von Aue

si was ouch sô genæme
daz si wol gezæme
ze kinde deme rîche
an ir wætlîche,

sie hätte fräulein an des königs hofe sein können.
[2] Berliner zeitungen aus den jahren 1750–1770 gewähren von Friedrich dem großen redend gewöhnlich noch einfaches Sie und Dero.

im kreis der fürsten nirgend mehr natürlich reden darf, sondern ihre worte erst in die verschlingenden fäden unablässig wiederholter und schon darum nichtssagender praefixe und superlative einzuwickeln gezwungen ist. alle daraus entspringenden redensarten wären geradezu unübersetzbar in die französische und italienische sprache, welche nachdem einmal die majestät angeredet ist, immer einfaches elle oder ella folgen lassen; das kann uns den prüfstein für unsern misbrauch abgeben. Sonst in Europa haben lediglich die vom deutschen ceremoniell abhängigen oder angesteckten höfe in Holland, Dänemark und Schweden, mehr oder weniger genau, ein hoogstdezelve, allerhöjstdensamme, allernådigst nachgeahmt. Gewis aber würde die weisheit des fürsten gepriesen werden, der seine aufmerksamkeit auf den ursprung und zweck dieses leeren, seiner selbst wie unseres sprachgenius unwürdigen, eher chinesischen als deutschen gepränges richtend, es auf immer verabschiedet und die treuherzigen anreden und grüße unserer vorzeit, so viel es noch angeht, zurückholt[1].

Ich erlaube mir noch eine bemerkung über die heutige form des namens majestät beizufügen, worin, wie in vielen ähnlichen substantiven, der ausgang TÄT, gegenüber dem lateinischen TAT befremdet. ä kann hier unmöglich auf dem wege des umlauts entsprungen sein, wozu gar kein anlaß denkbar wäre. Erwägt man die mhd. gestalt solcher wörter (denn ein ahd. beispiel würde unerhört sein), so zeigen trinitât, nativitât langes â, wie es dem überlieferten romanischen oder lateinischen vocal angemessen war, und diese richtige form majestat herscht auch in allen hochdeutschen urkunden bis zum 16. 17 jh. herab; sie wird bestätigt durch das schwäbische au in majestaut. Luther hingegen, Fischart und andere schriftsteller des 16 jh. schrieben majestet, antiquitet mit e, nicht mit ä, welches erst im 17 jh. fehlerhaft an jenes stelle eingeführt wurde. Wie aber ist das e selbst zu erklären? ich zweifle nicht, daß es niederdeutschen ursprungs war und aus dem niederrheinischen und niederländischen ei hervorgieng, wofür schon moraliteit Trist. 8012. 8023, auctoriteit Ls. 1,83 altes zeugnis ablegen. die

---

[1] solch ein beispiel würde auch darum wolthat sein, weil es von oben herab wirkend die in endloser abstufung gültigen, eitlen höflichkeiten unter allen andern ständen abschaffen und der einfachen sprache luft machen könnte; wie ist der heutige briefstil durch die unnützesten ausdrücke der ergebenheit und des gehorsams, durch unablässiges anmuten der geneigt-, hochgeneigt- und hochgeneigtestheit allenthalben angeschwellt, und in dieser übeln sitte thun wir Deutschen es wieder allen übrigen völkern zuvor. viel schöner ist, wenn es darauf ankommt, wirklich ergeben zu sein und zu gehorchen, als die gesinnung immer nur im munde oder in der feder zu führen.

Niederländer schrieben TEIT (z. b. diviniteit im Partonopeus 21,5, universiteit Rose 10845), sie schreiben und sprechen bis auf heute majesteit, autoriteit, qualiteit, und ihr ei wechselt auch anderwärts mit langem ê.

Da sich unser blick zu dem pronomen gewandt hat, mag noch eine vergleichung des deutschen artikels mit dem romanischen zeigen, in welchem nachtheil auch hier unsre sprache steht.

Es darf als bekannt vorausgesetzt werden, daß fast alle heutigen sprachen und schon einige der älteren sich des artikels bedienen, der ursprünglich, wie sein name andeutet (der griechische ausdruck ist dafür ἄρϑρον) die wirkung eines gelenkes hat, das die demonstration des einen mit der relation eines andern satzes verbindet. er sollte die begriffe und noch nicht die flexion bestimmen helfen. als sich aber diese in den neueren sprachen abzustumpfen begann, pflegte sie ihn gleichsam zu ihrem beistande heranzurufen und wie zugezogne hilfsvölker sich der festung, die sie bloß mitwehren sollten, endlich selbst bemeistern, geschah es, daß der artikel allmälich für die erlöschende oder erloschne flexion unentbehrlich wurde, wenn er auch, näher angesehn, niemals ganz in ihren begrif übergieng.

Die romanische sprache schlug aber hier einen von der deutschen verschiedenen, und wie mich dünkt, glücklicheren weg ein. sie erkor sich zum artikel nicht das erste strengere demonstrativum, sondern mit vortheilhaftem grif das zweite gelindere. der romanische artikel stammt aus dem lateinischen ille illa, dessen liquider laut jeder verwandlung und verschmelzung der form außerordentlich günstig war. Der deutsche, gleich dem griechischen artikel besitzt dagegen den eigentlich demonstrativen stummen linguallaut, der schon an sich unfügsamer als jene liquida erscheinen muste. dazu trat noch eine andere ungunst. alle deutschen sprachen erfuhren lautverschiebung, wodurch die griechische tenuis in gothische oder sächsische aspirata gewandelt wurde, was dem artikel dieser sprachen eine gewisse schwerfälligkeit verlieh, die zwar in der althochdeutschen, wo media an die stelle der asp. kam, wieder aufhörte. Wer gothisch oder angelsächsisch aussprechen lernt, wird sich am meisten bei der allenthalben begegnenden aspiration des artikels verlegen fühlen.

Während nun im romanischen das gelenke, sich leicht an die praepositionen a und de schmiegende L durch die bank wollautige und gedrungne formen zeugte, welche den untergegangnen casus umschreiben und das alte suffix der flexion durch ein neues praefix ersetzen halfen, blieb der deutsche artikel meistentheils unbeholfen. Aus seinem D, wenn es sich frühzeitig zur anlehnung und elision dargegeben hätte, wäre noch vortheil zu ziehen gewesen; allein der pedantische hang zu voller deutlicher form widerstrebte, und es sind eigensinnig nur ausnahmsweise die formen: am, im, zum, beim, zur, für an dem, in dem, zu dem, bei dem, zu der verstattet geblieben, da doch die ältere sprache noch einige mehr, wie zen für ze den zulässig fand, was sich unbedenklich in die heutige gestalt zun hätte wandeln mögen; warum wäre nicht ar für an der, gleich dem zur, und anderes mehr willkommen gewesen? die ahd. und mhd. dichter hatten noch einige günstige anlehnungen des gekürzten artikels an die praepositionen eingeführt, mochte der artikel von diesen selbst abhängen oder einem zwischentretenden genitiv gehören, wie zes für ze des, enents für enent des, jenseit des, welchen allen die jüngere sprache überbedächtig wieder entsagte, das sind keine geringen dinge, vielmehr solche, die unmittelbar jeden satz behend oder schleppend machen können. man halte unserm deutschen der mann, des mannes, dem manne das ital. luomo, de luomo, al uomo, oder das franz. lhomme, de lhomme, à lhomme entgegen; wir haben hier sogar voraus, daß unsere flexion noch zureicht und uns keine praeposition zu helfen braucht. Der Romane hat diese nicht gescheut, sondern in seinen gewinn verwandt, und del al, die genau übersetzt von dem, zu dem enthalten, sind ihm zu wollaut und deutlicher kürze ausgeschlagen. hinzugenommen den bewundernswerth einfachen hebel der provenzalischen und altfranzösischen declination, der die meisten nomina bloß damit lenkt, daß er dem nom. sg. die obliquen pluralcasus, dem nom. pl. aber die obliquen singularcasus gleichstellt (in welchem gesetz ich noch einen nachhall keltischer spracheigenheit zu spüren meine); so muß man den practischen blick dieser sprachen anerkennen, die freilich nachher ihren vortheil fast wieder aus der hand ließen. ich gebe immer noch nicht die ehrwürdigen überreste unserer uralten flexion dafür hin, aber diese hätten wir weit mehr zu unserm nutzen handhaben können.

Ist unsere heutige nomialflexion abgewichen von ihrer ehmaligen fülle und bedeutung, so hat sich dagegen die herrliche und dauerhafte natur des deutschen verbums fast nicht verwüsten lassen, und von ihr gehn unzerstörbar klang und klarheit in unsere sprache ein. Die grammatiker, welche ihre sprachkunde auf der oberfläche, nicht in der tiefe schöpften, haben zwar alles gethan, um dem ablaut, der die edelste regel deutscher conjugation bildet, als ausnahme, die unvollkommene flexion als regel darzustellen, so daß dieser der rang und das recht zustehe jene allmälich einzuschränken, wo nicht gar aufzuheben. fühlt man aber nicht, daß es schöner und deutscher klinge zu sagen buk wob boll (früher noch besser wab ball) als backte webte bellte, und daß zu jener form die participia gebacken gewoben gebollen stimmen? Im gesetze des ablauts gewahre ich eben, was vorhin bei dem von der neuern declination eingeschlagnen weg vermist werden konnte, den ewig schaffenden wachsamen sprachgeist, der aus einer anfänglich nur phonetisch wirksamen regel mit dem heilsamsten wurf eine neue dynamische gewalt entfaltete, die unserer sprache reizenden wechsel der laute und formen zuführte. es ist sicher alles daran gelegen ihn zu behaupten und fortwährend schalten zu lassen.

Mit dem ablaut eng zusammen steht ein anderes gesetz von geringem umfang, doch in das höchste alterthum aufreichend. gleich der lateinischen und zumal griechischen besitzt unsere sprache gewisse verba, deren form vergangenheit, deren begrif gegenwart ausdrückt, weil in ihnen das gegenwärtige unmittelbar auf das vergangne gegründet, so zu sagen, aus ihm erworben ist. wenn es heißt ich weiß, so gibt diese form ein praeteritum kund, am sichtbarsten dadurch, daß die dritte person den ausgang T nicht annimmt, der zur form des praesens erfordert wird, wie umgekehrt alle praeterita ihn nicht haben. ich weiß, will eigentlich sagen: ich habe gesehn und entspricht dem lat. vidi, gr. *οἶδα* wie wissen dem lat. videre, gr. *ἰδεῖν*. auf solche weise läßt sich die allmälich sehr beschränkte zahl anderer wörter dieser classe gleichfalls auslegen und da sie fast alle aushelfen d. h. die meisten auxiliaria hergeben, folglich in der rede oft wiederkehren, so verleihen sie, abgesehn von ihrer sinnigen gestalt, dem ausdruck wiederum angenehmen wechsel. sie sind als wahre perlen der sprache zu betrachten, und der verlust eines einzigen von ihnen zieht empfindlichen schaden nach sich. nun sind aber, wie ich sagte, mehrere von ihnen heute ganz aufgegeben, andere in ihrer eigenheit angetastet worden. dahin gehört z. b. das wort taugen, welches der älteren sprache gemäß flectieren sollte taug taugst taug und im grunde aussagt: ich habe mich geltend gemacht, dargethan, daß ich vermag. noch Opitz, Christian Weise und manche spätere schreiben das richtige taug, nicht taugt, auf welches sich unmittelbar anwenden läßt, daß es ein taugnichts sei, wenn schon ein ziemlich alter, da ihn bereits einzelne schreiber des vierzehnten jh. einschwärzen[1]. den sprachpedanten war aber taug mit seinem der verdichtung entgangnen diphthong ein greuel, wie ihnen darf, mag und soll

---

[1] Weingartner liederhandschrift s. 167: minne tovgt niht aine; und öfter.

unbegreiflich sind, und sie haben wirklich ihr taugt, etwa nach der analogie von brauchen braucht, saugen saugt durchgesetzt, wie man auch bei den sonst aufgeweckten Schwaben zu hören bekommt er weißt statt er weiß, oder uns allen gönnt das edlere gan verdrängt hat.

Kaum in einem andern theil unsrer grammatik würde was ich hier tadle greller vortreten, als in der syntax, und beispiele liegen auf der hand. es sei bloß erinnert an das lästige häufen der hilfswörter, wenn passivum, praeteritum und futurum umschrieben werden, an das noch peinlichere trennen des hilfsworts vom dazu gehörigen participium, was französischen hörern den verzweifelnden ausruf »j'attends le verbe« abnöthigt. solch eine scheidewand, wäre es bloß thunlich sie zu ziehen, nicht nothwendig, könnte der rede abwechslung verleihen; daß sie fast nirgends unterbleibt, bringt den ausdruck um raschheit und frische. Noch empfindlicher ist mir die aufgegebne alte einfache negation, der in unserer früheren sprache ihr natürlicher platz unmittelbar vor dem verbum zustand, das verneint werden soll. anstatt des goth. ni ist, ahd. nist, mhd. en ist haben wir ein »ist nicht«, d. h. dies nicht aus einer hinzutretenden bloßen, eigentlich nihil aussagenden, verstärkung zur förmlichen negation erhoben, die in den meisten fällen dem verbum nachschleift. schwerlich konnte der sprache etwas ungelegneres widerfahren, da die behende fließende partikel schwand und durch eine mit ihr selbst schon zusammengesetzte gröbere ersetzt wurde, die nicht länger im stand war, da wo sie in der rede erwartet werden muß, zu erscheinen. der gestiftete schade leuchtet ein, sobald wir die alte ausdrucksweise zur neuen halten, das goth. ni grêt ist $\mu\grave{\eta}$ $\varkappa\lambda\alpha\~{\iota}\varepsilon$, ni karôs ne cures, ahd. ni churi statt unsers weine nicht, sorge nicht; wie kurz ist das ahd. ni ruochat, mhd. en ruochet nolite, sorget nicht, wo wir den eindruck der verneinung immer erst hinten fühlbar werden lassen. auf die frage, bist du hie? folgt mhd. die antwort: ich en bin, heute muß sie lauten: ich bin nicht hier, weil wir antwortend zugleich das adverb des fragenden zu wiederholen pflegen, für acht jetzt funfzehn buchstaben, statt des leichtrollenden bluts trägeren pulsschlag. kurz über dem pedantischen hervorholen eines sparsam angewendet, die verneinung stärkenden worts ist uns die einfache, fast allen andern sprachen zu gebot stehende negation wie ein vogel aus dem käfig entflogen, und wir haben nur das nachsehn.

Es wird aber fruchten von diesen aus flexion und syntax geschöpften beispielen fortzuschreiten zu solchen, die bei der wortbildung aufgesucht werden können, wo sich die praxis der deutschen sprache im verhältnis zu benachbarten fremden noch deutlicher kund thut.

Man hat im überschwank den reichthum und die überlegenheit unsrer sprache hervorgehoben, wenn von dem manigfalten ausdruck ihrer wortableitungen und zusammensetzungen die rede ist. ich vermag lange nicht in dies lob einzustimmen, sondern muß oft unsere armut in ableitungsmitteln, unsern misbrauch im zusammensetzen beklagen.

Eine menge unserer einfachsten und schönsten ableitungen ist verloren gegangen, oder sieht sich so eingeschränkt, daß die analogie ihrer fortbildung beinahe versiegt. einige fremde völlig undeutsche bildungen haben dagegen unmäßig gewuchert, das ist ein deutliches zeichen für den abgang eigner, deren stelle jene vertreten. Ich wüste kein gelegneres beispiel zu wählen als das der zahllosen verba auf IEREN, die von den regierenden oben bis zu den buchstabierenden und liniierenden schülern hinab wie schlingkraut den ebnen boden unsrer rede überziehen. Eine nähere wegen ihres ursprungs gepflogne untersuchung mag hier als excurs oder auslauf vorgelegt werden; sie liefert ungefähr hundert mhd. wörter dieser art und leicht mögen ihrer noch zwanzig zugefügt werden können; es ergibt sich, daß man vor der zweiten hälfte des zwölften jahrhunderts nicht das geringste in Deutschland von dergleichen wörtern wuste und daß sie erst mit der höfischen, auf romanische quelle hingewiesnen poesie eingebracht, man muß aber gestehn, recht pedantisch eingebracht worden. denn bei entlehnung fremder wörter versteht sich doch von selbst, daß man sich bloß des wortes zu bemächtigen suche und seine fremde flexion fahren lasse. das R war nun hier baare romanische form des lateinischen infinitivs[1], die außer ihm in jedem andern modus alsbald verschwindet und es muß als die rohste auffassung ausländischer wortgestalt angesehn werden, daß der Deutsche in seine nachahmung das infinitivische zeichen aufnahm und characteristisch überall bestehen ließ, sein eignes zeichen aber noch dazu anhängte: außer dem fleisch des genossenen apfels ließ er sich auch den griebs dazu wol schmecken. Daß durch solche wörter manche vollauten-

---

[1] altfranzösisches IER haben eigentlich nur verba, die lateinischen auf -iare oder -igare entsprechen, z. b. essilier mlat. exiliare, chastier lat. castigare, allier lat. adligare alligare; dann aber wurde es auch auf andere erstreckt: mangier it. mangiare lat. manducare, laissier it. lasciare lat. laxare, brisier, vengier lat. vindicare it. vendicare. ausnahmsweise entspringen deutsche -ieren aus franz. -ir: regieren franz. regir it. reggere, offrieren franz. offrir it. offerire, acquirieren franz. acquerir. die italienische sprache hatte keinen solchen einfluß auf unsere, um ihr wolklingendes -are in deutsches -aren über zu führen.

de formen (allarmieren, strangulieren) in unsere sprache gerathen sind, ist unleugbar, aber sie stimmen nicht mit ihrer fremdartigen betonung zu unsern wörtern und führen steifheit mit sich. Wie viel tactvoller zu werk gieng die romanische sprache, als sie sich ihrerseits einige deutsche verba, wenn auch nur sparsam, anzueignen bewogen fand, z. b. das ital. albergare, franz. herberger nach unsern herbergen, ahd. heribergôn bildete oder noch früher ihr guardare garder aus unserm warten. hätte sie hier nach analogie von parlieren charmieren verfahren, so wäre ein alberganare herbergener, ein guardanare gardener entsprungen. Man darf das adchramire und adfathamire des salischen gesetzes als die frühsten beispiele solcher aus der deutschen sprache von den Romanen entlehnten wörter beibringen. Meine ausführung zeigt, daß -ieren seiner fremden art gemäß eigentlich nur fremden, lateinischromanischen wörtern zustehen konnte; als es aber einmal bei uns warm geworden war, versuchte man es auch an deutsche stämme zu hängen, und ihm deutsche partikeln voran zu schicken. Wie verschieden sich die ahd. und nhd. sprache benahm, wenn lateinische wörter deutsch gemacht werden sollten, kann das beispiel von schreiben ahd. scrîban lehren, das man frühe aus scribere bildete, während später conscribere und rescribere sich in conscribieren rescribieren verdrehte. dort verfuhr man natürlich und sprachgemäß, hier widernatürlich und pedantisch.

Die leichtigkeit des zusammensetzens im deutschen hat man ohne hinreichenden grund zu der fülle griechischer zusammensetzungen gehalten. schlechte ungebärdige zusammensetzungen leimen ist keine besondere kunst, in tüchtigen müssen die einzelnen wörter besser gelötet und aneinander geschweißt sein. eine echte zusammensetzung ist erst dann vorhanden, wenn sich zwei wörter gesellen, die los und ungebunden im satz nicht nebeneinander stehn würden; wir Deutschen haben aber eine unzahl sogenannter composita, die für sich construierte wörter bloß etwas enger aneinander schieben und dadurch nur steifer und unbeholfner machen; die wörter fangen zuletzt gleichsam selbst an sich für zusammengefügt zu halten und wollen nicht mehr getrennt auftreten. so hat sich in eigennamen ein vorangestellter genitiv nach und nach fester angeschlossen und läßt sich nicht mehr verrücken. Königsberg, Frankfurt war ursprünglich königs berg, Franchono furt, wo die Franken eine furt durch den Main gefunden hatten; aus Franken furt entstellte man zuletzt das unverständliche Frankfurt. verba wie aufnehmen, wiedergeben, niederschreiben sind ebenso wenig wahre composita, was sich augenblicklich bei der umstellung: ich nehme auf, gebe wieder, schreibe nieder zeigt. erst dann entspringt hier zusammensetzung, wenn die partikel untrennbar geworden ist, wie in jenem übersetzen vertere, während übersetzen traducere trennbar bleibt.

Solcher zusammenschiebung ungemeine thunlichkeit im deutschen verführt ohne alle noth nichtssagende wörter zu häufen und den begrif des einfachen ausdrucks nur dadurch zu schwächen. Wenn hier in Berlin jemand hingerichtet worden ist, liest man an den straßenecken eine »warnungsanzeige« angeheftet. nun will warnen sagen: gefahr weisen, an gefahr mahnen; in jener zusammensetzung steckt also unnützer pleonasmus, der bald wie avertissement d'avertissement lautet, das ital. avvertimento bedeutet warnung und anzeige. ein bloßes warnung oder verwarnung wäre nicht allein sprachgemäßer, sondern auch kräftiger, so kräftigen stil die blutige bekanntmachung auch ohne rücksicht auf die gebrauchten worte an sich redet.

Wo andere sprachen einzelne wörter aneinander reihen, pflegen sie häufig zu kürzen und das einleuchtendste beispiel liefern uns zahlwörter; es ist lästig was man jeden augenblick im munde hat in ganzer breite aufzusagen. Wie günstig unterscheidet sich das französische treize quatorze quinze seize von unserm dreizehn vierzehn funfzehn sechzehn; zum glück haben wir mindestens eilf und zwölf seit der ältesten zeit verengt, und daß unser hundert die allerstärkste stümmlung voraussetzt, ahnen die wenigsten: es gieng hervor aus taihuntaihun, wie das lat. centum aus decemdecentum u. s. w. die pedanten, welche kaum achzehn sechzehn in achtzehn sechzehn berichtigt haben, werden erschrecken zu hören, wie viel ihnen hier zu thun übrig bleibt.

Man sollte meinen eine ganze zahl deutscher zusammensetzungen seien bloß aus trägheit entsprungen oder in der verlegenheit für einen neuen, ungewohnten begrif den rechten ausdruck zu finden. da wo unsere alte sprache einfache namen hatte, suchte die neuere immer ihre gröberen zusammensetzungen unterzuschieben, wie z. b. die deutschen monatsnamen lehren, und schon Carl der große stellte mit seinen vorschlägen kein meisterstück auf. Die composition ist alsdann schön und vortheilhaft, wenn zwei verschiedne begriffe kühn, gleichsam in ein bild gebracht werden, nicht aber, wenn ein völlig gangbarer einfacher begrif in zwei wörter verschleppt wird. unser himmelblau oder engelrein ist allerdings schöner als das französische bleu comme le ciel, pur comme un ange; aber ich stehe ebensowenig an, dem lat. malus, pomus, dem franz. pommier den vorzug zu geben vor unserm apfelbaum. denn mit der belebteren vorstellung eines baums, woran äpfel hangen, ist uns in den meisten fällen gar nicht gedient, und jedermann wird es passender finden, daß wir eiche sagen und nicht auch etwa eichelbaum. die vergleichung anderer sprachen lehrt, daß jeder obstbaum von seinem obst füglicher durch bloße ableitung als durch zusammensetzung unterschieden werde. aber auch für abstracte begriffe ist die abgeleitete form vorzüglicher als die zusammengesetzte, z. b. das franz. maladie von malade besser als unser krankheit, welches eigentlich ordo oder status aegroti ausdrückt. Deutschland pflegt einen schwarm von puristen zu erzeugen, die sich gleich fliegen an den rand unsrer sprache setzen und mit dünnen fühlhörnern sie betasten. Gienge es ihnen nach, die nichts von der sprache gelernt haben und am wenigsten die kraft und keuschheit ihrer alten ableitungen kennen, so würde unsre rede bald von schauderhaften zusammensetzungen für einfache und natürliche fremde wörter wimmeln; das wollautende omnibus muß ihnen jetzt unerträglich scheinen, und statt auf die nahliegende verdeutschung durch den dativ pl. »allen« zu gerathen, wird ein steifstelliges allwagen, gemeinwagen, allheitfuhrwerk oder was weiß ich sonst für ein geradbrechtes wort vorgefahren werden. selbst der ausdruck, dessen ich hier nicht entrathen kann, ich meine das wort zusammensetzung, ist schlecht geschmiedet und aus dem losen zi samana sezzunga entsprungen. welcher Franzose würde ensembleposition dem natürlichen composition vorziehen? Genug hiervon ist gesagt, um allen die meines glaubens sind, enthaltsamkeit im anwenden der zusammensetzungen (durch welche Campe sein wörterbuch ohne tiefere sprachkenntnis anschwellte) und eifer für den erneuten gebrauch guter und alter derivative anzuempfehlen.

Es bleibt übrig einen gegenstand zu berühren, vor dem mir bangt, ich meine die art und weise wie wir unsere sprache mit buchstaben schreiben. dies köstliche mittel das fliegende wort zu fassen, zu verbreiten und ihm dauer zu sichern, muß allen völkern eine der wichtigsten angelegenheiten sein, und die freude, welche eine vollkommne schrift gewährt, trägt wesentlich bei dazu den stolz auf die heimische sprache zu erhöhen und ihre ausbildung zu fördern. Vor mehr als 800 jahren, zu Notkers zeiten in Sanct Gallen, war es besser um die deutsche schreibung bestellt und auf das genaue bezeichnen unsrer laute wurde damals große sorgfalt gewendet; noch von der schrift des 12ten und 13ten jh. läßt sich rühmliches melden, erst seit dem 14ten begann sie zu verwildern. Mich schmerzt es tief gefunden zu haben, daß kein volk unter allen, die mir bekannt sind, heute seine sprache so barbarisch schreibt wie das deutsche, und wem es vielleicht gelänge den eindruck zu schwächen, den meine vorausgehenden bemerkungen hinterlassen haben, das müste er dennoch einräumen, daß unsre schreibung von ihrer pedanterei gar nicht sich erholen könne. Was in jeder guten schrift stattfindet, die annahme einfacher zeichen für beliebte consonantverbindungen, wie bei uns CH und SCH sind, ist gänzlich vermieden und dadurch der anschein schleppender breite hervorgebracht. Noch schlimmer steht es aber um den gebrauch der wirklich gangbaren zeichen. Zu geschweigen, daß der einzelne nach verwöhnung oder eigendünkel die buchstaben übel handhabt, wird auch im allgemeinen weder strenge folge noch genauigkeit beachtet, und indem jeder gegen den strom zu schwimmen aufgibt, beharrt er desto hartnäckiger in unvermerkten kleinigkeiten, deren wirrwarr aufrichtiger besserung am meisten hinderlich wird.

Die häufung unnützer dehnlaute und consonantverdoppelungen, dazu aber noch ein unfolgerichtiger gebrauch derselben gereicht unsrer sprache zur schande. ganz gleiche neben einander stehende wörter leiden ungleiche behandlung. der Franzose schreibt nous vous, der Italiener noi voi, der Däne vi i, der Pole my wy, der Deutsche hat den pedantischen unterschied gemacht wir und ihr[1]. Nicht anders setzt er grün aber kühn, schnüren aber führen, heer meer beere aber wehre und nähre schwöre, haar aber wahr jahr, welchen wörtern überall gleicher laut zusteht. von schaffen bilden wir die dritte person schafft, in dem substantiv geschäft lassen wir den einfachen laut. Auf den wollaut und das gesetz aller andern sprachen, daß inlautend buchstab vor buchstab schwinden müsse, wenn er nicht mehr auszusprechen ist, wird herkömmlich nicht geachtet, woraus bei zusammensetzungen, deren erstem wort man bedenken trägt die doppelte consonanz zu erlassen, obgleich das zweite mit demselben beginnt, dreifache schreibung desselben buchstabs entspringt: schifffart, stammmutter, schnelllauf finden sich mit unaussprechlichem FFF MMM LLL dargestellt. Unser mittelalter, noch mit lebendigeren lautgefühl ausgerüstet, stand nicht an, von verwandten buchstaben, die aneinander stießen, den einen in schreibung und aussprache fahren zu lassen; man schrieb und sprach wanküssen cervical Parz. 573,14 nicht wangküssen, eichorn Parz. 651,13 nicht eichhorn, und hätten andere völker unter-

[1] der anlaß war vielleicht, weil man ihm von im (in dem) unterscheiden wollte, dies ihm zog ihr für den dat. fem. und ihr für den nom. pl. nach sich; einleuchtend schlechte gründe.

lassen auf solche weise zu verfahren, ihre sprache würde rauh und holpricht geblieben sein, wie die deutsche aus ängstlichem streben nach voller deutlichkeit an allzuviel stellen ist.

Doch was sage ich von überflüssigen buchstaben? erklärte liebhaber sind auch die pedanten unnöthiger striche und haken. striche möchten sie, so viel möglich ist, in der mitte von zusammensetzungen, haken überall anbringen, wo ihnen vocale ausgefallen scheinen. sie lieben es zu schreiben himmel-blau, engel-rein, fehl-schlagen und buch's kind's, lies't iß't, leb'te geleb't. ihnen sagt zu das französische garde-meuble, bouche-rose, epicondylo-sus-métacarpien, nichts aber erwirbt sich mehr ihren beifall, als daß die Engländer von eigennamen wie Wilkins oder Thoms einen sogenannten genitiv Wilkins's, Thoms's schreiben, mit welchem man nun sicher sei den rechten nominativ zu treffen. Was eine fast alles gefühls für flexion verlustig gegangne sprache nöthig erachtet, will man auch uns zumuten! sollte die schrift alle vocale nachholen, die allmälich zwischen den buchstaben unsrer wörter ausgefallen sind; sie hätte nichts zu thun als zu häkeln, und wer würde setzen mögen Eng'land, men'sch, wün'schen, hör'en? Der schreibung, die ihre volle pflicht thut, wenn sie alle wirklichen laute zu erreichen sucht, kann nicht das unmögliche aufgebürdet werden, zugleich die geschichte einzelner wörter darzustellen.

Jeder regel des schreibens aber enthoben wähnt man sich sonst bei eigennamen, sei es furcht die frömmigkeit gegen großvater oder urgroßvater zu verletzen, die ihren namen schlecht schrieben, während ihn ururgroßvater und ältere ahnen wahrscheinlich recht geschrieben hatten, oder sorge die anwartschaft auf ein erbe zu gefährden, obwol ich bezweifle, daß jemals aus diesem grund ein gerechter anspruch vor den gerichten unterlegen hat. Kommt wol in der gesammten griechischen oder römischen literatur ein falsch oder ungrammatisch geschriebner eigenname vor? man schlage eins unsrer adreßbücher auf, welche barbarei daraus entgegen weht; da stehn Hofmänner und Wölfe bald mit F bald FF geschrieben, und in welcher bunten masse von Schmieden Schmidten, Schulzen Schultzen Scholzen Scholtzen, Müllern Möllern und Millern muß man sich verlieren. Mitten auf den titeln unserer bücher erscheinen solche verunzierte namen, oft unaussprechlich unsern nachbarn. Mag auch in den mischungen deutscher volkstämme die dialectische eigenheit geduldet, neben dem schwäbischen Reinhart ein sächsischer Reinhard, neben dem hochdeutschen Schulze ein niederdeutscher Schulte, friesischer Skelta geschrieben werden, der orthographischen eigenheit jedes stammes angemessen; unerläßlich scheint es, daß eine gebildete sprache ihre eigennamen den gesetzen unterwerfe, die für alle übrigen wörter gelten, und wo sie es nicht thut verdient sie geschmacklos zu heißen.

Den gleichverwerflichen misbrauch großer buchstaben für das substantivum[1], der unsrer pedantischen unart gipfel heißen kann, habe ich und die mir darin beipflichten abgeschüttelt, zu welchem entschluß nur die zuversicht gehört, daß ein geringer anfang fortschritten bahn brechen müsse. Mit wie zaghafter bedächtigkeit wird aber ausgewichen, nach wie unmächtigen gründen gehascht gegen eine neuerung, die nichts ist als wieder hergestellte naturgemäße schreibweise, der unsere voreltern bis ins funfzehnte jahrhundert, unsere nachbarn[2] bis auf heute treu blieben. Was sich in der gesunknen sprache des sechzehnten und siebzehnten verkehrtes festsetzte, nennt man nationale deutsche entwicklung; wer das glaubt, darf sich getrost einen zopf anbinden und parücke tragen, mit solchem grund aber jedwedes verschlimmern unsrer sprache und literatur gut heißen und am besser werden verzweifeln.

Dies alles rede ich in einer deutschen academie und würde es ihr ans herz legen, wenn der rechte augenblick dazu jetzt schon gekommen schiene. Es ist allgemein bekannt, wie nach wiederherstellung der classischen literatur überall in Europa gelehrte gesellschaften entsprangen, die mit ausschluß der theologie und jurisprundenz, vorzugsweise auf den betrieb der philologie, philosophie, geschichte und naturwissenschaften gerichtet wurden. In erster reihe stand aber philologie und nichts lag dieser näher, als die grundsätze, welche aus dem neuerstandnen und gereinigten studium der classischen sprachen geschöpft wurden, auch auf die landessprachen anzuwenden. Wie sollte ein sich selbst fühlendes volk nicht unmittelbar angetrieben werden, was es in den herrlichen sprachen des alterthums anschaut und ergründet, auch seiner eignen, deren es sich für den lebendigsten ausdruck seiner gedanken bedienen muß, angedeihen zu lassen? Eine auffallende, in ihren ursachen erwägenswerthe erscheinung bleibt es nun, daß während alle romanischen zungen aus diesen gelehrten vereinen vortheil zogen und zumal in Italien, Spanien und Frankreich für die auffassung und reinhaltung der muttersprache großes geschah, daß in

[1] Hugo (dessen geistige natur von pedantischen schatten wenig verdunkelt wurde) führte sogar in seinen büchern durch: HandSchrift KaufMann BuchDruckerKunst u. s. w. neben handschriftlich kaufmännisch. dabei läßt sich streiten, ob ErbgroßHerzog oder ErbGroßHerZog zu setzen sei? denn in dem zog liegt die hauptsache, dux.

[2] es ist hier natürlich abzusehn von den Dänen und Litthauern, die sich von unserm laster anstecken ließen; Niederländer, Schweden, Finnen, Letten, Slaven blieben rein.

den ländern germanisches sprachgebietes nichts geleistet wurde, was jenen erfolgen nur von ferne an die seite treten könnte. Um hier von England, den Niederlanden und Scandinavien abzusehn, im innern Deutschland gieng die sprache nach Luthers zeit, der sie noch zuletzt empor gehoben hatte, aller ihrer alten kraft vergessen, unaufhaltsam einer in der geschichte der sprachen ganz unerhörten verderbnis entgegen, und in unsrer politischen zerrissenheit und spaltung wie hätten die gelehrten gesellschaften einzelner landstriche sich unterfangen können, aus dem engen bereich ihnen noch zu gebot stehender quellen der hochdeutschen sprachregel geltung zu verschaffen? Niemand wird mir das beispiel einer im siebzehnten jh. entstandnen und verschollnen gesellschaft entgegen halten, die, wie lucus a non lucendo, ihren namen davon führt, daß sie keine frucht brachte[1]. Mit weit größerem recht darf ich an unsere eigne academie erinnern, die zwanzig jahre nach dem erlöschen jenes phantoms ausdrücklich für deutsche sprache mitgegründet ward, was sich schon bei der vaterländischen gesinnung des mannes, der auf ihre stiftung entscheidenden einfluß übte, erwarten läßt. Leibnitzens empfehlung veranlaßte, daß ihr auch alsbald ein rüstiges mitglied einverleibt wurde, Johann Leonhard Frisch, ein geborner Baier, lange schon in Berlin wohnhaft, der mit sichtbarem erfolg auf den anbau unsrer sprache wirkte, und aus eignen mitteln ein deutsches wörterbuch zu stande brachte, dem sein bedeutender werth für alle zukunft verbleiben wird. Daß aber die academie selbst bald theilnahmlos für einen ihrer ursprünglichen hauptzwecke wurde, hat, soviel ich entdecke, seinen grund in zwei sie nahe berührenden richtungen der folgenden zeit. Bei der umgestaltung, die sie im jahr 1744 erfuhr, muste sie erleben, daß ihr für ihre abhandlungen die französische sprache aufgedrängt wurde, unter deren vorwaltendem einfluß lange jahre hindurch förderung der einheimischen am wenigsten als zeitgemäße academische aufgabe angesehn werden durfte. Eine andere ursache ist, scheint es mir, gelegen in dem aufschwung, den seit den letzten hundert jahren die exacten wissenschaften überall in Europa genommen haben. Wenn früherhin naturforschung und philologie, wie in den tonangeben-

---

[1] weder was Gervinus 3,176–182 noch jetzt eben Barthold in seiner anziehenden und belehrenden schrift sagen, kann mich in diesem urtheil irre machen. wie hätte eine so pedantische, abgeschmackte spielerei, die nicht einmal den besseren theil der geistigen kraft jener zeit, Opitz, Fleming, Gryphius, Logau (vgl. Barthold s. 193. 210. 254. 289) erfolgreich zu gewinnen verstand, grundlage des deutschen sinns sein können, der auch ohne sie harter prüfung gewachsen war. Schottels brave arbeit war ganz in ihm selbst empor gestiegen und wenn die gesellschaft darauf irgend einfluß übte, mag dieser mehr schädlich als heilsam heißen.

den italienischen academien italienische, auch namentlich deutsche sprachkunde sich oft gern zu einander gesellten, welches das zuletzt angeführte beispiel von Frisch bewährt; so ist allmälich den naturwissenschaften auf der höhe, zu welcher sie sich gehoben haben, nationale farbe fast entwichen und sie pflegen heutzutage geringen oder gar keinen antheil am gedeihen und wachsthum unsrer sprache zu nehmen. ihre neuen fünde empfangen außerhalb wie innerhalb landes gleiche bedeutung und des pedantischen, wovon wir philologen uns noch keineswegs frei fühlen, gehen sie längst baar und ledig.

Neben so empfindlichen, zum theil fortdauernden nachtheilen hat sich aber auch ein günstiger wandel zugetragen, der dem fortschritt der deutschen sprache allenthalben und namentlich in unsrer academie zu statten kommt. Nicht nur daß jene schranke eines zwängenden fremden idioms längst wieder aus dem weg geräumt wurde, es ist auch bereits vor der zeit, seit welcher ich der academie anzugehören die ehre habe, von treflichen collegen manche untersuchung gepflogen worden, die der geschichte unsrer sprache und literatur großen vorschub thut, und ich kann nicht unterlassen hiermit öffentlich meinen dank abzustatten dafür, daß mir voriges jahr gewährt ward, eine preisaufgabe, meines wissens in unsrer academie die erste über einen gegenstand deutscher sprache zu stellen, dem ich nicht geringe wichtigkeit beilege und den ich zu fruchtbarer bearbeitung für besonders reif und geeignet halte. Noch höher anzuschlagen als das was bei dem besten gelingen solcher arbeiten immer nur vereinzelt dastehn würde ist, daß auch das volk seine sprache, und was ihr recht ist, mit anderm auge zu betrachten beginnt. In unsern tagen, und wer frohlockt nicht darüber? wird lebhaft gefühlt, daß alle übrigen güter schal seien, wenn ihnen nicht die freiheit und größe des vaterlands im hintergrund liege. was aber helfen die edelsten rechte dem, der sie nicht handhaben kann? kaum ein anderes höheres recht geben mag es als das, kraft welches wir Deutsche sind, als die uns angeerbte sprache, in deren volle gewähr und reichen schmuck wir erst eingesetzt werden, sobald wir sie erforschen, reinhalten und ausbilden. zur schmälichen fessel gereicht es ihr, wenn sie ihre eigensten und besten wörter hintan setzt und nicht wieder abzustreifen sucht, was ihr pedantische barbarei aufbürdete; man klagt über die fremden ausdrücke, deren einmengen unsere sprache schändet, dann werden sie wie flocken zerstieben, wann Deutschland sich selbst erkennend, stolz alles großen heils bewust sein wird, das ihm aus seiner sprache hervorgeht. Wie es sich mit dieser sprache im guten und schlimmen bisher angelassen habe, ihr wohnt noch frische und frohe aussicht bei, daß ihre letzten geschicke lange noch unerfüllt sind und unter den übrigen mitbewerbern, wir auch eine braut davon tragen sollen. dann werden neue wellen über alten schaden strömen.

Auslauf*

MHD. IEREN.

allieren MsH. 3,65ᵃ franz. allier, prov. aliar.

amesieren. dô was im gamesieret hiufel kinne und an der nasen. Parz. 88,17. aus mlat. amassare, mit der keule (massa) schlagen. bluotige amesiere beulen Parz. 163,25. 167,6.

balsamieren Alexius Maßm. s. 146ᵃ.

balzieren En. 5171 von balz coma, cirrus (Graff 3,114) also locken, in locken legen; kämmen.

barbieren. helm vaste gebarbieret vur dougin unde vurz antliz. Athis E,104 vgl. Tit. 4520, wo der alte druck pariwiere. wenn barbier oder barbiere am helm doch wol das bedeutet haben muß, was den bart einhüllte, so wäre barbieren: das gesicht, den bart verdecken.

barrieren verschränken Er. 1955, vgl. parrieren.

behurdieren. gr. Rud. 6,9. Roth. 1348. 5047. buhurdieren Nib. 1809,3. Gudr. 31,3. 183,3. 471,2. Gerh. 3509. Er. 3082. Lanz. 640. 8316. Wigal. 1256. 1656. Trist. 617. 5059. Flore 7556. Tit. 1706. Helmbr. 927. altfranz. behourder bouhourder, prov. beordar biordar, it. bagordare bigordare. Ducange s. v. bohardicum. Raynouard s. v. beort.

bildieren Troj. kr. cod. arg. 192ᶜ.

brûnieren polieren Trist. 6615. prov. brunir, it. brunire.

cathezizieren Barl. 169,30. 352,31. mlat. cathecizare.

clarificieren Tit. 543. myst. 295,35.

conduwieren condwieren Er. 9868. 9993. Parz. 155,18. 820,28. Athis C, 122. Lanz. 6628. Trist. 3327. Gerh. 4611. becondewieren Tit. 4820. 5115. übercondewieren Tit. 3304.

contemplieren Griesh. 2,15.

cordieren Trist. 13126 franz. corder, accorder.

croijieren Er. 3081, Wh. 41,27. Trist. 5578. 9168. Tit. 3894. 4092. kroigieren Wigal. 4554. becroijieren Trist. 5060.

discantieren Tit. 3880. MSH. 2,306ᵃ Wolkenst. s. 115.

disputieren Walth. 27,4. tisputirn Wolkenst. s. 118.

dormieren MS. 1,7ᵃ.

enbrâzieren Trist. 4327. franz. embrasser.

---

* *in schriften und abhandlungen ist auslauf, excursus, was nebenbei untersucht und verhandelt wird.* ›Deutsches Wörterbuch‹ (Anm. d. Hrsg.)

eysieren Wh. 323,19. 326,11. prov. aisar.

fâlieren Parz. 211,17. 465,24. *failieren* Parz. 738,28. Wh. 87,27. *vælieren* a. bl. 1,337. franz. faillir.

feitieren ornare, instruere Parz. 18,5. Trist. 670. 2222. Heinrichs krone 60^c. altfranz. faitier affaitier, sp. afeytar.

festivieren Troj. kr. 10299. 14573. 16270.

videlieren Orlens 6106.

figieren Trist. 4624. 10847. *fischieren* Parz. 168,17. 232,38. Lanz. 5802. franz. ficher.

fisieren, visieren. Flore 1976.

floitieren Wh. 34,7. Trist. 10924. Loh. 127. Tit. 5092. Nib. 1456,1. Gerh. 5956.

flôrieren Parz. 341,3. Barl. 219,40. Tit. 2061. 2714. Wolkenst. s. 129.

formieren Troj. kr. cod. arg. 192^c. 316^c. Apollon. 1182. 11213.

furrieren. Walth. 121,11. Parz. 168,10. 225,12. 301,29. 313,11. Wh. 443,20. Wigal. 702. 753. Gerh. 784. 3576. Tit. 887. das rom. fourrer urspr. unser futtern.

galopieren Trist. 8951. Tit. 5517. *kalopieren* Parz. 300,7. prov. galaupar.

gampieren it. gambettare. Apollonius 17819.

glenzieren turn. von Nantes 145,3.

glorieren myst. 138,17. 20.

glosieren Wolkenst. s. 215. Tit. 5296.

grâzieren was sonst grâzen. Nantes 126,4.

grimsieren Haupt 6,50.

halbieren Ottoc. 82^c. Enenkel 342 auf einer seite besetzen. myst. 273,21 dimidiare.

hardieren Parz. 665,23. Wh. 114,6. 334,27. 435,26 altfr. hardier, franz. enhardir.

heistieren, altf. hastier Parz. 592,28. Wh. 200,27. 439,11.

hofieren Loh. 155. 156 u. s. w. Wolkenst. s. 44. 133.

huordieren Helbl. I,865. *zerhurtieren* Parz. 802,14. hurtieren Gerh. 3657.

jubilieren Griesh. 2,15. Kellers gesta Rom. s. 174.

justieren En. 8992. Er. 2434. 2459. Greg. 1445. frauend. 173, 21. Trist. 618. vgl. tjostieren.

kunrieren Iw. 1058. 6659. Parz. 167,13. 256,30. altfranz. conréer conroier, prov. conrear, it. corredare, mnl. conreien Fergût 1255.

leischieren zügel verhängen. Parz. 121,13. *leisieren* Iw. 5324. Wigal. 6615. frauend. 181,17.

loschieren Parz. 350,22. 755,12^1. Wh. 237,3.

manlieren Liedersal 3,102.

movieren Parz. 678,12. Wh. 305,15. Tit. 4510.

murmerieren MS. 2,94^a.

---

[1] für die syntax merkwürdig, daß nach beiden stellen loschieren nicht wie unser heutiges logieren construiert wird, sondern bedeutet stätte bereiten, mit dem dativ der person: mir wird loschieret, ich werde untergebracht. ist auch das im bei gamesieret 88,17 so zu nehmen, und dann nicht auf hiufel, kinne zu ziehen?

147

vernoijieren, vernogieren Nib. 1201,7. Kl. 494. welsch. gast cod. pal. 39ª. Turh. Wh. cod. pal. 112ᵇ. Livl. chr. 5719. lat. renegare, franz. renier.

ordenieren Livl. chr. 11214. Tit. 506. 3087.

organieren Trist. 4803. 17359.

ornieren Troj. 17318.

pallieren? MSH. 1,141ᵇ. Benecke erklärt ballspielen, vgl. palieren Wolkenst. s. 127.

parâtieren fallere, decipere Tit. 887. v. partieren.

parelieren Lanz. 502. 5438. (al. bolieren).

parlieren Parz. 167,14. MS. 2,61ª. Tit. 2793 franz. parler, it. parlare, mlat. parabolare. überparlieren Parz. 696,17.

parrieren Parz. 1,4. 201,25. 281,22. 295,7. 326,7. Wh. 443,22. Flore 188. Gerh. 3588. 4755. 5757. *underparrieren* Parz. 639,18. altfranz. barrer, bigarrer.

partieren = parâtieren. Parz. 296,29, vgl. partierre 297,9.

passieren Wolkenst. s. 65, wo passert: pfert.

pensieren Trist. 12071.

personieren Limburg. chron. p. m. 68.

plasnieren Wolkenst. s. 261, franz. blasonner.

pramieren? Tit. 6183, der alte druck *prangieren*.

pranzelieren schnell reiten Apollon. 18893, vgl. pranczeln Ottoc. 668ª.

pronieren MS. 1,7ª progignere.

prophetieren Barl. 59,5

geprüevieren Trist. 4975. turn. v. Nant. 159,6. Leysers pred. 46,22.

punieren En. 8993. Athis B,149. Parz. 78,4. 300,8. 387,9. 738,27. Trist. 6751. 9167. Wigal. 11087. 11998. Tit. 3999. *pungieren* Athis E,69. Er. 2460. Lanz. 639. 6415. Gerh. 4263, prov. punger franz. poindre. bei Herb. 9545 für pineren zu l. punieren.

quartieren Suchenwirt 19,226.

zequaschieren Parz. 88,18 zerquetschen, von quassare franz. casser brechen.

quintieren MSH. 2,306ª. Wolkenst. s. 115. 261.

regnieren Wolkenst. s. 265.

ridieren falten Iw. 6484. Herb. 618, ftanz. rider.

rifieren MS. 2,57ª, wo helfen rifieren. MSH. 3,227ᵇ gewant rifieren (Ben. 371 rivieren). *ez rifieren* Ben. 12427.

rivelieren MS. 2,60ᵇ.

rottieren Trist. 3205. Rab. 468,6. Dietr. fl. 8205. Ottoc. 435ᵇ. Tit. 3323. 3617. Wolfr. Wh. 313,3.

rumbelieren Helbl. 13,130.

rûschieren Troj. kr. cod. arg. 238ᶜ fuoren rûschierende kies und gras florierende.

salûieren Er. 9657. Trist. 4328. 5302. Gerh. 1355. 6003. Lanz. 7727. 9109. Gold. schm. 419. Tit. 2721. 3999.

sambelieren Trist. 2108. MSH. 3,205ª. *samelieren* Wh. 45,7. Loh. 71.112. Georg 5009. Ottoc. 435ᵇ. Tit. 4042. 4590. 5688. prov. semblar, franz. sembler rassembler.

underschackieren Herbort 1312 variare.

schantieren MS. 1,7ᵃ. 2,61ᵃ. Haupt 5,557 v. 1573. Tit. 2786. altd. wäld. 2,74.

entschumphieren Parz. 100,11. 593,2. Ottobart 271. gewöhnlich enschum-
   phieren Parz. 137,4. 155,17. 199,21. 206,25. 291,7. Er. 2647. 2659. 2696.
   Wigal. 9862. prov. escofir descofir, franz. déconfire, it. sconfiggere,
   mnl. sconfieren scoffieren. im subst. fast immer nur schumpfentiure
   (doch Lanz. 2933 W. P. *ent*schuompfentiure).

soldenieren Gerh. 5174. vgl. solden Nib. 2067,4.

solemnisieren Rud. weltchr. cod. cass. 217ᵇ.

sonieren MSH. 2,306ᵃ. Wolkenst. 116.

spêculieren Diut. 3,4.

spatzieren lat. spatiari, it. spasseggiare finde ich nicht früher als im liederb.
   der Hätzlerin 158,533. 162,1. Morolt 1405. Wolkenst. s. 113, Kellers
   gesta Rom. s. 151 und öfter bei Casp. v. d. Rhön.

stolzieren Renn. 1774 vgl. 7083.

studieren myst. 210,6.

subplantieren Weltchronik.

swanzieren Renn. 2158.

tambûrieren Engelh. 2709. Nantes 119,2.

tändelieren Ottoc. 117ᵇ.

teilieren ist bei Gotfried Trist. 2975 das franz. tailler, it. tagliare, prov. talar;
   bei Conrad aber, der Troj. kr. cod. arg. 188ᵈ rottieren und in zehen schar
   teilieren verbindet, könnte an unser theil gedacht sein, wie Wackernagel
   (altfranz. lied s. 196) selbst für Gotfrieds teiliren annimmt.

terminieren myst. 125,26.

timpelieren Wolkenst. s. 75 erklingen.

tjostieren Parz. 153,27. frauend. 180,3. 184,4 u. s. w.

tiumelieren MSH. 3,262ᵃ.

truffieren fallere Apollonius 8915. altfranz. truffer.

tubieren Wh. 155,3. 431,15 scheint das prov. adobar, it. addobare. MS. 2,61
   toubieren von der nachtigall: gesang rüsten, anstimmen?

turnieren Parz. 812,9. Wigal. 1168. Bit. 8899. 9002. MSH. 2,196ᵃ. Troj.
   kr. 121.

walkieren En. 5171.

walopieren Iw. 2553. Wigal. 2288. s. galopieren.

wandelieren Trist. 4804. 12072. Tit. 543. gewandelieren MSH. 3,262ᵃ, wo
   Ben. 346 wentschelieren. wandelieren hat auch Oberlin 1937 aus dem
   ungedr. troj. kr.

wedelieren Tit. 4515, wedeln, flattern.

wenkelieren Mones anz.. 4,368.

zimieren S. Ulrich 433. Er. 735. Wolfr. Tit. 16,4. Eracl. 1706. Parz. 36, 22.
   39,17. 121,14. 168,18. 284,1. 341,4. 802,13. Lanz. 360. 501. 5271.
   Ernst 4794. diese stellen haben nur das part. gezimieret; doch kommt
   auch zimieren zimierte vor Parz. 736,22. Eracl. 1706. Helbl. 13,79.

Erwägt man die art und weise dieser wörter, so kann kein zweifel obwalten, daß sie in der zweiten hälfte des dreizehnten jh. mit der höfischen
poesie aufkamen, vorher in Deutschland unbekannt waren. wenn also Be-

necke im wörterbuch zu Iwein s. 238 bei leisieren ein ahd. leisieru aufstellt, so war das eine unmögliche form. aus murmurare entsprang ahd. murmurôn murmulôn, und noch die Windsberger psalmen s. 269 geben murmuren, kein murmuricren. in der ganzen Vorauer hs., in der neulich von Karajan herausgegebnen begegnet noch kein einziges -ieren, auch, wenn ich nicht irre, keins im Alexander, im alten Glicheser, beim pfaffen Conrad, keins bei Kürnberg Husen Spervogel Eist Meinlo. Hartmann ist damit noch enthaltsamer als Wolfram, doch scheint er im älteren Erec mehr beispiele zu haben als im Iwein und Gregor (vgl. Haupts vorrede zu Erec s. XV). die turnierwörter behurdieren punieren walopieren zimieren, neben dem vernogieren, mögen zuerst gangbar geworden sein; bald aber verfuhr die dichtersprache freier mit diesem ihr bequemen bildungsmittel. einmal gestattete sie das praefix deutscher partikeln, wodurch das fremde wort heimisches aussehn gewann. becondwieren becroigieren geprüevieren überparlieren underparrieren underschackieren zequaschieren zehurtieren; statt renegare wurde vernogieren, statt desconfire entschumphieren gewagt, gleichsam um den gegensatz des siegs, die niederlage, durch die partikel hervorzuheben; ich kann nicht annehmen, daß en- oder ent- sich hier bloß phonetisch aus dem romanischen anlaut SC entwickelt habe. Ein andrer schritt war aber noch kühner, man hieng das -ieren auch deutschen wurzeln und wörtern an, um ihrem begrif irgend eine neue bewegung zu ertheilen; so entsprangen balzieren bildieren halbieren swanzieren teilieren (bei Conrad) wandelieren murmerieren walkieren wedelieren und aus dem adj. stolz stolzieren. nicht zufrieden mit rûschen bildete man rûschieren, wie aus prüeven prüevieren.

Einigemal bleibt über das romanische verbum unsicherheit, und das deutsche könnte erst aus einem der romanischen sprache entliehnen subst. abgeleitet sein, zimieren aus zimier, amesieren aus amesiere, barbieren aus barbiere, da sich keine roman. verba wie zimier barbier darbieten.

MNL. EREN, IEREN.

Die mnl. sprache unterschied, glaube ich, vollkommen richtig zwischen -eren (praet. -eerde) und -ieren (praet. -ierde), je nachdem der franz. infinitiv auf -er oder -ier ausgieng; da indessen die franz. form schwankt, muß es die mnl. noch mehr gethan haben und ich kann das folgende, ohnehin sehr unvollständige verzeichnis nicht nach diesem unterschied einrichten. überhaupt aber herscht -eren vor, woraus sich auch das nnl. alleinwaltende -eeren begreift.

abiteren minnenloop 2,213 kleiden.
absolveren Rose 11019.
accoustieren Ferg. 537 franz. accoster.
achemeren Ferg. 3790. 4615 altfranz. acesmer.
acquentieren Lanc. 27334 fr. accointer.
acquireren Part. 87,8.
affalgieren Part. 77,29.
aisieren Lanc. 4254. Ferg. 4924. 4974. Rose 4291. 10797. altfr. aaisier.

amelgeren fr. emailler. minnenloop 2,213.

antieren Rose 3751. 8649. Lanc. 5245. v. hantieren.

assaelgieren Rose 9421. Part. 77,28 franz. assaillir.

aviseren Ferg. 3657 franz. aviser.

baberen, tebaberen? Part. 111,26.

baleren Ferg. 3789. 5433. Rose 714. 724. altfranz. baler, span. balar.

barenteren Lanc. 2730. *barteren* Rose 1391. 1545. altfr. barater, mlat. baratare.

batalgieren Ferg. 280. 3904. 4201 fr. batailler.

blameren Part. 85,25 fr. blâmer. Rose 806. 4466.

brachieren Ferg. 1793 fr. embrasser.

canceleren Ferg. 5304 fr. chanceler.

carsereren Part. 58,11 mlat. carcerare.

convoiieren Part. 82,21 fr. convoier.

craieren Rein. 45. craihieren Ferg. 2502. 5066 fr. crier.

disputeren Part. 36,1.

faelgieren Maerl. 3,237. Rose 9420. Lanc. 28173. *falgieren* Part. 65,26. 76,4. 95,25. 119,5. fr. faillir. minnenloop 2,210.

fantaseren minnenloop 2,211.

festeren Ferg. 5303 franz. fêter, Minnenloop 2,211.

flaioteren Ferg. 5434 fr. flûter.

floreren Minnenloop 2,212.

folleren Ferg. 2254. 5494 franz. fouler.

fonderen Minnenloop 2,212.

formieren Rose 762.

frotsieren Ferg. 4159 fr. frotter.

grongieren Part. 82,22 fr. grogner, lat. grunnire.

hantieren Minnenloop 2,237.

imagineren Minnenloop 2,217.

josteren Part. 75,10. 76,25 fr. joûter, mhd. tjostieren.

lachieren Ferg. 518 fr. lâcher.

laisieren, verlaisieren Ferg. 1794 mhd. leisieren.

livereren liberare, televereren Part. 83,11.

losengieren Rein. 3091 altfr. losengier.

machieren Lanc. 9902, wohnen?

mayeren Lanc. 10541. 10789 altfr. esmaier.

mineren Rein. 704. Rose 10291, eingraben, minieren.

monteren Part. 62,2. 64,26 fr. monter.

museren Rose 1392 fr. muser.

vernoyeren renegare Maerl. 3,140.

orgeniren organizare Diut. 2,226[a].

pingieren Rose 761.

plaidieren Rein. 1873. Diut. 2,200[a] altfr. plaidier, mlat. placitare.

ponjeren Ferg. 4160 mhd. punieren.

rampeneren Maerl. 3,141. rampineren Rein. 703. 851. rampeniren Diut. 2,209[a] altfr. ramposner.

rasteren Rose 3133.

regnieren Minnenloop 2,281.

scakieren Rose 842.

scandaliseren Rein. 4045.

scofferen Part. 60,20. 61,12. *sconfieren* Part. 36,13 mhd. cntschumpfieren.

sotteren infatuare. Diut. 2,219ᵃ.

tornieren Ferg. 5068. Diut. 2,207ᵃ.

venineren venenare Lanc. 16415.

visieren Maerl. 1,25. 37. Rose 713. 841. 1243. Part. 69,32. 104,28. 118,16. Ferg. 3658 fr. viser.

walopperen Ferg. 5195.

Einigemal, wenn dem infinitivischen R schon ein andres vorausgeht, wird jenes weggelassen, es heißt *liveren* Ferg. 4204 franz. livrer, nicht livereren, und conquert Part. 68,23, nicht conquerert, franz. conquis von conquire.

NHD. IEREN

sind nicht zu zählen, so manche der mhd. außer gebrauch kamen. man hat fortgefahren sie aus lat. und romanischen wörtern zu bilden und durch ihre übergroße menge unsere sprache zu verderben. gute rede weicht ihnen so viel möglich aus, aber im gemeinen leben haften sie fest. Während so viel falsche IE geschrieben werden, unterdrückt die gewöhnliche schreibung IREN hier das richtige zeichen für den langen und betonten laut. ich gebe nur beispiele und füge einige bemerkungen hinzu. addieren allarmieren alterieren amalgamieren ambulieren amusieren (nicht amüsieren) appellieren[1] armieren barbieren (bart abnehmen, verschieden von mhd. barbieren) einbalsamieren basieren blamieren blasonnieren blockieren blumieren bordieren bravieren buchstabieren cassieren eincassieren chargieren charmieren chassieren contrahieren damnieren dinieren dividieren drappieren dupieren embrassieren engagieren exercieren exponieren exportieren fetieren fingieren figurieren flankieren flattieren florieren formieren frankieren galoppieren glasieren glossieren grassieren gravieren grundieren gruppieren habilitieren handtieren harfenieren harmonieren haselieren hausieren honorieren irrlichtelieren (Göthes Faust 71) junkerieren verjunkerieren kastrieren kartieren kurieren kutschieren lakieren lamentieren lautieren läuterieren lavieren liniieren logieren erlustieren abmajorieren markieren marschieren maulschellieren medicinieren melieren meliorieren moderieren molestieren narrieren negieren normieren observieren ordinieren parieren parlieren passieren pausieren phantasieren planieren plaidieren postieren postulieren praesentieren pressieren probieren protestieren purgieren quadrieren quittieren radieren raisonnieren rappieren rasieren recturieren reformieren regalieren regieren rentieren resolvieren restieren rottieren ruinieren (nicht rüinieren) rundieren sabatisieren (H. Sachs) salvieren (retten, verschieden von mhd. salûieren grüßen) scharmuzieren schimpfieren verschimpfieren schnabelieren schraffieren skizzieren spazieren (lat. spatiari) spendieren spintisieren sgoliieren staffieren stolzieren strangulieren strapazieren sub-

---

[1] altn. appellera, fornmannasögur 9,486. 10,99.

trahieren suppieren tapezieren taxieren temperieren triumphieren turnieren usurpieren variieren venerieren vindicieren visieren vomieren wardieren wattieren.

Hat ein fremdes wort kein -ieren, so ist das ein zeichen älterer aufnahme, wir sagen pflanzen, nicht pflanzieren, weil schon ahd. phlanzôn galt (auch nnl. planten, dän. plante, schwed. aber plantera); doch haben sich neben prüfen (mhd. prüeven) auch noch probieren (mhd. prüevieren) eingeführt. liefern entspricht dem franz. livrer und lautet nicht lieferieren, wie schwed. lefverera. in dem aus manier gemachten manierieren steckt das IER sogar zweimal. Das anfügen der fremden ableitung auch an deutsche wörter ist noch viel weiter getrieben worden, amtieren für amt halten, gastieren für gäste setzen, narrieren ein narr sein, hofieren den hof machen und mit dem unanständigen sinn in den hof bei seite gehen, schnabelieren mit dem schnabel essen, fingerieren den finger rühren (schwed. fingrera), blumieren statt des besseren blümen. die mahler, wenn sie grund legen und schatten eintragen sagen grundiern eschattieren; juden die von haus zu haus feil bieten hausieren, und geben vor zu handelieren. haslieren soll von hase herrühren, vielleicht ists aus harceler entstellt. Hans Sachs braucht häufig glidmassieren; handtieren oder hantieren scheint dem nnl. hanteeren nachgeahmt (verhantieren weisth. 2,550), die Holländer bilden auch voeteeren, was nhd. fußieren wäre. aus kutsche wird kutschieren, den wagen leiten. außer stolzieren gilt halbieren, in zwei hälften theilen, also wieder verschieden vom mhd. halbieren.

Als die bildung recht fest stand wurde sie auch angewandt, ohne daß ein französischer infinitiv zum grunde lag, man zog aus phantasie phantasieren, aus spion spionieren, aus dem ital. spinta spintisieren, aus bramarbas bramarbasieren. Deutsche partikeln treten noch häufiger vor, um den fremden klang einheimisch zu machen: becomplimentieren, einbalsamieren, unterminieren, umsomehr erlustieren ausstaffieren verclausulieren verschimpfieren verjunkerieren (sein geld wie ein junker verthun), Gellert braucht ausschändieren für hart schelten.

Den sogenannten Cimbern der sette comuni lag der italienische unterschied zwischen -are -ere -ire zu nah im ohr, als daß sie nicht, wie Schmeller anmerkt, ihr amarn (amare) von stupirn (stupire) und stordiarn (stordire) hätten abstehn lassen. diese armen, vom lehen der muttersprache abgeschnittnen bauern vermochten den eindrang der romanischen wörter nicht von sich abzuwehren.

Auch die slavischen sprachen haben nicht umhin gekonnt einige dieser ausdrücke aufzunehmen, unter ihnen zumeist die polnische, gegen das fremde element sich am wenigsten sträubende. in der regel aber hat sie mit gutem tact das zeichen des französischen infinitivs ausgelassen, sie sagt arestować arretieren, balsamować einbalsamieren, bankrutować bankrottieren, egsaminować examinieren, notować notieren; nur einigemal hat der deutsche einfluß gesiegt: eksercerować exerciren, marszerować marschieren, bis ins böhm. marširowati, russ. маршировашь. Das alles muste sich die alte deutsche wurzel marka gefallen lassen, denn marcher, it. marciare will eigentlich sagen: über die mark, über das land gehn.

Über den Ursprung der Sprache

Gelesen in der Akademie am 9. Januar 1851

Von dem großen weltweisen in unsrer mitte ist die frage, deren gegenstand ich eben bezeichnet habe und die schon vor achtzig jahren unter uns zum preise gestellt war, jüngst bei der philosophisch historischen classe zweimal angeregt worden. Herr von Schelling machte nemlich den vorschlag eine solche aufgabe jetzt zu wiederholen, zog ihn aber unmittelbar darauf zurück. Bald hernach gab er in einer eignen vorlesung einige auskunft über die unzufriedenheit, welche Hamann gegen Herders damals von der akademie gekrönte preisschrift an den tag gelegt hatte, so wie proben eines lateinischen gedichts von noch unbekanntem verfasser über der sprache ursprung. Hoch zu bedauern ist, daß er selbst dabei nirgend seine eigene ansicht kundgeben oder errathen lassen wollte; an jener neuen preisaufgabe, wenn sie festgehalten und näher entfaltet worden wäre, würde man darüber wol manches haben entnehmen können, da es kaum möglich scheint einen solchen vorschlag anschaulich zu machen, ohne daß zugleich im entwurf selbst des preisstellers und eines solchen preisstellers meinung bestimmend durchbräche. Nur das eine dürfen wir als unzweifelhaft voraus setzen, daß ihm die herderische lösung wenigstens für unsere zeit keineswegs genug thut, denn sonst wäre überflüssig gewesen sie neuerdings auf die bahn zu bringen.

Wie man aber auch den im jahr 1770 erlangten und erlangbaren ergebnissen zugethan oder ungeneigt sei, das läßt sich gar nicht in abrede stellen, daß seitdem die lage der sprachforschung wesentlich oder gänzlich verändert worden ist und darum schon ein versuch, was sie uns gegenwärtig biete, auf jene frage in erneuter antwort anzuwenden wünschenswerth erscheinen mag, da auf jedweden in philosophische oder historische betrachtung zu ziehenden gegenstand die ihm gewordne größere pflege und feinere ausbildung günstig einwirken muß. Alle sprachstudien finden sich nun heutzutage ungleich vortheilhafter gestellt und ausgerüstet, als zu jener zeit, ja sie sind, kann man sagen, erst in unserm jahrhundert zur wahren wissenschaft gediehen. Die art und weise nach welcher die classischen sprachen ehdem betrieben wurden und in wahrheit immer noch angebaut zu werden pflegen (wie es auch den von mir gewis hochgestellten übrigen zwecken der philologie nicht unangemessen ist), führte nie oder bloß zufällig zu allgemeinen und entscheidenden aufschlüssen über das verhältnis der sprachen unter einander. Man mühte sich in das wesen der lateinischen oder griechischen zunge einzudringen so weit es nöthig war, um den geist kostbarer, für alle zeiten bewundernswerther denkmale zu erfassen, die sie hervorgebracht und auf uns überliefert hatten, und dieses geistes habhaft zu werden, dazu gehört unermeßlich viel. Solchem ziel gegenüber verhielt sich der sprache noch so gewaltige äußere erscheinung und form dienend; wahrzunehmen was in ihr über den redebrauch, über die technik der dichter und den inhalt der werke hinaus gieng, war der classischen philologie gewissermaßen gleichgültig und von allen feiner eingehenden beobachtungen schienen ihr fast nur solche werthvoll, welche der textcritik zu festern regeln irgend verhelfen konnten. für sich selbst zog das innere gewebe der sprache wenig an und wurde in seiner schönheit und fülle gleichsam voraus gesetzt, weshalb auch die auffallendsten worterscheinungen, wo sie ihrem begrif nach klar sich darstellten, meistens unerwogen blieben. etwa wie der seine sprache fertig handhabende, in ihr waltende dichter fast keiner kunde ihres innern baus noch minder ihrer geschichtlichen veränderungen bedarf und nur hin und wieder ein seltnes wort aufsucht, dem er eine gelegne stelle zu geben hat; war der grammatiker auch bloß ausnahmsweise irgend einer ihm anstößigen wortgestalt der wurzel auf der spur, an welcher er seine kunst zu üben trachtete. So erklärt sich warum lange jahrhunderte hindurch die unabhängig fortgesetzte aufmerksame behandlung lateinischer und griechischer sprache auf der schule wie in den stuben der gelehrten mit der einfachen formlehre am wenigsten vorrückte und fast nur für die halb schon außerhalb der grammatik liegende syntax früchte trug. Weder verstand man, wozu diese beiden classischen sprachen gerade mächtig reizen musten, ihre gestalten scharf an einander zu halten und wechselsweise jede mit gleicher berechtigung aus der andern zu erörtern, da man fehlerhaft die lateinische als unterwürfige tochter der griechischen ansah; noch weniger unsrer muttersprache aufzuhelfen, die in der schule allenthalben frohndienste eines unbefugten handlangers zu leisten hatte, geschweige ihr den dritten hauptplatz einzuräumen, obgleich, wie aus drei gegebnen puncten eine figur zu bilden, aus den verhältnissen dreier unter sich verwandter sprachen ihr lebendiges gesetz zu finden ist.

Man hat das sprachstudium vielfach und auch nicht ohne grund dem der naturgeschichte an die seite gestellt; sie gleichen einander sogar in der art und weise ihres mangelhaften oder besseren betriebs. denn ins auge springt, daß gerade wie jene philologen die classischen sprachdenkmäler um ihnen critische regeln für die emendation beschädigter und verderbter texte abzugewinnen erforschten, so auch die botaniker ihre wissenschaft ursprünglich darauf anlegten in einzelnen kräutern heilsame kräfte zu entdecken, die anatomen in die leiber schnitten, um des innern baus sicher zu werden, auf dessen erkenntnis nun die herstellung der gestörten gesundheit gestützt werden könnte. die stoffe zogen als ein mittel, nicht für sich selbst an. Allmälich aber bereitete sich eine änderung der ansicht und des verfahrens vor. Da es natürlich ist und durch alle erfahrung bestätigt wird, daß die menschen an dem einheimischen, ihren augen täglich dargebotnen vorübergehend vom fremden und neuen stärker berührt und zur betrachtung gereizt werden; so darf man wol behaupten, daß durch reisen ins ausland, wie durch zufuhr fremder, seltner pflanzen in unsre gärten die übersiedelung vielfacher thiergestalten aus fernen welttheilen nach Europa den wissenschaften ein andres gepräge aufgedrückt wurde und bei erforschung der gegenstände sie von jenen practischen zwecken gleichsam abstanden und sich auf unbefangnere, darum wissenschaftlichere untersuchungen einließen. denn das ist eben wahres zeichen der wissenschaft, daß sie ihr netz auswerfe nach allseitigen ergebnissen und jede wahrnehmbare eigenheit der dinge hasche, hinstelle und der zähesten prüfung unterwerfe, gleichviel was zuletzt daraus hervor gehe. Die sprachwissenschaft, wie mich dünkt, hat auf demselben weg, dessen betreten die pflanzen und thierzergliederung ihrem engeren standpunct entrückte, und zu einer vergleichenden botanik und anatomie erhob, endlich eben so durchgreifende umwälzung erfahren. Ohne zweifel wurde durch das von der kaiserin Catharina in den jahren 1787–90 veranstaltete Petersburger wörterbuch, wenn es auch auf noch sehr ungenügenden grundlagen aufgerichtet war, sprachvergleichung überhaupt wirksam angeregt und gefördert. Allein weit größern einfluß auf sie hatte die in allen welttheilen, hauptsächlich in Indien befestigte herschaft der Briten, durch welche das genaue verständnis einer der reinsten und ehrwürdigsten sprachen der ganzen welt, die man früher beinahe gar nicht gekannt hatte, erweckt, gesichert und verbreitet wurde. die vollkommenheit und gewaltige regel des sanskrit muste, obschon auch den weg bahnend zu einer der ältesten und reichsten poesien, recht dazu einladen sich mit ihr um ihrer selbst willen vertraut zu machen und hat, nachdem das eis einmal gebrochen und gleichsam ein magnet gefunden war, zu welchem die auf dem sprachenocean schiffenden hinschauen konn-

Sanskrit : alte indische Sprache

ten, auf die weit erstreckte reihe der mit der indischen unmittelbar zusammenhängenden und verwandten sprachen ein so erhellendes, sonst ungeahntes licht fallen lassen, daß daraus eine wahrhafte geschichte aller dieser sprachen, wie sie noch nie vor eines sprachforschers auge gestanden hatte, mit tief eindringenden und überraschenden resultaten theils schon hervor gegangen theils eingeleitet worden ist. Und da um dieselbe zeit man zugleich bemüht gewesen war, das bisher unbegreiflich gering geachtete gesetz unserer eignen deutschen sprache historisch zu entfalten, wie der naturforscher in den halmen und knoten einheimischer gräser dieselben wunderbaren triebe erkennen muß, die er an ausländischen pflanzen wahrnahm; so konnte nicht fehlen, daß von unserm eigensten und unmittelbarsten standpunkt aus zugleich der blick auf die uns benachbarten slavischen, littauischen und keltischen sprachen lebhafter geworfen wurde, welchen allmälich allen die nemliche geschichtliche bedeutung und betrachtung zu theil geworden ist oder zweifelsohne werden wird. Auf solche weise haben sich, wo nicht alle, doch die meisten glieder einer großen fast unabsehbaren sprachkette gefunden, die in ihren wurzeln und flexionen aus Asien bis her zu uns reicht, beinahe ganz Europa erfüllt und schon jetzt die mächtigste zunge des erdbodens genannt werden darf, auf welchem sie unaufhaltsam weiter fortschreitet, den sie einmal überall erfüllen wird. Diese indogermanische sprache muß nun zugleich durch ihren innern bau, der sich an ihr in unendlichen abstufungen klar verfolgen läßt, wenn es irgend eine andere sprache im stande ist, auch über den allgemeinen gang und verlauf der menschlichen sprache, vielleicht über deren ursprung die ergibigsten aufschlüsse darreichen.

Ich bin befugt die thunlichkeit dieser untersuchung über den ursprung der sprache als bloßes problem hinstellen, dessen gelingen noch von vielen darf in zweifel gezogen werden. sollte es sich lösen können, mögen solche zweifler einwenden, so hätten unsere sprachen und unsere geschichte viel weiter als sie thun zurück zu reichen, denn es ist glaublich, vielmehr es ist schon ausgemacht, daß die ältesten denkmäler der sanskrit oder zendsprache, gleich den hebräischen oder was sonst man für die früheste sprache ausgeben wolle, um lange zeit, um viel jahrtausende von dem wirklichen ursprung der sprache oder der schöpfung des menschengeschlechts auf erden abstehn. Wie kann über eine solche kluft hinweg ein anfang der sprache ermessen werden? fällt die gesamte frage nicht in die reihe der unmöglichkeiten?

Dies bedenken scheint aber noch stärker einzuleuchten, wenn

wir die lage und den gegenstand der naturforschung, die, wie eben erhellte, sich zur sprachforschung ähnlich verhält, erwägen. jene forscher streben in die geheimnisse des naturlebens zu dringen, d. h. die gesetze der zeugung und fortdauer der thiere, des keimes und wachsthums der pflanzen zu ergründen. nie habe ich vernommen, daß darüber hinaus ein seiner aufgabe sich bewuster anatom oder botaniker auch die erschaffung der thiere und pflanzen hätte wollen nachweisen; höchstens kann ihm klar werden, daß einzelne thiere oder kräuter, um ihren zweck vollständig zu erreichen, an bestimmter stelle zuerst erscheinen und geschaffen sein musten. Wenn sodann analogie obwaltet zwischen schöpfung und zeugung, sind doch beide als ein erster und zweiter act wesentlich verschieden von einander. die ewig sich erneuende forterzeugung erfolgt vermöge einer in das erschaffene wesen gelegten kraft, während die erste schöpfung durch eine außerhalb dem erschafnen waltende macht geschah. die zeugung ruft, wie das schlagen des stahls an den stein schlafenden funken weckt, neues dasein hervor, dessen bedingung und gesetz bereits dem zeugenden anerschaffen war. Hier aber scheint für den genau überlegenden in der that ein wendepunct zu liegen, wo naturforschung und sprachforschung wesentlich sich von einander scheiden, und alles folgende wird gerade davon abhängen, ob wir die sprache als ein erschafnes oder unerschafnes anerkennen. War sie erschaffen, so bleibt ihr erster ursprung unsern blicken eben so undurchdringbar als der des zuerst erschaffenen thiers oder baums. Falls sie aber unerschaffen, d. h. nicht unmittelbar durch göttliche macht, sondern durch die freiheit des menschen selbst hervorgebracht wurde und gebildet, so mag sie nach diesem gesetz ermessen, ja von dem was uns ihre geschichte bis zum ältesten stamm hinauf ergibt, darf über jenen unerfüllten abgrund von jahrtausenden zurück geschritten und in gedanken auch am ufer ihres ursprungs gelandet werden. Der sprachforscher braucht also nicht die hand abzulegen, sondern kann weiter gehn als der naturforscher, weil er ein menschliches, in unsrer geschichte und freiheit beruhendes, nicht plötzlich sondern stufenweise zu stande gebrachtes werk seiner betrachtung unterwirft, da im gegentheil alle erschafnen unfreien wesen gar keine geschichte kennen und bis auf heute beinahe noch eben so sich verhalten, wie sie aus des schöpfers hand hervor gegangen sind.

Hiermit ist im voraus freilich schon ausgesprochen, was ich als möglichen erfolg meiner ganzen angestellten untersuchung betrachtet wissen will; gleich wol müssen für sie eine reihe einzelner gründe in anschlag gebracht werden und es wird außerdem nicht ungerathen sein, diesen erst noch voran gehn zu lassen, was zu gunsten eines unmittelbar von der gottheit ausgegangnen ursprungs der sprache könnte gesagt werden. weil nun ein solcher noch auf doppelte weise denkbar wäre, insofern nemlich gott die sprache den menschen anerschaffen oder erst nach der schöpfung selbst offenbart hätte; so soll zuvörderst von einer geschaffenen, dann von einer offenbarten sprache gehandelt und näher dargethan werden, warum keine von beiden anzunehmen sei.

Eine geschaffene, naturwüchsige menschensprache voraus zu setzen mahnt von der oberfläche her angesehn nicht weniges. vergegenwärtigen wir uns ihre schönheit, macht und manigfaltigkeit, wie sie sich über den ganzen boden der erde erstreckt, so erscheint in ihr etwas fast übermenschliches, kaum vom menschen selbst ausgegangnes, vielmehr unter dessen händen hier und da verderbtes und in seiner vollkommenheit angetastetes. Gleichen die geschlechter der sprachen nicht den geschlechtern der pflanzen, thiere, ja der menschen selbst in aller beinahe endlosen vielheit ihrer wechselnden gestalt? erblüht nicht die sprache in günstiger lage wie ein baum, dem nichts den weg sperrt und der sich frei nach allen seiten ausbreiten kann, und wird unentfaltet, versäumt und absterbend sie nicht einem gewächs ähnlich, das bei mangel an licht oder erde schmachten und dorren muste? Auch die erstaunende heilkraft der sprache, womit erlittenen schaden sie schnell verwächst und neu ausgleicht, scheint die der mächtigen natur überhaupt, und nicht anders als diese versteht sich die sprache darauf mit geringen mitteln auszureichen und volles haus zu halten: denn sie spart ohne zu geizen, sie gibt reichlich aus und vergeudet nie.

Treten wir aber dem eignen element der sprache näher. fast die ganze natur ist lautes und klanges erfüllt, wie sollte er ihrem edelsten geschöpfe dem menschen nicht schon in der schöpfung ertheilt worden sein? machen die thiere mit ihrer der menschensprache gleich endlos verschiednen stimme sich nicht unter einander verständlich, erschallt der vögel manigfalter gesang nicht durch alle lüfte? menschliche einbildung hat den thieren wirkliche sprache beigelegt. die sage meldet sogar, daß im goldnen zeitalter alle thiere noch mit den menschen traulich gesprochen hätten, daß sie seitdem ihre sprache nur verhielten, aber im augenblick des drangs ausbrechen ließen, wie Bileams eselin, als ihr unrecht widerfahren und der engel des herrn erschienen war, das wort erhob. diese redete in menschenweise, andere thiere sollen in ihrer eignen sprache, oder wie es zu heißen pflegt, in ihrem welsch und latein sich vernünftig unterreden, was hören und verstehn könne, wer durch genuß einer weißen schlange oder eines drachenherzens kunde davon sich erworben habe. so sangen dem Sigurd, nachdem er Fafni erlegt und seine fingerspitzen in dessen herzblut getaucht hatte, die vögel auf den ästen was ihm ferner noch zu thun übrig sei.[1]

Wir unterscheiden die gesamte natur in eine todte und lebendige, womit nicht zusammen fällt, daß sie stumm oder laut sei. unter den elementen stumm ist nur die träge erde, denn die luft saust und heult, das feuer sprüht, knistert, prasselt, dem meer legen wir rauschen[2] bei, dem bach klingeln, murmeln, plätschern, ja sein geriesel dünkt uns ein schwatzen und plaudern (garrulus rivus.) Gleich der erde geben die starren steine keinen laut von sich, auch den lebendigen, an den boden gefesselten, gangs unfähigen pflanzen wurde er nicht verliehen: wenn baumblätter flüstern, ists der wind der sie von außen rührt. Allen thieren dagegen ist bewegung und gefühl verliehen, nicht allen stimme, denn die fische bleiben lautlos, von den insecten machen sich nur hörbar die schwirrend im flug durch ihre athemlöcher luft stoßen oder harte flügeldecke an einander reiben; aus ihrem innersten durch ihren mund geht keine stimme. Aber jedem vollkommneren warmblütigen thier, vögeln wie säugenden, ist immer ein ganz besonderer laut eigen, mit welchem es seine empfindungen wechselsweise des behagens, der lust und des schmerzes, lockend oder scheuchend kund thun kann; einigen unter ihnen und zwar nicht den uns sonst verwandteren vierfüßigen thieren, sondern voraus dem gevögel wurde ein klangvoller, meistens anmutiger und herzerfreuender gesang zugetheilt. stehn alle thierlaute nicht der menschensprache zur seite? hat man doch heisere, rauhe, harte menschensprache dem gekrächze der raben, quaken der frösche, bellen der hunde und wiehern der rosse verglichen.

Diese thierische in ihrer äußerung gleich der thiergestalt selbst manigfalteste stimme ist aber sichtbar von natur in jedes thier geprägt und wird von ihm hervorgebracht ohne sie erlernt zu haben. Laßt ein eben ausgeschloffenes vöglein dem nest entnommen von menschenhand aufgefüttert werden, es wird aller laute mächtig sein, die seinesgleichen, unter welchen es sich noch nie befand, eigen sind. darum bleibt die jeder thierart angewiesene stimme immer einförmig und unveränderlich: ein hund bellt noch heute wie er zu anfang der schöpfung boll, und mit demselben

---

[1] fataque vocales praemonuisse boves.   Tibull. II. 5, 78.
[2] Φλοῖσβος. θάλασσα ἠχήεσσα.

tirelieren schwingt die lerche sich auf wie sie vor vielen tausend jahren that. das angeschaffene hat weil es angeschaffen ist unvertilgbaren charakter.

Alle thiere leben und handeln also nach einem in sie gelegten dunkeln trieb, der an sich gar keiner steigerung fähig von anfang schon seine natürliche, dem menschen manchmal unerreichbare vollkommenheit mit sich trug. das spinngewebe ist so zart und regelrecht vom thierlein aus seinem leib gezogen und ausgespannt wie im laubblatt die selbstgewachsnen rippen. die biene wirkt ihre kunstmäßige sechseckenzelle ein wie das andere mal, ohne haarbreit je von dem ihr vorgeordneten muster und bauplan abzuweichen. Dennoch wohnt den thieren mehr oder minder außer dem in ihnen herschenden instinct der nothwendigkeit ein analogon von freiheit bei, die sie leise anfliegt, aus der sie unmittelbar wieder in ihre natur zurück treten. wenn bienen ausgeflogen sind um honigstof einzuholen und sich auf eine heide niederlassen, von welcher sie immer zu rechter zeit und sicher den heimweg nach ihrem stock nicht verfehlen; mag es einzelne unter dem schwarm geben, die sich ein paar hundert schritte abwärts verfliegen und in der irre zu grunde gehn: ihnen ist die kleine freiheit verderblich geworden. Es gibt gelehrige thiere, die der mensch für seine zwecke abrichtet und leicht ist wahrzunehmen, daß je ausgebildeter jener kunsttrieb sich entfaltete, desto weniger solches abrichten von statten geht. die biene oder ameise wären für alle menschliche lehre unempfänglich, aber hund, pferd, rind, falke nehmen sie bis auf einen gewissen grad an und ergeben sich dem willen des menschen. alle jedoch, erließe man sie dessen, würden gern in ihre natürliche ungezwungenheit zurück kehren und das angelernte vergessen. Das ganze thierleben scheint eine nothwendigkeit, aus der zuckende richtungen oder blicke der freiheit sie nicht vermögen loszureißen.

Die stimme mit welcher die thierwelt für alle einzelnen geschlechter einförmig und unabänderlich ausgestattet wurde, steht demnach in unmittelbarem gegensatz zur menschlichen sprache, die immer abänderlich ist, unter den geschlechtern wechselt und stets erlernt werden muß. Was der mensch nicht zu lernen braucht und alsobald in das leben tretend von selbst kann, das bei allen völkern sich gleich bleibende wimmern, weinen und stöhnen oder jede andern ausbrüche leiblicher empfindung, das allein könnte dem schrei der thierischen stimme mit recht an die seite gesetzt werden, das gehört aber auch zur menschensprache nicht, und läßt mit deren werkzeugen sich eben so wenig als der thierlaut genau ausdrücken, nicht einmal vollständig nachahmen.

Wir wollen dem für des naturlauts unverrückbarkeit beigebrachten fall einen andern für das unangeborensein der menschensprache gegenüber halten und einmal setzen, daß auf einem schlachtfeld das neugeborne kind einer französischen oder russischen mutter aufgenommen und mitten in Deutschland erzogen würde; es wird nicht französisch, nicht russisch, sondern gleich allen andern kindern, unter welchen es erwächst, deutsch zu sprechen anheben. seine sprache war ihm nicht angeboren.

Dieselben gleichgearteten menschen, die heute uns geboren bald alle laute und eigenheiten unsrer jetzigen sprache sich erwerben, würden vor fünfhundert oder tausend jahren zur welt gebracht eben so leicht und unvermerkt in den besitz alles dessen gelangt sein, was unsrer vorfahren sprache von der heutigen unterscheidet. die besonderheit jeder einzelnen sprache ist also abhängig von dem raum und der zeit, in welcher die sie übenden geboren und erzogen werden, raum und zeit sind anlaß aller veränderungen der menschensprache, aus ihnen allein läßt sich die manigfaltigkeit und abweichung der einem quell entstammenden völker begreifen. der heutige Tiroler und Friese werden einander gegenüber ihre rede zu verstehn mühe haben, obgleich ihre urväter näher zusammen gestanden, einem und demselben volksschlag angehört haben müssen. Auch unter einander verstehenden, ungeschieden lebenden menschen pflegen je nach geschlecht und individuum dennoch eigenheiten und abstände der sprache einzutreten, die bald einen größeren umfang und vorrath von wörtern, bald armut oder mangel daran wahrnehmen lassen, so daß ihnen insgesamt ihre sprache zwar als gemeinbesitzthum, zugleich aber einzelnen als besonders zuständige ausdrucksweise erscheinen muß, die von jener einförmigkeit thierischer stimmbegabung himmelweit fern ist.

Nein, die sprache ist dem menschen weder angeboren noch anerschaffen und in allen ihren leistungen wie erfolgen kann sie mit der thierstimme nicht gleichgesetzt werden; nur eins müssen beide mit einander einigermaßen gemein haben, die ihnen unterliegende nothwendig durch den erschaffenen leib bedingte grundlage. Jeder laut geht hervor durch eine bewegung und erschütterung der luft, selbst jenes elementarische rauschen des wassers oder knistern des feuers war im gewaltsamen an einander schlagen der wellen, die ihren druck auf die luft übten, oder im verzehren der brennstoffe, welche die luft erregten, bedingt. Dem thier wie dem menschen sind stimmwerkzeuge von natur eigen, mittelst welcher sie in manigfache weise eindrücke auf die luft bewirken können, deren unmittelbare folge ein regelrechter, gleichartig wirkender schall ist. das thier bringt damit einzelne ähnliche laute wie der mensch hervor, dieser vermag sie weit reicher und allseitiger zu entfalten. das geordnete entfalten der laute heißt uns gliedern, articuliren und die menschensprache erscheint eine gegliederte, womit das homerische beiwort der menschen οἱ μέροπες, μέροπες ἄνθρωποι oder βροτοί zusammentrifft, von μείρομαι oder μερίζω, die ihre stimme theilenden, gliedernden. wesentlich hängt aber diese lautgliederung ab von dem aufrechten gang und stand der menschen[1], vermöge dessen sie die einzelnen laute ruhig und gemessen vernehmen lassen können, während die thiere zur erde gebückt sind:

> pronaque quum spectent animalia caetera terram,
> os homini sublime dedit caelumque tueri
> jussit, et erectos ad sidera tollere vultus.[2]

Die nothwendige reihe und das maß dieser laute und schälle ist natürlich bedingt wie die tonleiter in der musik oder die folge und abstufung der farben, ihrem gesetz kann nichts hinzu gethan werden. denn außer den sieben grundfarben, die unendliche mischung dargeben, sind keine andern denkbar, und eben so wenig läßt sich den drei vocalen a i u, aus welchen e und o, samt allen übrigen diphthongen und deren verdichtung zur bloßen länge entspringen, das geringste zufügen, noch die ordnung der halbvocale und consonanten, die sich in zahlloser manigfaltigkeit der verbindungen erzeigen, dem grunde nach erweitern. Diese urlaute sind uns angeboren, da sie durch organe unseres leibs bedingt entweder aus voller brust und kehle gestoßen und gehaucht, oder mit hilfe des gaumens, der zunge, zähne und lippen hervor gebracht werden. einige ihrer bedingungen sind auch so greif oder faßbar, daß es nicht völlig mislingen konnte, sie durch künstliche mechanische vorrichtungen bis auf einen gewissen grad nachzuahmen und scheinbar darzustellen. Da nun aber die leibesorgane mehrerer thierarten den menschlichen gleichen, so darf nicht befremden, daß gerade unter den vögeln, deren sonstiger bau weiter als der säugethiere von uns absteht, die uns aber in aufrechter haltung des halses näher kommen, darum auch wollautige gesangstimmen haben, daß vorzugsweise papageien, raben, stare, elstern, spechte[3]

---

[1] selbst ἄνθρωπος, mannes gesicht oder aussehn habend weist nach dieser aufrechten stellung des antlitzes. der erste theil des wortes nimmt durch einfluß des P ein Θ statt Δ an und gehört zu ἀνήρ ἀνδρός = skr. nri und nara, vir, homo. andere dachten an ἄνω ἀθρεῖν, aufwärts schauen.

[2] Ovid. met. 1, 84.

[3] der specht (wörtlich der spähende, weissagende vogel) hieß darum μέροψ, gleich

im stande sind menschliche wörter fast vollkommen zu erfassen und nachzusprechen. Von den säugethieren dagegen vermag das kein einziges, zumal nicht die in andern stücken uns zum erschrekken ähnlichen affen, welche, obgleich sie uns manche gebärden abzusehn suchen, nie darauf verfallen unsere sprache nachzuäffen. man sollte denken, den affenarten, welche aufrecht zu gehn lernen, müste es gelingen vocale, zungen und zahnlaute zu erreichen, wenn ihnen auch lippenlaute, weil ihre zähne blecken, unmöglich fielen; aber keine spur, daß sie sich sprechens unterfangen.

Johannes Müller hat uns neulich die kehlen einiger singvögel scharf untersucht und darin nachgewiesen was ihren gesang hebe und zeuge. ich weiß nicht, ob es möglich wäre, daß die zergliederung auch in den ausgebildeten kehlen menschlicher sänger eindrücke gewahrte, die eine große entwickelung der gesangsfähigkeit verkündigten; oder um noch stärkeres zu fragen, ob es dem anatom gelänge, in den sprachorganen solcher völker, die entschieden harter gutturale pflegen oder wie die Slaven schwere zischlautverbindungen eingeübt haben, äußere spuren davon aufzuweisen. wäre das der fall, so würde ich nicht abgeneigt sein, weil solche eigenthümlichkeiten sich vererben können, wie einzelne gebärden und schulterdrehungen unbewust vom vater auf den sohn übergehn oder geschwister häufig dieselbe anlage zum gesang empfangen haben,[1] ich würde also geneigt sein, schon in den kinderkehlen einzelner völker eingeprägte anlage für die aussprache eigner lautbestimmungen vorhanden zu glauben, so daß jenem in Deutschland zur welt gekommenen Russen oder Franzosenkind immer noch einige unserer laute schwer gefallen wären. Dies ergäbe das gegenstück zur thierischen beschränkung der nothwendigkeit durch die freiheit, insofern hier umgekehrt die menschliche sprachfreiheit durch einen zug der nothwendigkeit beeinträchtigt schiene, den sie doch leicht überwindet. Die anatomie wird noch lange zu lernen haben, ehe sie die sprachwerkzeuge eines auf der ebene eingewohnten Norddeutschen von denen eines süddeutschen alpenhirten unterscheidet. Unserm hauptergebnis aber, daß die menschliche sprache unangeboren sei, wird nichts dadurch benommen. die natürliche lautgrundlage, deren sie gleich der thierischen stimme bedarf und die sie voraus setzt, wie unsre seele den menschlichen schädelbau, sind nichts als das instrument, auf dem

dem menschen, und in altrömischer wie in altdeutscher sage verweben sich Picus und Bienenwolf mit heldengeschlechtern. bemerkenswerth scheint, daß papageien und raben auch die höhe des menschenlebensalters erlangen.
[1] man nimmt selbst wahr, daß geschwister ähnlich niesen.

die sprache gespielt wird, und dies spiel erzeigt sich beim menschen in einer manigfaltigkeit, die den unveränderbaren thierlauten völlig entgegen steht. Den physiologen wird doch mehr das instrument selbst, den philologen das spiel darauf anziehen.

Nun aber wurde außer der eben verworfnen angeborenheit der sprache noch eine andre annahme als denkbar voraus gesetzt, daß sie von des menschengeschlechts urheber diesem zwar nicht unmittelbar im act der schöpfung, vielmehr nach der schöpfung mitgetheilt, durch das menschliche gedächtnis aufgefaßt und dann von geschlecht zu geschlecht fortgepflanzt und ausgebreitet worden sei, mit allem wechsel und aller verderbnis, die sie unter des menschen hand habe erfahren müssen. Jene göttliche mittheilung oder offenbarung der sprache, vergleichbar der eines göttlichen gesetzes, müste dennoch früher als dieses fast alsogleich nach vollbrachter schöpfung des ersten menschenpaares eingetreten sein, weil ein solches der sprache beinahe keinen augenblick hätte entrathen können, und mit der schöpferischen allmacht unvereinbar schiene, daß ihrer fertigen, edelsten creatur im anfang gebrochen habe was ihr später zu theil werden sollte.

Diese auffassung würde von der ihr im verfolg entgegen zu setzenden eines menschlichen ursprungs der sprache sich zwar in der grundlage wesentlich, in bezug auf die fortpflanzung einer so kostbaren gabe scheinbar wenig unterscheiden. eine solche fortpflanzung erfolgt von geschlecht auf geschlecht, da niemals alle menschen zugleich sterben, wie sie allmälich zur welt kommen, folglich die überlebenden den nachlebenden hinterlassen was sie selbst von ihren vorfahren empfangen hatten, gleichviel ob eine von gott offenbarte oder von den ersten menschen frei erworbene sprache weiter getragen worden sei. die offenbarung brauchte nur einmal erfolgt zu sein, voraus gesetzt, daß sie nie wieder ganz erloschen war, sondern ihren schein immer, wenn auch schwächer von sich geworfen hätte; die menschenerfindung könnte sich öfter wiederholt haben. im fall der offenbarten sprache wäre gleichwol anzunehmen, daß die ersten ihr näher gestandnen menschen gegenüber den späteren von der göttlichen macht bevorzugt, jene nachtheiliger gestellt worden seien, was gottes gerechtigkeit widerstritte.

Die vorstellung einer offenbarten sprache, dünkt mich, muß denen willkommen sein, welche in den anfang aller menschlichen geschichte einen stand paradisischer unschuld setzen, hernach durch den sündenfall die edelsten gaben und fähigkeiten des menschen zerrüttet werden, folglich auch die gottähnliche sprache von ihrem gipfel herabsinken und dann nur geschwächt den nachkommen zustehn lassen mögen. Diese ansicht könnte zusagen, und halt gewinnen, weil die ganze geschichte der sprache, so weit wir in sie gedrungen sind, in der that ihren abfall von einer vollendeten gestalt zur minder vollkomnen zu verrathen, somit anzudeuten scheint, daß auch für die sprache wie für die gesamte menschliche natur eine herstellung und erlösung eintreten und nach dem verlornen zustand anfänglicher vollkommenheit und reinheit auf geistigem wege allmälich müsse zurück gekehrt werden.

Dennoch finden wir diese deutung schon im widerspruch mit den urkunden unsrer heiligen schrift, welche einer statt gefundnen göttlichen offenbarung der sprache an den menschen nirgends gedenkt, vielmehr das von ihr selbst unerklärt gelassene dasein der sprache voraus setzt und deren verwirrung erst lange zeit nach dem sündenfall eintreten läßt. Sinnreich und ergreifend wird aller sprachenzwiespalt aus einem gewaltsamen frevel übermütiger menschen abgeleitet, die den himmel stürmenden titanen des griechischen mythus ähnlich der gottheit durch einen thörichten thurmbau näher zu rücken wähnten, und darüber die einfachheit ihrer sprache verloren, welche sie nun von dieser stätte verworren in alle theile des erdbodens austrugen. Neulich hat ein gewandter maler in reicher composition diese vielleicht aus bloßem misverstand des hebräischen wortes babal, welches vermischen, mengen bezeichnet, erwachsne sage veranschaulichen wollen. hier aber kann die kunst nur spielen, nichts ausrichten; da die zersplitterung der sprache über die ganze erde und ihre endlose manigfaltigkeit[1] höchst naturgemäß war, und die größten zwecke der menschheit förderte, darf sie bloß wolthätig und nothwendig, keineswegs verwirrend heißen und ist sicher auf ganz andere weise erfolgt, als uns diese einem lauten einspruch der sprachgeschichte überhaupt ausgesetzte erzählung zu verstehn gibt.

Hier reicht meine untersuchung an einen theologischen standpunct, vor dem sie nicht zu erschrecken braucht.

Unter offenbarung denken wir uns eine kundthuung oder manifestation, die Griechen nennen sie ἀποκάλυψις enthüllung, die Römer revelatio entschleierung, und diese wörter alle laufen auf denselben begrif hinaus, das offen gemachte war vorher verschlossen, das enthüllte bedeckt oder verschleiert. Niemand kann be-

---

[1] die auch im mittelalter angenommen wurde, das sich oft auf 72 sprachen einschränkt Parz. 736, 28 von einem heidnischen könig:
er hete fünf und zweinzec her,
der neheinez sandern rede vernam.

zweifeln, daß eine schaffende urkraft unablässig auch ihr werk fortdurchdringe und forterhalte: das wunder der weltdauer kommt dem ihrer schöpfung vollkommen gleich. diese sich unausgesetzt kundthuende göttliche kraft ist keinem als dem verstehenden eine kennbare offenbarung. da sie die gesamte natur durchdringt und in allen dingen enthalten ist, liegt sie zugleich offen und verborgen da und mag bloß durch das mittel der dinge selbst erforscht werden. denn sie ist in allen dingen, eben darum nicht außer ihnen. unverstanden redet die natur, so lange der suchende nicht auf ihre spur kommt und sie ihm verständlich wird.

Des alterthums kindliche vorstellung pflegte aber unmittelbaren verkehr der gottheit mit den menschen anzunehmen, dessen wirklichkeit unsrer vernunft unbegreiflich und so unzulässig ist wie die der meisten andern mythen. denn hat die gottheit anfangs sichtbar sich gezeigt, warum sollte sie je nachher aufgehört haben es zu thun? dies ist dem ihr nothwendig beiwohnenden begrif der stätigkeit entgegen; das unerschaffene kann keine geschichte haben, muß sich ewig gleich bleiben. man fühlt sich in einen kreis von widersprüchen gebannt, die wenn überall vortretend kaum irgend greller obwalten, als wo ein göttlicher ursprung der sprache behauptet werden soll.

Der griechischen poesie verursacht es nicht den mindesten anstoß, daß die götter erscheinen und in der sprache des landes reden, so wenig es heute auf unsrer schaubühne befremdet, daß helden und männer aller länder sich einstimmig in der jetzigen sprache ausdrücken, da sie nur durch das mittel unsrer eignen vorstellungen uns anschaubar werden. Es muß aber ein grund vorhanden gewesen sein, warum bei Homer wie noch bei den tragikern zwar Apollo, Hermes, Athene und andere götter und göttinnen, niemals Zeus selbst[1] den menschen leiblich erscheinend und redend vorgeführt wird; gleichsam stellen sich jene nur als seine boten dar, die den höchsten, an sich unaussprechlichen willen in menschenworte zu kleiden und zu fassen beauftragt sind und in der wuchernden vielgötterei treten lauter unterwürfige handlanger des höchsten wesens auf, dessen eigenschaften sie vorstellen, dessen geheiß sie verkünden und ausrichten, wie die catholischen engel oder heiligen.

Im alten testament erscheint gott gleich von anfang leibhaft und redet mit Adam Eva Noah Abraham Moses, die seine rede von

---

[1] diesen anstand verletzt also Plautus, wenn er im Amphitruon den Jupiter selbst erscheinen und reden läßt. Auch in der edda, als die drei götter Odinn, Hoenir, Loki auf erden wandeln, führt nur Loki die rede, die andern schweigen.

selbst verstehend und darauf antwortend dargestellt werden; nirgend ist gesagt, daß eine erste eröfnung dieses verständnisses eingetreten oder nöthig befunden worden sei. Doch schon zu Moses zeit beginnt sich gott ferner zu stellen, nur auf dem berg zu erscheinen, nur in der wolke zu reden, aus welcher donner und blitz fahren, ganz wie der donnernde Zeus im gewölk sich erzeigt. allmälich pflegt er gar nicht mehr selbst, sondern der engel des herrn aufzutreten, und bereits Moses gegenüber wird es einigemal zweifelhaft, ob ihm des herrn stimme oder die seines boten erschollen sei. später redet gott zu den menschen nur durch der weissagen und engel mund, deren höhere gabe von einem näheren verhältnis zu gott abgeleitet werden könnte, wie die ausschüttung des geistes in der apostelgeschichte (10, 44–46) unmittelbar die zungen löst[1], daraus läßt sich aber der einfache ursprung der längst bestandnen menschensprache nicht begreifen, wenn man auch jenem ausguß über das bild hinaus die wirkliche eingebung menschlicher sprachpraxis beilegen will. das buch, von welchem wir den namen der apocalypsis entnehmen, wurde zu Johannes durch einen engel des herrn gesandt, und der apostel Paulus redet von zungen der menschen und engel, wie Plato den verkehr ($\delta\mu\iota\lambda\iota\alpha$ $\kappa\alpha\iota$ $\delta\iota\alpha\lambda\varepsilon\kappa\tau\sigma\varsigma$) zwischen göttern und menschen durch daemone vermitteln läßt, aber alle vorstellung von daemonen und engeln ist in der natur der welt unbezeugt, in der geschichte, so glaublich man sie zu machen gestrebt hat, unbegründet.

Wie soll unsre vernunft der menschlichen sprache ursprung aus göttlicher offenbarung, die doch nothwendig keine heftige inspiration, sondern einfache rede gewesen und mittelst dieser rede weiter getragen sein müste, fassen? waren die ersten menschen fähig gottes worte zu vernehmen, d. h. zu verstehn, so scheint es unvonnöthen ihnen eine sprache zu enthüllen, die als jenes verständnisses bedingung sie bereits besitzen musten. vorhin jedoch haben wir erwiesen, daß ihnen keine sprache anerschaffen war, folglich daß sie gar nicht im bereich eines mittels standen, von welchem das verstehn, dessen sie unerläßlich bedurften, abhieng. Die natur des menschen war zur zeit der schöpfung nicht anders als sie heute ist, sie vermochte lediglich durch ihre sinne und die vernunft, womit sie ausgestattet war, eindrücke zu empfangen, die auf anderm wege ihr gar nicht zu theil werden konnten. nirgends steigt eine lehre so gewaltsam auf die menschen herab, daß ihr nicht ein inneres lernen entgegenkommen müste.

[1] auch die sage meldet, daß die gabe des dichters plötzlich über einen gekommen sei.

Noch mehr, sollen und dürfen wir uns gott redend denken? redete, d. h. spräche er menschliche worte, so müsten wir ihm auch menschlichen leib, zumal alle jene leiblichen organe beilegen, von welchen gegliederte rede abhängt. es scheint mir aber gleich widersinnig einen vollkommnen menschenleib ohne eins seiner gliedmaße, z. b. ohne zähne, als die gottheit mit zähnen, folglich essend sich vorzustellen, da die zähne nach unsrer weisen natur zwar mit beholfen sind zum sprechen, hauptsächlich aber zum zermalmen der speise dienen. auf solche weise würde es ganz unmöglich sein, eins der andern glieder des leibs, deren innerer und äußerer einklang unsre höchste bewunderung rege macht, irgend der schaffenden gottheit abzusprechen oder beizulegen.[1]

Wenn aber überhaupt ein leib, mindestens ein menschlicher der gottheit gar nicht anstände, wie könnte rede oder bedürfnis der rede ihr beigemessen werden? was sie nur denkt, das will sie auch, was sie will hat sie ohne aufenthalt und zweifel mit mehr als blitzesschnelle vollführt. wozu hätte sie sich eines boten bedient um langsamer auszurichten, was sie mit einem wink, wenn es ihrer weisheit gefällig gewesen wäre, vollbringt? rinnen in dem göttlichen sein alle jene von uns gesondert betrachteten eigenschaften, allmacht, urplan und ausführung nicht zusammen? ohne ihres gleichen, doch uneinsam waltet die gottheit allenthalben in der unendlichen natur fülle, des behelfs einer der menschlichen auch nur von ferne vergleichbaren sprache bedarf sie nicht, wie ihre gedanken nicht den weg des menschendenkens gehn.

Daß an eines menschen ohr jemals, so lange die welt steht, ein unmittelbares wort gottes gedrungen sei, kann alle menschliche geschichte mit nichts erweisen. seine verlautbarung würde keiner menschensprache nahe kommen, eine harmonie der sphären sein. wo, daß gott redete, aufgezeichnet ist, hat der geschichtschreiber einer sage gefolgt, die für die dunkelheit der vorzeit eines gangbaren bildes sich bediente; wer wollte buchstäblich nehmen, wenn gesagt ist, daß gott das gesetz mit seinem finger in die hernach von Moses zerbrochne steintafel geschrieben habe? die heilige schrift die wir gottes wort nennen, ist uns ehrwürdig durch ihr hohes alterthum und die edle einfachheit ihrer darstellung; allein wer sie auch zuerst abfaßte stand von dem anfang der schöpfung bereits allzuweit ab, als daß er anderes als bild und sage davon mit zu theilen vermocht hätte. was von der heidnischen sage jeder allent-

---

[1] mit recht Wolfram im Parz. 119,20 von gott: der antlitzes sich bewac (nicht gebildet war) nâch menschen antlitze.

halben zugesteht, muß er auch für die des A. T. ein zu räumen wahrheitliebend und besonnen sein. Arnobius eifert mit schlagenden gründen wider das heidenthum, ohne zu ahnen, daß manche derselben auch gegen die neue lehre gebraucht werden können.

Das verhältnis gottes zur natur beruht auf gleich festen, unerschütterbaren gesetzen wie die bande der natur unter sich, und da diese ihr geheimnis und wunder nur in sich selbst, nicht außer sich tragen, so muß jedes nicht natürliche mittel von ihnen ausgeschieden sein. ein geheimnis, bei dem es unnatürlich hergienge, gibt es nicht.[1]

Es mag auffallen, daß weder das griechische noch indische alterthum versucht haben die frage nach dem ursprung und der manigfaltigkeit menschlicher zungen zu stellen und darauf zu antworten. die heilige schrift strebte wenigstens das eine der beiden räthsel, das der manigfaltigkeit durch den thurm von Babel zu lösen. ich kenne nur noch eine arme estnische volksage, welche dieser lösung sich etwa an die seite stellen ließe. Der alte gott, als den menschen ihr erster wohnsitz zu eng geworden war, beschloß sie über den ganzen erdboden auszubreiten, jedem volk auch eine besondere sprache zu ertheilen. in dieser absicht stellte er einen kessel mit wasser zum feuer, ließ die einzelnen stämme der reihe nach heran treten und für sich die töne entnehmen, welche das eingesperrte und gequälte wasser singend hervor brachte. Hier also wurde den menschen wo nicht ihre erste, wenigstens eine neue sprache durch die naturlaute eines elements überwiesen.

Ich habe, worauf mein ziel sich beschränkte, dargethan, daß die menschensprache so wenig eine unmittelbar geoffenbarte sein könne, als sie eine anerschafne war; eine angeborne sprache hätte die menschen zu thieren gemacht, eine geoffenbarte in ihnen götter voraus gesetzt. es bleibt nichts übrig, als daß sie eine menschliche, mit voller freiheit ihrem ursprung und fortschritt nach von uns selbst erworbne sein müsse: nichts anders kann sie sein, sie ist unsre geschichte, unsre erbschaft.

Das was wir sind, wodurch wir uns von allen thieren unterscheiden, führt im sanskrit den bedeutsamen ehrwürdigen namen ma-

---

[1] Lessing (sämtl. schriften 10, 4.5) bemerkt zu einem aufsatze Jerusalems über den ursprung der sprache, daß die sprache durch ein wunder dem ersten menschen nicht mitgetheilt sein könne, darum der mensch sie noch nicht erfunden zu haben brauche; im umgang mit höheren geschöpfen, durch herablassung des schöpfers selbst könne sie gelernt worden sein, was einige wahrscheinlichkeit gewinne dadurch, daß die menschliche erfindung lange jahrhunderte gedauert haben müsse und des schöpfers güte den armen doch nicht so lange die sprache entzogen haben werde. alle solche voraussetzungen sind sichtbar ohne boden.

nudscha, welcher auch vorzugsweise in unsrer deutschen sprache bis auf heute sich erhalten hat, goth. manniska, ahd. mannisco, nhd. mensch und so durch alle mundarten; dies wort darf zwar mit gutem grund auf einen mythischen ahnen Manna, Mannus, den schon Tacitus bezeugt, auf einen indischen könig Manas zurückgeleitet werden, dessen wurzel man d. h. denken ist und wozu unmittelbar auch manas, μένος, mensch fallen.

Der mensch heißt nicht nur so, weil er denkt, sondern ist auch mensch weil er denkt, und denkt, und spricht, weil er denkt, dieser engste zusammenhang zwischen seinem vermögen zu denken und zu reden bezeichnet und verbürgt uns seiner sprache grund und ursprung. vorhin sahen wir griechische benennungen des menschen hergenommen von seinem empor gerichteten antlitz, von seiner gegliederten rede, hier ist er noch treffender nach seinem denken genannt. Die thiere reden nicht, weil sie nicht denken, und heißen darum die unredenden, altn. ômælandi, wie die unvernünftigen, mutae bestiae, mutum et turpe pecus, das gr. ἄλογος drückt zugleich aus unredend und undenkend.[1] Das kind beginnt zu reden, wie es anhebt zu denken und die rede wächst ihm wie der gedanke wächst, beides nicht additiv, sondern multiplicativ. Menschen mit den tiefsten gedanken, weltweise, dichter, redner haben auch die größte sprachgewalt; die kraft der sprache bildet völker und hält sie zusammen, ohne solches band würden sie sich versprengen, der gedankenreichthum bei jedem volk ist es hauptsächlich was seine weltherschaft festigt.

Die sprache erscheint also eine fortschreitende arbeit, ein werk, eine zugleich rasche und langsame errungenschaft der menschen, die sie der freien entfaltung ihres denkens verdanken, wodurch sie zugleich getrennt und geeint werden. alles was die menschen sind haben sie gott, alles was sie überhaupt erringen in gutem und bösem haben sie sich selbst zu danken. die inspiration des propheten ist nur ein bild für den in ihm erweckten und wachen gedanken. weil aber die sprache anfangs unvollkommen war und ihr werth erst steigt, kann sie nicht von gott, der vollendetes prägt, ausgegangen sein.

Der schöpfer hat die seele, d. h. die kraft zu denken, er hat die sprachwerkzeuge, d. h. die kraft zu reden in uns beides als kostbare gaben gelegt, aber wir denken erst indem wir jenes vermögen üben, wir sprechen erst indem wir die sprache lernen. gedanke wie sprache sind unser eigenthum, auf beiden beruht unsrer natur sich

[1] ratio ist auch oratio, wie λόγος wort und vernunft.

aufwindende freiheit, das sentire quae velis et quae sentias dicere, ohne sie würden wir thieren gleich baarer nothwendigkeit hingegeben sein und mit ihr sind wir empor geklommen.

Diese sprache, dies denken steht aber nicht abgesondert da für einzelne menschen, sondern alle sprachen sind eine in die geschichte gegangene gemeinschaft und knüpfen die welt aneinander. ihre manigfaltigkeit eben ist bestimmt, den ideengang zu vervielfachen und zu beleben. von dem sich ewig erneuernden, wechselnden menschengeschlecht wird der köstliche allen dargebotne erwerb auf die nachkommen übertragen und vererbt, ein gut das die nachwelt zu erhalten, zu verwalten und zu mehren angewiesen ist. denn hier greifen lernen und lehre unmittelbar und unvermerkt in einander. die ersten worte vernimmt der säugling an der mutterbrust von der weichen und sanften mutterstimme ihm entgegen gesprochen, und sie schmiegen sich fest in sein reines gedächtniß, bevor er noch der eignen sprechorgane mächtig geworden ist, darum heißt sie die muttersprache und so erfüllt sich mit den jahren in schnell erweiterten kreisen ihr umfang. sie allein vermittelt uns am unvertilgbarsten heimat und vaterland, und was von den einzelnen geschlechtern und stämmen, die gleiche spracheigenheit eingedrückt empfangen, muß weiterhin von der ganzen menschlichen gesellschaft gelten. Ohne sprache, dichtkunst und die zur rechten zeit sich eingestellten erfindungen der schrift und des bücherdrucks würde die beste kraft der menschheit sich verzehrt haben und ermattet sein. auch die schrift hat man die götter den menschen weisen lassen wollen; doch ihr überzeugend menschlicher ursprung, ihre wachsende vollkommenheit muß, wenn es nöthig wäre, den erweis des menschlichen ursprungs der sprache bestätigen und vollführen.

Herodot meldet uns, Psammetich der Ägypter könig um zu versuchen, welches volk und welche sprache zuerst erschaffen worden sei, habe zwei neugeborne kinder einem hirten einsam aufzuziehen gegeben mit befehl kein wort vor ihren ohren auszusprechen und zu achten, welchen laut sie nun hervor bringen würden. nach einiger zeit verlauf, als der hirt diesen kindern sich genähert, hätten sie mit ausgestreckten händen βεκός ausgerufen, und dann öfter dasselbe wort in gegenwart des königs wiederholt. auf angestellte erkundigung sei man aber gewahr worden, daß die Phryger das brot βεκός nennen und habe dadurch die überzeugung gewonnen, daß die Phryger das älteste volk der erde seien.[1]

---

[1] Herod. 2, 2, vgl. fragm. histor. graecor. 1, 22. 23.

Wäre es möglich, denn die ganze erzählung klingt höchst abenteuerlich, einen solchen versuch jemals anzustellen und in der weise durchzuführen, daß man neugeborne kinder grausam auf eine abgelegne insel aussetzen und von stummen dienern großziehen ließe; so würde man zwar keine worte der ältesten menschensprache, die ihnen ja durchaus nicht angeboren sein konnte, vernehmen, wol aber hätten diese elenden dem menschlichen erbtheil entrissenen geschöpfe mit ihrem erwachenden denkvermögen von vornen an beginnend gleich den ersterschafnen menschen eine sprache sich zu erfinden, und falls ihre abgeschiedenheit andauern könnte, auf ihre nachkommen fortzupflanzen. Nur um so theuern preis, was jedoch nie so lange die erde dauern wird, zur ausführung gelangen dürfte, weil sich zahllose hindernisse entgegen stemmen müsten, könnte die sprachforschung unmittelbare bestätigung dessen entnehmen, was sie aus andern gründen zu folgern berechtigt ist.

Ich nähere mich meiner eigentlichen aufgabe oder doch dem für die meisten meiner zuhörer anziehendsten theil derselben, welcher auf die frage antwort geben soll, wie man sich zu denken habe, daß die ersten menschen die erfindung ihrer sprache bewerkstelligten.

Vorausgeschickt werden muß jedoch in aller kürze, ob, ganz abgesehn von dem hier noch bei seite gelassenen problem, in wie fern die grundverschiedenen sprachen der erde auf eine erste bildung oder nur auf mehrere bildungen sich zurück führen lassen, ob man auch da, wo eine einzige, weit verbreitete und hernach in viele äste zerfallende ursprache vorliegt, nur ein menschenpaar oder mehr als eins anzusetzen habe, durch welches sie hervorgebracht und fortgepflanzt worden sei?

Das ist anzunehmen, daß mann und weib zusammen, vollwüchsig und zeugungsfähig erschaffen wurden, denn nicht setzt der vogel das ei, die pflanze den samen, sondern das ei den vogel voraus, das korn die pflanze; kind, ei, samenkorn sind erzeugnisse, folglich unurerschaffen: der erste mensch war also nie kind, doch das erste kind hatte keinen vater. Aber daß von jedem thier, von jedem kraut nur ein paar, nicht mehrere neben einander erschaffen worden, daß alle gräser in ihrer fülle aus eines halmes wucher vervielfacht seien, hat wenig für, mehr gegen sich. die ein paar entstehn lassende schöpferische kraft konnte unbehindert auch mehrere zusammen schaffen, wie sie schon im ersten paar das gleichartige zweimal hervor zu bringen genöthigt war. gegen den ausgang der gesamten thiermenge aus einem paar jeder gattung hat man auch nicht ohne schein den gesellschaftstrieb der ameisen und

173

bienen eingewandt, der ihnen muß angeboren gewesen, nicht all-mälich entwickelt sein, folglich nicht erst auf die entwickelte men-ge gewartet haben kann. Auf den menschen und die sprache ange-wandt ist es sogar wahrscheinlich, daß mehr als ein paar erschaffen wurde, schon aus dem natürlichen grunde, weil die erste mutter möglicherweise lauter söhne oder lauter töchter hätte gebären kön-nen, wodurch alle forterzeugung gehindert worden wäre, noch mehr aus dem sittlichen, um vermischung von geschwistern, wo-vor die natur ein grauen hat, zu verhüten. die bibel geht darüber still hinweg, daß Adams und Evas, wenn sie allein standen, kinder unter einander sich begatten musten.[1]

Auch erklärt sich der sprache ursprung viel leichter, wenn also-gleich zwei oder drei menschenpaare, und bald ihre kinder, an ihr bildeten, so daß alle sprachverhältnisse auf der stelle sich zahlreich vervielfachen konnten; die einheit der entspringenden regel läuft darunter keine gefahr, weil auch schon bei einem menschenpaar zwei individuen, mann und frau, die sprache erfinden musten und hernach ihre kinder sich mit daran betheiligten. man kann den frauen, die nach einigen generationen, zumal wenn mehrere paare stattfanden, gern ihre eigne, von den männern in manchem geson-derte sitte und stellung einnahmen, sogar eigenheiten der mundart für ausprägung der ihnen vorzugsweise geläufigen begriffe von frühe beilegen, wie sie uns am bestimmtesten das prakrit gegen-über dem sanskrit bezeugt. aber in allen alten sprachen sehen wir männliche und weibliche flexionen neben einander unterschieden, was auf keinen fall ohne einfluß des frauengeschlechts auf die sprachgestaltung selbst kann geschehen sein.

Aus dem verhältnis der sprachen nun, welches uns über die verwandtschaft der einzelnen völker sichereren aufschluß dar-reicht, als alle urkunden der geschichte es vermögen, läßt sich auf den urzustand der menschen im zeitraum der schöpfung und auf die unter ihnen erfolgte sprachbildung zurück schließen. dem menschlichen geist macht es erhebende freude über die greifbaren beweismittel hinaus das zu ahnen, was er bloß in der vernunft empfinden und erschließen kann, wofür noch die äußere bewahr-heitung mangelt. wir gewahren in den sprachen, deren denkmäler aus einem hohen alterthum bis zu uns gelangt sind, zwei ver-schiedne und abweichende richtungen, aus welchen eine dritte ih-nen vorher gegangene, aber hinter dem bereich unsrer zeugnisse liegende nothwendig gefolgert werden muß.

[1] Göthe läßt die ersten menschenpaare zu dutzenden hervor gehn. Eckermann, 2, 21.

Den alten sprachtypus stellen uns sanskrit und zend, großentheils auch noch die griechische und lateinische zunge vor; er zeigt eine reiche, wolgefällige, bewundernswerthe vollendung der form, in welcher sich alle sinnlichen und geistigen bestandtheile lebensvoll durchdrungen haben. In den fortsetzungen und späteren erscheinungen derselben sprachen, wie den dialecten des heutigen Indiens, im Persischen, Neugriechischen und Romanischen ist die innere kraft und gelenkigkeit der flexion meistens aufgegeben und gestört, zum theil durch äußere mittel und behelfe wieder eingebracht. Auch in unsrer deutschen sprache, deren bald schwach rieselnde, bald mächtig ausströmende quellen sich durch lange zeiten hin verfolgen und in die wagschale legen lassen, ist dasselbe herabsinken vom früheren höhepunct größerer formvollkommenheit unverkennbar und dieselben wege des ersatzes werden eingeschlagen. halten wir die gothische sprache des vierten jh. gegen unsre heutige, dort ist wollaut und schöne behendigkeit, hier, auf kosten jener, vielfach gesteigerte ausbildung der rede. überall erscheint die alte gewalt der sprache in dem maße gemindert als etwas anderes an die stelle der alten gaben und mittel getreten ist, dessen vortheile auch nicht dürfen unterschätzt werden.

Beide richtungen stehn einander keinesweges schrof entgegen und alle sprachen erzeigen sich auf manigfalten, ähnlichen aber ungleichen stufen. die formabnahme hat z. b. auch im gothischen oder lateinischen bereits begonnen und für die eine wie die andere sprache darf man eine vorausgegangene ältere und reichere gestalt ansetzen, die sich zu ihrem classischen bestand verhält wie dieser etwa zum neuhochdeutschen oder französischen. anders und allgemein ausgedrückt, ein erreichter gipfel der förmlichen vollendung alter sprache läßt sich historisch gar nicht feststellen, so wenig die ihr entgegengesetzte geistige sprachausbildung heute auch schon zum abschluß gelangt ist, sie wird es noch unabsehbar lange zeit nicht sein. Es ist zulässig selbst dem sanskrit voraus noch einen älteren sprachstand zu behaupten, in welcher die fülle seiner natur und anlage noch reiner ausgeprägt gewesen wäre, die geschichtlich wir gar nicht mehr erreichen.

Ein verderblicher fehler würde aber sein, und er scheint mir gerade bei untersuchung der ursprache hemmend eingewirkt zu haben, jene vollendung der form noch höher aufwärts und bis in ein vermeintes paradis zurück zu verlegen. vielmehr ergiebt der beiden letztern sprachperioden aneinander halten, daß wie an den platz der flexion eine auflösung derselben getreten sei, so auch die flexion selbst aus dem verband einmal erst entsprungen sein müs-

[1] Fälle nehmen ab, dafür werden me
Artikel eingeführt!

se. Nothwendig demnach sind drei, nicht bloß zwei staffeln der entwickelung menschlicher sprache anzusetzen, des schaffens, gleichsam wachsens und sich aufstellens der wurzeln und wörter, die andere des emporblühens einer vollendeten flexion, die dritte des triebs zum gedanken, wobei die flexion als noch nicht befriedigend wieder fahren gelassen und was im ersten zeitraum naiv geschah, im zweiten prachtvoll vorgebildet war, die verknüpfung der worte und gedanken abermals mit hellerem bewustsein bewerkstelligt wird. Es sind laub, blüte und reifende frucht, die, wie es die natur verlangt, in unverrückbarer folge neben und hinter einander eintreten. Durch die bloße nothwendigkeit einer ersten unsichtbaren, den beiden andern für uns sichtbaren perioden voraus gegangnen wird, dünkt mich, der wahn eines göttlichen ursprungs der sprache ganz beseitigt, weil es gottes weisheit widerstritte dem, was eine freie menschengeschichte haben soll, im voraus zwang an zu thun, wie es seiner gerechtigkeit entgegen gewesen wäre, eine den ersten menschen verliehne göttliche sprache für die nachlebenden von ihrem gipfel herab sinken zu lassen.

Mit betrachtung der sprache, wie sie im letzten zeitraum erscheint, allein würde man nie dem geheimnis ihres ursprungs näher getreten sein, und allen aus dem gegenwärtigen sprachstand nach dem etymon eines wortes forschenden pflegt es damit fehlzuschlagen, da sie weder die bildungstheile von der wurzel rein abzulösen noch den sinnlichen gehalt derselben zu ermitteln vermögen.

Anfangs entfalteten sich, scheint es, die wörter unbehindert in idyllischem behagen, ohne einen andern haft als ihre natürliche vom gefühl angegebne aufeinanderfolge; ihr eindruck war rein und ungesucht, doch zu voll und überladen, so daß licht und schatten sich nicht vertheilen konnten.[1] Allmälich aber läßt ein unbewust waltender sprachgeist auf die nebenbegriffe schwächeres gewicht fallen und sie verdünnt und gekürzt der hauptvorstellung als mitbestimmende theile sich anfügen. die flexion entspringt aus dem einwuchs lenkender und bewegender bestimmwörter, die nun wie halb und fast ganz verdeckte triebräder von dem hauptwort, das sie anregten, mitgeschleppt werden, und aus ihrer ursprünglich auch sinnlichen bedeutung in eine abgezogne übergegangen sind, durch die jene nur zuweilen noch schimmert. Zuletzt hat sich auch die flexion abgenutzt und zum bloßen ungefühlten zeichen ver-

---

[1] man könnte sagen, daß die flexionslose chinesische sprache gewissermaßen in der ersten bildungsperiode verharrt sei.

engt, dann beginnt der eingefügte hebel wieder gelöst und fester bestimmt nochmals äußerlich gesetzt zu werden; die sprache büßt einen theil ihrer elasticität ein, gewinnt aber für den unendlich gesteigerten gedankenreichthum überall maß und regel.

Erst nach gelungner zergliederung der flexionen und ableitungen, wodurch Bopps scharfsinn so großes verdienst errungen hat, hoben sich die wurzeln hervor und es ward klar, daß die flexionen größtentheils aus dem anhang derselben wörter und vorstellungen zusammen gedrängt sind, welche im dritten zeitraum gewöhnlich außen voran gehn. ihm sind präpositionen und deutliche zusammensetzungen angemessen, dem zweiten flexionen, suffixe und kühnere composition, der erste ließ freie wörter sinnlicher vorstellungen für alle grammatischen verhältnisse auf einander folgen. Die älteste sprache war melodisch aber weitschweifig und haltlos, die mittlere voll gedrungener poetischer kraft, die neue sprache sucht den abgang an schönheit durch harmonie des ganzen sicher einzubringen, und vermag mit geringeren mitteln dennoch mehr.

Der den ursprung der sprache hüllende schleier ist gelüftet, nicht vollends aufgedeckt. Es kann hier weder ausführbar noch mein zweck sein alle oder die meisten beweise für die vorgetragene ansicht aus zu heben, was ein eignes schweres buch fordern würde, ich strebe nur die wesentlichen grundlagen der untersuchung hinzustellen.

Nichts in der sprache, wie in der ganzen sie gleichsam auf ihren schoß nehmenden natur, geschieht umsonst, alles, was ich schon oben sagte, ausreichend ohne verschwendung. einfache mittel richten das stärkste aus, kein buchstab ursprünglich steht bedeutungslos oder überflüssig.

Jeder laut hat seinen natürlichen, im organ das ihn hervorbringt gegründeten und zur anwendung kommenden gehalt. Von den vocalen hält *a* die reine mitte, *i* höhe, *u* tiefe; *a* ist rein und starr, *i* und *u* sind flüssig und der consonantierung fähig. offenbar muß den vocalen insgesamt ein weiblicher, den consonanten insgesamt ein männlicher grund beigelegt werden.

Von den consonanten wird *l* das linde, *r* das rauhe bezeichnet. wahrzunehmen ist, daß in vielen wörtern der ältesten sprache *r* waltet, wo die jüngeren *l* setzen, während das *s* der älteren dem *r* der jüngeren weicht. niemals aber gehn *s* und *l* in einander über. entweder wollte der sprachgeist eine entsprungne lücke ausgleichen, oder was richtiger scheint, beiderlei *r* sind auch in der aussprache schon verschieden, jenes dem *l* naherein und rollend, dieses mit *s* verwandte heiser und unrein.

Alle consonantverdoppelungen sind der ältesten sprache ab zu erkennen, und erst allmälich durch assimilation verschiedner consonanten und zumal häufig aus anstoßendem *i* entsprungen. Consonantlautabstufung, die sich am aller deutlichsten und zu zweien malen in den verschiebungen der deutschen sprache ereignete, pflegt mit wundervollem instinct, indem sie alle stummen laute verrückt, ihnen doch jedesmal wieder die rechte stelle anzuweisen. haben irgendwo in der sprache naturtrieb und freie kraft zusammen gewirkt, so geschah es in dieser höchst auffallenden erscheinung.

Der ursprache waren *e* und *o* fremd. wenn diphthonge und brechungen dem zweiten zeitraum, dem dritten umlaute und noch andere vocaltrübungen gemäß sind, so wird man dem ersten vorzugsweise fast nur kurze vocale und einfache consonanten beizumessen haben.

Doch die natur der einzelnen laute zu erörtern liegt mir hier nicht ferner ob; dies würde mehr da an seiner stelle sein, wo jene leibliche anlage unsers organismus auf die sprache sorgfältig angewandt werden soll.

Hebel aller wörter scheinen pronomina und verba. das pronomen ist nicht bloß, wie sein name könnte glauben machen, vertreter des nomens, sondern gerade zu beginn und anfang alles nomens. wie das kind dessen denkvermögen wach geworden ist »ich« ausspricht, finde ich auch im Jadschurveda ausdrücklich anerkannt, daß das ursprüngliche wesen »ich bin ich« spreche und der mensch, wenn er gerufen werde »ich bin es« antworte. Alle verba und nomina, das persönliche verhältnis an sich bezeichnend, fügen pronomina ein, wie sie in der dritten sprachperiode äußerlich dazu ausgedrückt werden. Als der mensch das erstemal sein ich, das im sanskrit aham lautet, sprach, stieß er es aus voller brust im geleit eines kehlhauchs und alle urverwandten zungen sind sich hierin gleich geblieben, nur daß sie das reine *a* schwächen oder die gutturalstufe verschieben. im obliquen casus tritt ein halb zurück weisendes labiales *m* vor. das deutende *t* der angeredeten zweiten person muß hingegen im casus rectus und obliquus haften. größere manigfaltigkeit als die beiden ersten sich gegenüberstehenden personen fordert aber die fernere dritte, und ihr hauptkennzeichen war entweder *s* oder *t,* jenes vorzugsweise zur bezeichnung des flüssigen reflexivbegriffes, der sich auch dem verbum suffigiert.

Außer dem belebenden pronomen liegt die größte und eigentliche kraft der sprache im verbum, das fast alle wurzeln in sich darstellt.

Alle verbalwurzeln, deren anzahl im ersten sprachzeitraum beim beginn nicht über einige hundert hinaus gereicht zu haben braucht, aber äußerst schnell wuchs, enthalten sinnliche vorstellungen, aus welchen unmittelbar auch analoge und abstracte knospen und sich erschließen konnten, wie z. b. dem begrif des athmens der des lebens, dem des ausathmens der des sterbens entsprießt. es ist ein folgenschwerer satz, daß licht und schall aus denselben wurzeln fließen.

Alle verbalwurzeln wurden aber mit dem einfachsten aufwand an mitteln erfunden, indem ein consonant dem vocal vor oder nachtrat. ob aus bloßem vocal wurzeln bestehn können, darf noch in zweifel gezogen werden, da nach dem vorhin vom wesen der vocale und consonanten überhaupt gesagten die zeugung einer wurzel von dem sich vermählen beider geschlechter abhängig scheint. das sanskrit kennt keine allein von kurzem *a* gebildete wurzel, wogegen kurzes *i* als wurzel für den begrif gehn (die auch im lateinischen *i*, welches aber lang ist, blos läge) und kurzes *u* als wurzel für tönen angenommen wird; ihnen beiden könnten aber consonanten abgefallen sein. Unter den mit consonant und vocal gebildeten scheinen die consonantisch anlautenden den consonantisch auslautenden im alter voranzugehn, weil auch den vocalisch auslautenden ein zweiter consonant allmälich zuzutreten pflegt, nicht den vocalisch anlautenden vorzutreten, z. b. neben der wurzel mâ ergibt sich eine zweite wurzel mad, welche dem lat. metiri, unserm messen entspricht. etwas anders ist, daß die wehenden anlaute *v h* und *s* vor liquiden bald vorzutreten bald abzufallen pflegen, was man nun für das ältere halte: das vortreten, denke ich.

Welchen vocal und welchen consonant der erfinder für ein verbum nehmen wollte, lag abgesehn von der natürlich vorbrechenden und sich geltend machenden organischen gewalt des lautes meist in seiner willkür, die gar nicht statt gefunden hätte, wäre sie von jenem einfluß immer und völlig abhängend, selbst aber mit feinerem oder gröberem gefühl geübt werden konnte. in diesen einfachsten bildungsgesetzen sehn wir also auch hier nothwendigkeit und freiheit einander durchdringen. Wenn z. b. im sanskrit die wurzel pâ, gr. πιεῖν, sl. piti ausdrückt, so hindert nichts, daß ein andrer spracherfinder dafür auch kâ oder tâ ergriffen hätte. ein großer theil der indogermanischen wurzeln hat bloß sein historisches urrecht, dem nur organische bestimmungen zutreten können. Doch instinctmäßig ist vorgesehn, daß in der einzelnen sprache wenig oder keine gleichlautige wurzeln für verschiedene vorstellungen statt haben, d. h. von den erfindern nicht mehrmals dieselben laute für grundverschiedne vorstellungen gewählt wurden, was unabsehbar verwirren müste. zu unterscheiden hiervon ist aber sorgsam die uns oft noch unerkannte und dunkle verwandtschaft mehrfacher sinnlicher und abgezogner begriffe, die aus den buchstaben einer und derselben wurzel erwachsen.

Ob und wie viel wurzeln, die auf doppelten stummen consonant an und auslauten, man im ersten zeitraum gestatten dürfe, lassen die bisherigen untersuchungen noch unentschieden.

An jedem verbum können im zweiten zeitraum personen, numerus, tempus, modus und genus bezeichnet werden, die personen durch angefügte persönliche pronomina, die tempora meistens durch hilfswörter, die ursprünglich los angeschlossen allmälich zur flexion verwuchsen. Außer bezeichnung der vergangenheit durch ein solches hilfswort, trat zu gleichem zweck auch ein wiederholen der wurzel oder reduplication derselben ein, da das vergangne natürlicherweise im wiederholen seinen ausdruck findet. mit solcher reduplicierenden form hängt aber nach erlöschen der reduplicationssilbe noch der deutsche ablaut innig zusammen, und wie diphthonge in vocallängen sich verengen, thun es die reduplicationen im ablaute. in unsern deutschen mit ablaut gebildeten praeteriten darf demnach kein hilfsverbum einverleibt gedacht werden.

Alle nomina, d. h. die den sachen beigelegten namen oder eigenschaften setzen verba voraus, deren sinnlicher begrif auf jene angewandt wurde, z. b. unser hahn, goth. hana bezeichnet den krähenden vogel, setzt also ein verlornes verbum hanan voraus, das dem skr. kan, lat. canere entsprach, und dessen ablaut goth. hôn, ahd. huon uns zugleich über huon pullus gallinaceus, nhd. huhn ins klare bringt. nicht anders führt sich der sl. name des hahns pjetel auf pjeti singen, der litt. gaidys auf giedmi zurück. Der wind, lat. ventus, sl. vjetr, litt. vejas, skr. vâju heißt der wehende von vâ, goth. vaian spirare, genau wie ἄνεμος animus zum goth. anan spirare, unser geist zu einem alten geisan vento fervi gehören; den in vâju, vejas abgehenden linguallaut haben ventus wind vjetr, ebenso geist eingeschaltet, wie es unzählige mal, z. b. auch in unserm hund gegenüber dem lat. canis, gr. κύων geschah. hier strömen beispiele von allen seiten ohne ende zu. unser heute verdunkeltes bohne steht gleich dem lat. faba wurzellos, doch ergibt sich leicht, faba müsse aus fagba, bohne, ahd. bôna, folglich goth. bauna aus bagbana, bagbuna hervorgegangen sein, wozu auch das sl. bob gefügt werden darf; zu fagba, bagba lehrt uns dann das gr. φαγεῖν die rechte wurzel: fagba war eßbare frucht, wie auch fagus, unser ahd. puocha, nhd. buche und gr. *φακῆ* linse denselben ursprung verraten.

Höchst natürlich und menschlich aber war, daß die sprachfindung jedem namen ein geschlecht ertheilte, wie es entweder an der sache selbst ersichtlich vorlag oder ihr in gedanken beigelegt werden konnte. In der flexion wurde jedoch das männliche genus am vollkommensten und rührigsten geprägt, das weibliche ruhiger und schwerer, so daß jenem mehr consonanzen und kurze vocale, diesem lange zusagen, ein aus beiden erzeugtes neutrum sich aber in die eigenheiten beider theilt. Durch die unterscheidung der geschlechter wird mit dem glücklichsten grif, wie durch einen ruck, in alle lagen, denen das nomen unterzogen werden muß, regel gebracht und klarheit.

Diese lagen sind zumal verhältnisse des casus und numerus. während nemlich den gerad stehenden, im satz herschenden casus ein pronomen kennzeichnet, müssen die obliquen casus ihre räumlichen begriffe durch partikeln ausdrücken, die gleich jenen auxiliaren des verbums dem nomen hinzutreten, nach und nach fest mit ihm verwachsen manigfache flexionen erzeugen. Den flexionen, als sie entsprangen, wird solcher verengungen und zusammenziehungen wegen überwiegend langer vocal oder diphthong zugestanden haben und wie er sich verdünnte, die flexion erblaßt sein. In den neueren sprachen sehn wir endlich die erblichne flexion fast oder ganz gewichen und von außen durch artikel und praepositionen ersetzt, welche uns ahnen lassen, daß die flexion selbst einmal aus ähnlichen bestandtheilen hervorgegangen sein muste. Wenn das franz. le loup und du loup dem lat. lupus und lupi gleich steht, nachweislich aber aus ille lupus, de illo lupo entsprungen ist, so folgt daß auch der ausgang *s* ein pronomen enthalten und die flexion *i* auf eine volle ursprüngliche form zurück geleitet eine partikel erscheinen lassen werde.

Da nun die partikeln selbst, mit ausnahme der dem angebornen organismus heimfallenden, halbthierischen interjectionen, ursprünglich lebendige nomina oder pronomina waren, denen nach und nach abgezogne functionen beigelegt werden, so ist der sprache lebendiger kreislauf abgeschlossen.

Die sprache kann einzelne und große vortheile fahren lassen, z. b. das medium und passivum, den optativ, viele tempora und casus der form nach aufgeben und sich dafür mit deutlicheren umschreibungen schleppen oder auch den sinnlichen ausdruck mit gar nichts ersetzen, z. b. die schöne, beholfne dualform. ein zeitlang erreichten wir noch das skr. tschakśuśi, das gr. *ὄσσε* durch beide augen, das gr. χεροῖν durch mit beiden händen, und der beisatz erweist die naturgemäßheit des alten dualis, endlich genügte das bloße augen und händen.

3.7.86 Ich bin in raschen umrissen über reichhaltige, unerschöfliche, meinem vortrag sich hier oft versagende sprachverhältnisse geglitten, um noch für eine allgemeinere betrachtung der angesetzten drei perioden raum zu gewinnen. Es ergibt sich, daß die menschliche sprache nur scheinbar und von einzelnem aus betrachtet im rückschritt, vom ganzen her immer im fortschritt und zuwachs ihrer inneren kraft begriffen angesehen werden müsse.

Unsere sprache ist auch unsere geschichte. wie eines volkes, eines reiches grund gelegt wurde von einzelnen geschlechtern, die sich vereinten, gemeinsame sitten und gesetze annahmen, im bunde handelten und den umfang ihres besitzthums erweiterten; so forderte auch die sitte einen findenden ersten act, aus dem alle nachfolgenden hergeleitet werden, auf den zurück sie sich beziehen. die dauer der gemeinschaft legte hernach eine menge von abänderungen auf.

Den stand der sprache im ersten zeitraum kann man keinen paradisischen nennen in dem gewöhnlich mit diesem ausdruck verknüpften sinn irdischer vollkommenheit; denn sie durchlebt fast ein pflanzenleben, in dem hohe gaben des geistes noch schlummern, oder nur halb erwacht sind. ihre schilderung darf ich etwa in folgende züge zusammen fassen.

① Ihr auftreten ist einfach, kunstlos, voll leben, wie das blut in jugendlichem leib raschen umlauf hat. alle wörter sind kurz, einsilbig, fast nur mit kurzen vocalen und einfachen consonanten gebildet, der wortvorrat drängt sich schnell und dicht wie halme des grases. alle begriffe gehn hervor aus sinnlicher, ungetrübter anschauung, die selbst schon ein gedanke war, der nach allen seiten hin leichte und neue gedanken entsteigen. Die verhältnisse der wörter und vorstellungen sind naiv und frisch, aber ungeschmückt durch nachfolgende, noch unangereihte wörter ausgedrückt. mit jedem schritt, den sie thut, entfaltet die geschwätzige sprache fülle und befähigung, aber sie wirkt im ganzen ohne maß und einklang. ihre gedanken haben nichts bleibendes, stätiges, darum stiftet diese früheste sprache noch keine denkmale des geistes und verhallt wie das glückliche leben jener ältesten menschen ohne spur in der geschichte. zahlloser same ist in den boden gefallen, der die andere periode vorbereitet.

② In dieser haben alle lautgesetze sich vervielfacht und glänzend aufgethan. aus prachtvollen diphthongen und ihrer ermäßigung zu

182

vocallängen entspringt neben der noch waltenden fülle der kurzen wollautender wechsel; auf solche weise rücken auch consonanten, nicht mehr überall durch vocale gesondert, aneinander und steigen kraft und gewalt des ausdrucks. Wie aber die einzelnen laute sich fester schließen, beginnen partikeln und auxiliare näher anzurücken und indem sich der ihnen selbst einwohnende sinn allmälich abschwächt, mit dem wort das sie bestimmen sollten sich zu einigen. statt der bei verminderter sinneskraft der sprache schwer überschaulichen sonderbegriffe und unabsehbaren wortreihen ergeben sich wolthätige anhäufungen und ruhepuncte, welche das wesentliche aus dem zufälligen, das waltende aus dem untergeordneten vortreten lassen. Die wörter sind länger geworden und vielsilbig, aus der losen ordnung bilden sich nun massen der zusammensetzung. wie die einzelnen vocale in doppellaute drängten die einzelnen wörter sich in flexionen, und wie der doppelte vocal in dichter verengung wurden auch die flexionenbestandtheile unkenntlich, aber desto anwendbarer. zu fühllos gediehnen anhängen gesellen sich neue deutlicher bleibende. Die gesamte sprache ist zwar noch sinnlich reich, aber mächtiger an gedanken und allem was diese knüpft, die geschmeidigkeit der flexion sichert einen wuchernden vorrat lebendiger und geregelter ausdrücke. Um diese zeit sehen wir die sprache für metrum und poesie, denen schönheit, wollaut und wechsel der form unerläßlich sind, aufs höchste geeignet und die indische und griechische poesie bezeichnen uns einen im rechten augenblick erreichten, später unerreichbaren gipfel in unsterblichen werken.

3) Da nun aber die ganze natur des menschen, folglich auch die sprache dennoch in ewigem, unaufhaltbarem aufschwung begriffen sind, konnte das gesetz dieser zweiten periode der sprachentwicklung nicht für immer genügen, sondern muste dem streben nach einer noch größeren ungebundenheit des gedankens weichen, welchem sogar durch die anmut und macht einer vollendeten form fessel angelegt schien. Mit welcher gewalt auch in den chören der tragiker oder in Pindars oden worte und gedanken sich verschlingen; es entspringt dabei das gefühl einer der klarheit eintrag thuenden spannung, die noch stärker in den indischen bild auf bild häufenden zusammensetzungen wahrnehmbar wird; aus dem eindruck dieser wahrhaft übermächtigen form trachtete der sprachgeist sich zu entbinden, indem er den einflüssen der vulgaridiome nachgab, die bei dem wechselnden geschick der völker auf der oberfläche wieder vortauchten. Gegenüber dem seit einführung des christenthums versinkenden latein trieben auf andrer schicht

und unterlage die romansprachen empor und neben ihnen machten sich im lauf der zeit die deutsche und die englische sprache nicht einmal mit ihren ältesten mitteln, sondern in der durch die bloße kraft der gegenwart bedingten mischung luft. Den reinen vocalen war längst trübung, die wir durch umlaut, brechung und noch auf andere dem alterthum unbekannte weise bezeichnen, gefolgt, unserm consonantismus war beschieden verschoben, entstellt und verhärtet zu sein. man mag bedauern, daß die reinheit des ganzen lautsystems geschwächt fast aus der fuge geriet; allein niemand wird auch verkennen, durch entsprungne zwischentöne seien unerwartet neue behelfe, mit welchen aufs freiste geschaltet werden konnte, zu wege gebracht worden. Eine masse von wurzeln wurde durch solche lautänderungen verfinstert, fortan nicht mehr in ihrer sinnlichen urbedeutung, nur für abgezogne vorstellungen fort unterhalten; von den ehmaligen flexionen gieng das meiste verloren und wird durch reichere, freiere partikeln ersetzt, vielmehr überboten, weil der gedanke außer der sicherheit auch an vielseitiger wendung gewinnen kann. Wie schon die vier oder fünf griechischen und lateinischen casus an sich unvermögender erscheinen als die vierzehn der finnischen sprache, und dennoch mit aller solcher mehr scheinbaren als wirklichen behendigkeit diese weniger ausrichtet; so ist auch unsern neuern sprachen überhaupt minder als man glauben sollte dadurch benommen, daß sie die überreiche form des griechischen verbums entweder unausgedrückt lassen oder wo es daran liegt umschreiben müssen.

Was das gewicht und ergebnis dieser erörterungen angeht, so mag ich mit einem einzigen aber entschiedenen beispiel ihrer beinahe enthoben sein. keine unter allen neueren sprachen hat gerade durch das aufgeben und zerrütten alter lautgesetze, durch den wegfall beinahe sämtlicher flexionen eine größere kraft und stärke empfangen als die englische und von ihrer nicht einmal lehrbaren, nur lernbaren fülle freier mitteltöne ist eine wesentliche gewalt des ausdrucks abhängig geworden, wie sie vielleicht noch nie einer andern menschlichen zunge zu gebot stand. Ihre ganze überaus geistige, wunderbar geglückte anlage und durchbildung war hervorgegangen aus einer überraschenden vermählung der beiden edelsten sprachen des späteren Europas, der germanischen und romanischen, und bekannt ist wie im englischen sich beide zu einander verhalten, indem jene bei weitem die sinnliche grundlage hergab, diese die geistigen begriffe zuführte. Ja die englische sprache, von der nicht umsonst auch der größte und überlegenste dichter der neuen zeit im gegensatz zur classischen alten poesie, ich kann natürlich nur Shakespeare meinen, gezeugt und getragen worden ist, sie darf mit vollem recht eine weltsprache heißen und scheint gleich dem englischen volk ausersehn künftig noch in höherem maße an allen enden der erde zu walten. Denn an reichthum, vernunft und gedrängter fuge läßt sich keine aller noch lebenden sprachen ihr an die seite setzen, auch unsre deutsche nicht, die zerrissen ist wie wir selbst zerrissen sind, und erst manche gebrechen von sich abschütteln müste ehe sie kühn mit in die laufbahn träte: doch einige wolthuende erinnerungen wird sie darbieten und wer möchte ihr die hofnung abschneiden? Die schönheit menschlicher sprache blühte nicht im anfang, sondern in ihrer mitte; ihre reichste frucht wird sie erst einmal in der zukunft darreichen.

Wer aber kann dieser zukunft heimliche wege alle spähen? einer großen weltordnung angemessen war, daß im lauf der zeiten dichte wälder wichen vor rankenden reben und mehltragenden halmen, die beim anbau des erdbodens immer breitere strecken einnahmen; so auch scheinen unter auseinander gelaufenen, im weiten raum zerarbeiteten, später sich wieder berührenden sprachen endlich nur solche des feldes meister zu werden, die nährende geistesfrucht gebracht und geboren hatten. Und statt daß von den stufen jenes babylonischen thurms herab, der gen himmel strebte, wie es aegyptische pyramiden, griechische tempelhallen und der Christen gewölbte kirchen auch thun, alle menschensprachen getrübt und zerrüttet ausgetreten sein sollen, könnten sie einmal, in unabsehbarer zeit, rein und lauter zusammen fließen.

Nicht starr und ewig wirkendem naturgesetz, wie des lichts und der schwere, anheim gefallen waren die sprachen, sondern menschlicher freiheit in die warme hand gegeben, sowol durch blühende kraft der völker gefördert als durch deren barbarei niedergehalten, bald fröhlich gedeihend, bald in langer, magerer brache stockend. Nur insofern überhaupt unser geschlecht am widerstreit des freien und nothwendigen unausweichlichen einflüssen einer außerhalb ihm selben waltenden macht unterliegt, werden auch in der menschlichen sprache vibration, abdämpfung oder gravitation dürfen gewahrt werden.

Wohin uns aber ihre geschichte den blick aufthut erscheinen lebendige regungen, fester halt und weiches, nachgibiges gelenk, farbige manigfaltigkeit, ungestillter wechsel, der noch nie zum letzten abschluß gelangen ließ; alles verbürgt uns, daß die sprache werk und that der menschen ist, tugenden und mängel unserer natur an sich trägt. Ihre gleichförmigkeit wäre völlig undenkbar, da dem neu hinzutretenden und nachwachsenden ein spielraum offen stehn muste, dessen nur das ruhig fortbestehende nicht bedarf. Im langen, unabsehbaren gebrauch sind die wörter zwar gefestigt und geglättet, aber auch vernutzt und abgegriffen worden oder durch die gewalt zufälliger ereignisse verloren gegangen. Wie die blätter vom baum fallen sie von ihrem stamm zu boden, und werden von neuen bildungen überwachsen und verdrängt: die ihren stand behaupteten, haben so oft farbe und bedeutung gewechselt, daß sie kaum mehr zu erkennen sind. Für die meisten einbußen und verluste pflegt aber beinahe auf der stelle und von selbst sich ersatz und ausgleichung darzubieten. Das ist das stille auge jenes hütenden sprachgeistes, der ihr alle wunden schnell heilt und vernarben läßt, alle ihre angelegenheiten ordnet und vor verwirrung bewahrt, nur daß er einzelnen sprachen seine höchste gunst, andern geringere erwiesen hat. Das ist auch, wenn man will, eine naturgrundkraft, die aus den uns angebornen, eingepflanzten urlauten unerschöpflich hervorquillt, dem menschlichen sprachbau sich vermählt, jede sprache in ihre arme schließt. doch jenes lautvermögen steht zum sprachvermögen wie der leib zur seele, welche das mittelalter treffend die herrin, den leib den kämmerer oder das kammerweib nannte.

Von allem was die menschen erfunden und ausgedacht, bei sich gehegt und einander überliefert, was sie im verein mit der in sie gelegten und geschaffenen natur hervor gebracht haben, scheint die sprache das größte, edelste und unentbehrlichste besitzthum. unmittelbar aus dem menschlichen denken empor gestiegen, sich ihm anschmiegend, mit ihm schritt haltend ist sie allgemeines gut und erbe geworden aller menschen, das sich keinem versagt, dessen sie gleich der luft zum athmen nicht entrathen könnten, ein erwerb, der uns zugleich leicht und schwer fällt. Leicht, weil von kindes beinen an die eigenheiten der sprache unserm wesen eingeprägt sind und wir unvermerkt der gabe der rede uns bemächtigen, wie wir gebärden und mienen einander absehn, deren abstufung endlos ähnlich und verschieden ist gleich der der sprache. poesie, musik und andere künste sind nur bevorzugter menschen, die sprache ist unser aller eigenthum, und doch bleibt es höchst schwierig sie vollständig zu besitzen und bis auf das innerste zu ergründen.

Musik aus todtem instrument geweckt, mit ihrem schweifenden, gleitenden, mehr gefühlten als verstandnen ausdruck, steht der alle gedanken deutlich fassenden, bestimmt greifenden, gegliederten sprache entgegen, im gesang aber tritt sie gesprochnen worten hinzu und gibt ihnen feierliches geleit. Solchen menschengesang vergleichen mag man dem der vögel, welcher über das bedürfnis thierischer schreie hinaus tiefere, anhaltende empfindung bekundet, wie auch einzelne gelehrige vögel ihnen oft wiederholte weisen ablauschen und herpfeifen. dennoch, so beseelt er scheine, ist der süße nachtigallenschlag immer derselbe und nur angeborne, unwandelbare fertigkeit, unsre musik aber aus dem gefühl und der phantasie der menschen hervorgegangen, überall verschieden. In zeichen gesetzt kann das lied nachgesungen, die musik nachgespielt, wie das wort aus dem buch gelesen werden. Die sprachmaschine, von der ich oben redete, gieng davon aus die menschensprache weniger im gedanken als im wortschall nachzuahmen und physiologisch hinter den mechanismus der grundlaute zu kommen.

Darin aber daß musik, was ihr name andeutet, und poesie einer höheren eingebung beigelegt, göttlich oder himmlisch genannt werden, zeugnis für der sprache übermenschlichen ursprung zu suchen, scheint schon darum unstatthaft, weil die sprache, bei welcher eine gleiche annahme gebricht, jenen beiden nothwendig voran gieng. denn aus betonter, gemessener recitation der worte entsprangen gesang und lied, aus dem lied die andere dichtkunst, aus dem gesang durch gesteigerte abstraction alle übrige musik, die nach aufgegebnem wort geflügelt in solche höhe schwimmt, daß ihr kein gedanke sicher folgen kann. Wer nun überzeugung gewonnen hat, daß die sprache freie menschenerfindung war, wird auch nicht zweifeln über die quelle der poesie und tonkunst in vernunft, gefühl und einbildungskraft des dichters. viel eher dürfte die musik ein sublimat der sprache heißen als die sprache ein niederschlag der musik. ↓ von Musik zur Sage

Traun geheimnisvoll und wunderbar ist der sprache ursprung, doch rings umgeben von andern wundern und geheimnissen. schwerlich ein kleineres liegt in dem der sage, die bei allen völkern über den ganzen erdboden in gleicher unermessenheit und abwechselung zuckt und auftaucht, durch lange gemeinschaft der menschen erwachsen und weit fortgepflanzt worden sein muß. Nicht sowol in ihrem wesen selbst beruht das räthsel der sprache, als viel mehr in unsrer schwachen kunde von dem ersten zeitraum ihrer erscheinung, da sie noch in der wiege lag, den ich dadurch mir zu verdeutlichen strebte, daß ich kunstlose einfachheit sinnlicher entfaltung als sein merkmal setzte: um diesen angel dreht sich meine ganze vorstellung, darin unterscheide ich mich von meinen vorgängern. war uns das wesen der flexion nicht auch in dunkel

187

Herkunft d. Sage genauso geheimnisvoll wie Ursprung d. Sprache gehüllt, eh eine decke nach der andern davon weggezogen wurde? Zahllose begebenheiten selbst aus historischer zeit sind erst dem auge des geschichtforschers klar geworden, des menschengeschlechts älteste geschichte lagert verborgen gleich der seiner sprache, und nur die sprachforschung wird lichtstralen darauf zurück werfen.

↓ *Bewertung d. Sprache*

Eine sprache ist schöner und scheint ergibiger als die andere; dem dichter verschlägt es nichts, und er weiß geringen mitteln dennoch große wirkung zu entlocken, wie aus grauem gefieder entzückende stimme schallt. auch die nordischen skalden verstanden sich auf kunstreiche liederform und thürmten band auf band, bild auf bild; ist man eingedrungen in ihre weise, so läßt sie bald leer, weil immer nur von kampf, sieg und milde gesungen wird, Pindar regt aber alle saiten der seele an. Ein mythus ist tiefer und lieblicher als der andere, doch am stärksten ergreift uns der, um welchen die größte fülle der poesie erwachsen war; gegen den griechischen, dessen grundlage er oft bilden soll, verliert der aegyptische, weil er fast nur samen und frucht darreicht, laub und blüte der dichtkunst ihm ganz mangeln. In der gesamten poesie steht aber nichts seiner anlage und entfaltung nach der sprache so nah und ebenbürtig als das epos, und auch es muß von einfachem boden zur höhe sich aufgeschwungen haben, die wir an ihm bewundern. Wer in ihm und in den edelsten denkmälern menschlicher dichtung und sprache nur geschwächten widerschein oder abglanz gewaltigerer gestaltungen, die der welt entschwunden seien, sehn wollte, erklärte damit weniger als nichts, weil das worauf zurück geschoben wird, stände es irgend zu erlangen, noch lauter nach erklärung schriee.

Ich gedachte hier zuletzt noch aufzuwerfen, in wie fern mit der im voraus gehenden fast einzig und allein ins auge gefaßten indogermanischen sprache die andern zungen der erde aus einer und derselben quelle dürfen abgeleitet werden oder nicht? wesentlich würde das über den allgemeinen ursprung aller gewonnene ergebnis dadurch nicht verändert werden; doch hinter dem außerordentlichen kaum sich abgrenzenden umfang einer solchen auch nur angerührten untersuchung, selbst wenn ich beispielsweise sie auf den verhalt der finnischen sprache zu jener, worüber ich verschiedentlich nachgedacht habe, einschränken wollte, müsten meine kräfte bleiben. Bei dem fortgang historischer forschungen, wenn sie sich zu allen bedeutenden sprachgeschlechtern der erde gewendet haben, werden große aufschlüsse für das hier erörterte und hoffentlich zu gunsten des von mir gefundnen sich einmal ergeben.

188

jetzt aber würde ich doch nur das wasser getrübt haben für fremde fischer.

Enden kann ich nicht, ohne vorher dem genius des mannes zu huldigen, der was ihm an tiefe der forschung oder strenge der gelehrsamkeit abgieng, durch sinnvollen tact, durch reges gefühl der wahrheit ersetzend wie manche andere auch die schwierige frage nach der sprache ursprung bereits so erledigt hatte, daß seine ertheilte antwort immer noch zutreffend bleibt, wenn sie gleich mit andern gründen, als ihm dafür schon zu gebot standen, aufzustellen und zu bestätigen ist.

Über
Frauennamen aus Blumen

Vorgelesen in der Akademie
am 12. Febr. 1852

Wie wir nach einer ihm mangelnden menschlichen fähigkeit das
thier das unredende und stumme nennen, pflegt gleich triftig die
sanskritsprache den baum als aga oder naga, d. h. den ungehenden
zu bezeichnen, weil er des thierischen vermögens sich von der
stelle zu bewegen entbehrt. alle pflanzen sind gefesselt an den boden, in dem sie wurzel schlagen und dürfen nur durch äußere
gewalt, auf die gefahr ihres verderbens, von da entfernt werden.

Ihr leben ist demnach gehemmter und eingeschränkter als das
der thiere, mit welchen ihnen sonst eine bedeutsame, sie beide von
den elementen unterscheidende eigenschaft gemein ist. diese nemlich entspringen zwar und wachsen, können aber sich nicht forter-
zeugen, d. h. ihres gleichen aus sich hervorbringen, wie pflanzen
und thiere thun. Dennoch tritt auch in solcher zeugungskraft wieder eine dem wesen der pflanze und des thiers überhaupt entspre-
chende hauptverschiedenheit ein. Jedwede hervorbringung des
neuen und gleichen findet sich bedingt durch das vermählen zweier
geschlechter, die nur an den pflanzen nebeneinander, an den thieren gesondert erscheinen. was von dieser regel auszunehmen ist
dient sie desto mehr zu bestätigen.

Dieselbe pflanze trägt in sich männliche staubfäden und ein
weibliches pistill, das einzelne thier hingegen wurde nur einem der
beiden geschlechter überwiesen, und jener volle, ungetheilte besitz
stimmt zur ruhe der pflanzennatur, diese spaltung und halbheit zur
unruhe und regsamkeit der thierischen. man hat an einigen schal-
thieren wahrgenommen, daß sie mannweiblich sind, umgekehrt
erzeigt an gewissen pflanzen, wie den feigen, sich getrenntes geschlecht. jene schalthiere, am gestade des meers klebend und ver-
schlammt nehmen etwas an von der unbeweglichkeit und gebun-
denheit der pflanzen.

Meistentheils aber ist die pflanze ein zwitter und schon ihrem
eignen keim dieses doppelgeschlecht eingeprägt. es besteht also
aller scheinbaren ähnlichkeit ungeachtet eine große verschiedenar-
tigkeit des samenkorns von dem vogelei. denn das einzelne ei enthält schon in sich die ausschließende bestimmung eines männchens

oder weibchens, in jedem samenkorn dagegen ist beiderlei geschlecht festgesetzt. mit einem einzigen korn vervielfacht die pflanze sich ins unendliche, während das aus dem ei geschloffene vöglein nichts ausrichten könnte und seine art untergehen lassen müste, träte ihm nicht ein aus anderm ei hervorgegangenes wesen seines gleichen, aber verschieden geschlechtet an die seite. die thiere suchen einander und gesellen sich, die bäume stehn oft in großen massen gleichgültig neben einander.

Vom unvollkommnen vorschreitend zum vollkommneren scheint die schaffende natur zuerst leblose, ungeschlechtige elemente, aller stoffe grundlage zu bilden, dann in breit wachsender pflanzenwelt den einzelnen arten durch in ihnen gestaltete geschlechtsorgane unendliche selbstzeugung zu verleihen, endlich aber den thieren in äußerer absonderung des geschlechts größere willkür der bewegung und handlung zu gewähren. Der von innen wie außen harte stein ist ohne regung, und lebloses nennen wir steintodt; in der pflanze steigen kühle säfte auf und nieder, aber sie kann sich nicht nach außen eigenmächtig rühren, bleibt ohne athemzug, ohne auge und ohr, denn wozu sollte sie sehen und hören? für das vom boden freie thier ist sein gang das hauptkennzeichen, die reibung des gehens scheint wärme und entfaltung der sinne zu bedingen; das thier muß eine speise suchen, dem freunde begegnen, dem feind entrinnen, die blume aber braucht nicht zu essen und weiß nicht, daß ihr die hand nahe kommt, die sie bricht.

Diesem niedern stand, dieser willenlosigkeit der pflanzen im vergleich zu den thieren treten aber auch vorzüge zur seite, mit deren einbuße die thiere ihre höhere stellung einnehmen, wie die allmacht und güte der natur in jede ihrer zahllosen stufen einen reiz gelegt zu haben scheint, dessen die folgende beim empfang größerer gabe oft wieder verlustig geht.

An den blumen zieht uns außer der schönheit ihrer schlanken, schnell aufschießenden gestalt auch die entfaltung der reinsten farbe und des süßesten duftes an.

Worin das wesen der farbe und des geruchs gelegen sei, ist uns zwar ein volles räthsel und wird wahrscheinlich noch lange zeit die aufgabe wissenschaftlicher entdeckungen bleiben. denn die optik legt uns nur erscheinungen und gesetze des farbenspiels aus, ohne sagen zu können, was die farbe selbst hergebe, worin sie sich gründe. es müssen noch unmeßbare, den gegenständen beiwohnende eigenheiten sein, an welchen das licht die farbe, die luft den duft erscheinen lassen. ich habe nichts dawider, dies auch so auszudrücken: in den gegenständen muß ein äußerst feiner stof enthalten sein, der sie z. b. für den blauen oder rothen lichtstral eignet; ein stof, den unsre wahrnehmungen gar nicht erreichen, der aber die farbe bilden hilft und mit in den pinsel übergeht, aus dem wir auf leinwand blau oder roth tragen. schon in dem engsten, verschlossensten samenkorn aber ruht der trieb, aus dem sich die eigenheit seiner farbe und seines geruchs hervor thun werden, sie bedürfen dann lichtes und der luft, allein ihre besonderheit muß in ihnen selbst gegründet und bedingt sein.

Mutmaßen dürfen wir auch das, daß die reinheit, ja möglichkeit der farbe, des geruchs und geschmacks der pflanzen wesentlich zusammenhänge damit, daß sie sich nähren ohne zu essen und zu verdauen, d. h. ausgesogne und verwesende nahrungstheile von oben nach unten abzusondern. ihre nahrung dringt schon aus der erde durch die wurzel, man könnte sagen lebendig in sie aufwärts, darum heißen pflanze und baum bedeutsam im sanskrit padapâ, mit dem fuße trinkend. erst nach vollendeter blüte erfolgt ein ableben und welken der pflanze, und gerade im augenblick ihrer keuschen vermählung und fortzeugung hat sich im kelch der blume höchster glanz der farbe und fülle des wolgeruchs dargegeben.

Alle köstlichen gerüche und geschmäcke entströmen und stammen aus der pflanzenwelt, in blumenwölbungen sammelt und holt die methtrinkende biene ihren honigseim; von den pflanzen werden alle würze, weine und geistige essenzen bereitet und ohne die ausnehmende, ungetrübte reinheit der pflanzensäfte würden sie gar nicht zu stande kommen. jeder wolgeruch ist vegetabilisch, jeder gestank ist animalisch.

Unserer wissenschaft ward es ein ernstes geschäft in die geheimnisse des pflanzenlebens nach allen seiten einzudringen; doch von frühster zeit an muste was an bäumen, kräutern, blumen zunächst ins auge fällt den kindlichen menschen anregen und seine einbildung beschäftigen, sei es indem er seine eignen verhältnisse auf die jener stummen, zarten wesen übertrug oder umgekehrt ihre wahrgenommene eigenthümlichkeit auf erscheinungen des menschenlebens und der thierwelt anzuwenden trachtete. Nicht nur werden pflanzen als aus thieren und menschen entsprungen angesehen, sondern umgekehrt auch gleichsam für die niedere stufe gehalten, auf welcher hernach ein höheres menschenleben sich entfaltete. der vergossene blutstropfe fällt zur erde nieder und eine blume entsprießt, um einen verfolgten menschen schließt sich die bergende rinde eines baums und der menschliche schmerz wird in der stillen pflanze beschwichtigt; umgekehrt aber entbindet sich auch die blumenknospe oder des baumes hülle wird gelöst, und vögel entfliegen, zurückverwandelte menschen gehen daraus hervor. Wenn zahllose verwandlungen und umsetzungen aus einer gestalt in die andre die phantasie aller völker beschäftigten und geheime verhältnisse der pflanzennatur zu der thierwelt knüpften; so kann man sich vorstellen, daß die daraus entsprungnen, weit verbreiteten mythen auch auf die sprache einen tiefen eindruck hinterlassen musten, und die sprachforschung wird aus diesem quell eine menge der anziehendsten wortdeutungen schöpfen dürfen, erklärungen, die sich dem wahren und wirklichen naturverhalt nur verstolnen blicks nähern, ihm zuweilen überraschend begegnen, meist aber ihre ganz eignen wege einschlagen.

Beispielsweise und bevor ich weiter schreite, mögen aus der reichsten fülle nur ein paar solcher wörter ausgehoben werden, um anschaulich zu machen, in welchem sinne und mit welchen mitteln der sprachgeist seine ausdrücke wählt.

Eine frische, in ihrer einfachheit unübertrefliche bezeichnung ist es, wenn wir sagen, die blume geht auf, d. i. steigt in die höhe und eröfnet sich, denn unsere partikel auf, goth. iup stellt sich unmittelbar zu dem particip offen apertus, wofür sich ein goth. upns mutmaßen läßt, obgleich alle übrigen äußerungen dieses verbums längst außer gebrauch gerathen sind. solch ein aufgehen legen wir aber der pflanze zweimal bei, anfangs wenn ihr keim die erde durchdringend erscheint, hernach wenn ihre schwellende knospe aufbricht und eine blume erschließt. aber auch sonne und tag gehn uns auf, wir lassen schön mit dem selben worte die blume wie das licht des himmels vortreten, was noch andere beziehungen kund geben. der tag bricht an heißt auch der tag sprießt, lett. deena plaukst und plaukt findet sich in gleicher weise von tag und von der blume gebraucht. nicht anders nun dringt und steigt die blüte wie der tag, der morgen bricht an oder bricht auf, die sonne der morgen rinnt auf, der morgen ûf ran. Servat. 3410, goth. sunna urrinniþ, ahd. irran, altn. dagr rann, manat dies ab oriente, da gleich unsern rinnen und fließen auch lat. manare vom steigenden tag gilt, diu sunne ist ûz gerunnen heißt es und diu bluome ist ûz gerunnen, ûz gesprungen[1]. eine der zartesten blumen, die maiblume mit duftenden glöcklein führt verschiedentlich den namen springauf. Doch gleich einfache ausdrücke für blume und erblühen bietet auch das sanskrit. utpala, wörtlich die aufgehende, bezeichnet blume überhaupt, hernach eine der beliebtesten und heiligsten,

[1] dô si an dem rîse
die bluomen gesâhen bi den blaten springen. ms. 1, 20[a]

den lotus, von pal ire, ut sursum. utphulla bedeutet expansus, apertus und gilt von der blume, zu diesem phull expandere scheinen auch φίλλον und folium gehörig, wie unser blatt einer wurzel ist mit blühen und blume. udbhida ist planta progerminans von bhid, findi, rumpi und sphut, gr. σπεύδω treiben, antreiben wiederum findi, geltend von blume und blüte. Bisher führte ich bloß composita an, lauter solche, die mit den einfachsten und natürlichsten mitteln gebildet werden; selbst einfach aber erscheint das goth. keinan, praet. keinôda germinare, dessen endung nan auf ein unterliegendes keian, praet. kai zurück weist, von welchem mit demselben m, das auch blume von blühen leitet, unser keim, ahd. chîmo gebildet wird. doch nicht genug, dies chîmo, folglich goth. keima weisen zurück auf ein älters keisma, chîsmo, wodurch es thunlich wird auch das lat. germen für gesmen heranzuziehen, und keimen wie germinare einer und der nemlichen wurzel zu überweisen, wenn andere verschiedne bildungen dabei wirksam ins spiel traten. Ein andrer der alts. sprache eigner ausdruck für das vordringen der blüte war brustian und brustiad endi bloiad treten gleich bedeutend einander zur seite, wurzel von brustian ist aber brestan rumpi, sonst auch umgestellt berstan, brechen oder bersten, derselben wurzel gehört unser brust, die schwellende, vordringende, wie vom weiblichen busen, wenn er sich zu heben beginnt, gleich schön gesagt wird, daß er sich drehe, knospe, gleichsam erblühe. im bloßen worte brust liegt dasselbe. knospe für gemma floris war unsrer ältern sprache völlig unbekannt, ahd. sagte man dafür proz oder pruzzelinc, quod erumpit, von priozan, altn. briota rumpi, findi, jenem brechen und bersten in wort und bedeutung sichtbar verwandt. aus diesem proz oder einem ags. brot scheint sich nun gerade der romanische ausdruck für knospe gebildet zu haben, den das latein unerklärt ließe, nemlich das franz. bouton, it. bottone, sp. boton stehn mit ausgestoßenem r für brouton, brottone, zum erweis dieser deutung findet sich ein provenz. brotonar erhalten neben botonar, wir Deutschen aber haben unser eignes wort fallen lassen. mhd. ausdruck für knospe war balg und belgelîn, von belgan tumere, also wieder mit dem begrif der schwellenden:

touwic rôse, diu sich ûz ir belgelîn zespreitet,

heißts in den liedern, und belgelîn entspricht dem lat. folliculus. wann nun kam unser knospe auf? erst seit dem 16. 17. jh. und anfangs finde ich es bloß gebraucht von vorbrechendem erz, von ausbrechenden beulen, wieder also meint es geschwulst. sichtbar ist aber knospe umgesetztes knopse (wie vespa und wepse, wefse,

194

rispan und refsan), mithin zu knopf, nodus, bulla gehörig und allen bedeutungen des franz. bouton entsprechend, rosenknopf sagen wir und rosenknospe[1]. zur zeit da unsre sprache ganz versunken schien war sie immer noch der reizenden wortbildung anmutsknospe, das man im 17. jh. für eine aufblühende schönheit brauchte, fähig geblieben. Den meisten slavischen sprachen steht für blumenknospe das beziehungsvolle wort pupa oder pupak zu, puppe und knospe, lat. gemma, oculus floris, und dem menschlichen auge werden auch eine pupa und pupilla zugelegt. wie die puppe des insects ausbricht, ein bunter schmetterling, fast eine lebendige blume ihr entfliegt, so schlof aus der knospe die blume selbst, auf welchen bezug des feifalters zur blüte hernach zurückgekommen werden muß. die pflanze hat kein auge, kann nicht sehn, unsere einbildungskraft stellt aber ihre knospen den augen gleich und indem die blume aufgeht, thut die pflanze ihr auge auf, ja sie scheint aus einem schlummer, in dem sie befangen war, zu erwachen. Das gemahnt wieder an die sanskritsprache, welche unnidra exsomnis für die aufgegangne blume setzt, von nidra schlaf und der wurzel dra = dormire, träumen, unnidra assimilation von utnidra. der blume fessel ist gesprengt, ihr balg gesprengt, sie hat ihres lebens gipfel erreicht und wach das auge aufgeschlagen. liefert uns die sprachvergleichung nicht frische bilder?

Und doch, eben in dem grade wie solche unerschöpfliche etymologien mich anziehen, fürchte ich, ermüden durch ihre wechselnden, abspringenden einzelnheiten sie die geduld der meisten hörer, deren gunst ich mit den folgenden betrachtungen wieder einzuholen trachte. Obschon, wie wir sahen, den pflanzen gerade kein getrenntes geschlecht zusteht, die phantasie der sprachen hat nicht unterlassen, ja kaum unterlassen können, ihnen ein solches beizulegen und scheint immer davon ausgegangen, daß die großen starken pflanzen als männlich, die schlanken, zierlichen, zumal ihre blumen als weiblich, die entspringende frucht als neutrum angesehn wurden. auf dieser grundlage beruht auch für die thiere das grammatische geschlecht in der sprache überhaupt.

Dabei blieb die sache aber nicht stehen. wenn pflanzen aus menschen, menschen aus pflanzen erwachsen sind, lag es unmittelbar nah, auch wechselseitige neigungen zwischen pflanzen, thieren, menschen anzunehmen. berühmt ist der schöne persische mythus

---

[1] darum heißt es fastn. sp. 748, 28:
ist die dirne langgezopft
und hat im busen wol geknopft.

von der nachtigall liebe zur rose (gül), nur hat man sich unter nachtigall oder bülbül einen männlichen vogel, unsern sprosser etwa, zu denken, dessen leidenschaftlicher schlag gülgül den namen seiner geliebten vervielfältigt. Ausführlichere behandlung fordert und verdient aber hier eine in hohes alterthum zurücktretende anmutige vorstellung von wirklicher ehe und heirat, die zwischen einzelnen pflanzen, ja zwischen pflanzen, thieren und selbst steinen geglaubt, begangen und gefeiert werde. die natur zeigt uns verschiedentlich zarte schlingpflanzen, die ihre ranken um stärkere winden, so daß äste und zweige beider sich in einander flechten; es mag sogar dem feld- und gartenbau angemessen sein eine solche vermählung herbeizuführen und zu begünstigen. vor allem sind diese pflanzenvermählungen anzutreffen in Indien und mit eingreifenden, bedeutungsvollen gebräuchen verbunden.

Von keinem andern dichter jemals ist ein weibliches wesen so zart und blumenhaft geschildert worden, als von Kalidasa die liebliche, einer schlanken blume gleich blühende, duftende, schmachtende Sakuntala; sie klagt über ihres enggeschnürten kleides druck, es ist, antwortet ihre gespielin, der beginn deines jungfräulichen alters, was dir den busen schwellt. In Sakuntalas nähe gewinnen nun alle blumen den sinn ahnungsvoller vorzeichen, neben ihr erglänzt der amrabaum wie ein bräutigam; im geheimen vorgefühl, daß auch ihr geliebter unfern sei, begießt sie die knospende mâdhavipflanze, die sich den amra zum geliebten erkor.

Amra ist der große mango, mangifera indica, ein prächtiger, über ganz Indien verbreiteter baum, dessen reiches laub, wolriechende blüte und goldne frucht allgefeiert sind; mâdhavi, banisteria bengalensis eine schlanke weide mit hochrothen blumen, von natur des amra braut und ihn umrankend. bei Bopp mâdhavî, planta repens, Gärtnera racemosa. es versteht sich, daß in der grammatik wie in dem volksglauben, amra männlich, mâdhavi weiblich ist. Nicht anders gilt vata, ficus indica, in Bengalen bat und niagrôdha genannt, für männlich und bräutigam der weiblichen pippala[1]; hier könnte, da meines wissens eben bei den feigen gesonderte geschlechter vorkommen, eine vermählung des vata und der pippala der natur abgelauscht sein. Oft wird aber auch die tamarinde, wörtlich die indische palme (tamar hindu), als braut des mango oder anderer männlicher bäume, ja sie wird als braut von jünglingen angesehen[2].

[1] Lassen ind. alterthumskunde 1, 258.

[2] in einem zwiegespräch zwischen Jama und seiner schwester Jamî, als sie ihn verleiten will ihr beizuwohnen, wogegen er sich aus sittlichen rücksichten sträubt,

Im asiatic journal von 1825 findet sich ein indisches märchen, aus dem folgende züge hierher gehören. ein könig, dessen sieben söhne vermählt werden sollten, ließ auf eines weisen mannes rath sieben bogen mit sieben pfeilen herbei bringen und befahl jedem sohn, die pfeile nach verschiedenen seiten abzuschießen und da, wohin der pfeil geflogen sei, sich eine gemahlin zu suchen, wie sonst federn aufgeblasen werden und der richtung, die sie nehmen, nachgefolgt wird. so geschah nun auch, sechs pfeile waren entsendet, die königssöhne hinter ihnen hergezogen und bald auf die spur der ihren bestimmten gemahlinnen gekommen; der pfeil des jüngsten sohnes blieb aber in einer tamarinde stecken, worüber das ganze königreich in große unruhe gerieth. die befragten wahrsager erklärten einmütig, der königssohn sei verpflichtet, die eingegangene verbindlichkeit zu lösen und um nicht meineidig zu werden, die tamarinde zu heiraten. auf den anberaumten hochzeitstag wurden demnach die geschenke, wie sie allen übrigen sechs bräuten bestimmt waren, mit feierlicher pracht zu den füßen des baumes niedergelegt, der einer der schönsten seiner art war; als man folgenden tags sich ihm wieder näherte, lagen unter ihm die köstlichsten gegengaben an kleidern, edelgestein und früchten mit einem brief, worin geschrieben stand, daß die braut die geschenke annehme und der bräutigam an einem bezeichneten tage mit passendem geleite zu ihrer abholung sich einstellen möge. so wurde es denn auch ausgeführt, der königssohn, an der spitze seines gefolgs, ritt zu pferde nach der tamarinde, wo seiner eine gleich zahlreiche gesellschaft wartete, das gedränge war so groß, daß man weder die braut noch ihre frauen sehen konnte, genug der baum setzte sich in bewegung und der königsohn geleitete die braut nach seiner wohnung. es braucht kaum hinzugefügt zu werden, daß die tamarinde sich nachher in eine der schönsten jungfrauen verwandelte und das ereignis zu vollem heil ausschlug.

Statt dieser märchenhaften züge erzählt Sleeman in seinen rambles and recollections aus dem wirklichen leben der heutigen Hindus folgendes. Wer einen mangohain anlegt, darf dessen früchte nicht eher essen, bis er einen der mangobäume mit einem andern in der nähe des waldes wachsenden baume, meist einer tamarinde feier-

---

sagt sie zuletzt: grausam bist du grausamer Jama, nicht also hatte ich dein herz, deinen sinn erkannt, eine andere wahrlich wird wie mit einem gurte dich bindend dich umfangen, wie die schlingpflanze den baum. und er antwortet: einen andern wirst du, ein andrer wird dich umfangen, wie die schlingpflanze den baum. Rigveda 7. 6. 8. 3–4. das für schlingpflanze hier gebrauchte wort ist libudscha, welches Jâska im commentar umschreibt durch vratati (Wilson a creeper, kriechend und schlingend.)

lich vermählt hat. Nun geschah es, daß der besitzer einer dieser haine unweit der stadt Agra soviel auf das pflanzen und wässern desselben gewandt hatte, daß er nicht mehr geld genug besaß, um die vermählungsfeierlichkeit zu bestreiten; einer der bäume im hain begann aber bereits zu tragen und der arme Hindu in verlegenheit zu gerathen, weil weder er noch die seinigen die am baum hängenden früchte anrühren oder kosten durften. die leute verkauften alles, was ihnen von gold und silber eigen war und erborgten so viel sie aufbringen konnten, um bevor die nächste jahrszeit eintrat die vermählung des hains zu bewerkstelligen, erreichten endlich auch ihre absicht. Je größer die zahl der braminen ist, die bei einer solchen feierlichkeit bewirtet werden müssen, desto höhern ruhm erwirbt sich der besitzer des hains; jener Hindu, späterhin darüber befragt, antwortete mit einem seufzer, daß er nicht mehr als 150 habe gastlich aufnehmen können, er zeigte auch den mangobaum, welcher damals bräutigam gewesen war, die braut war nicht mehr an seiner seite. »aber wo ist die braut, die tamarinde?« – »die einzige tamarinde, versetzte er, starb ab, eh wir die vermählung konnten zu stande bringen, und ich war genöthigt dafür einen jasminstrauch zur braut zu wählen. ich pflanzte ihn hier an, damit, wie der brauch es fordert, braut und bräutigam während der feier unter einem baldachin stehen konnten; nachdem die hochzeit vorüber war, versäumte mein gärtner die braut, sie welkte und starb.« – »und warum gabt ihr nach der tamarinde dem jasmin den vorzug vor allen übrigen bäumen?« – »weil er der berühmteste ist aller bäume, die rose ausgenommen.« – »und warum habt ihr nicht die rose selbst zur braut gewählt?« – »weil man nie von vermählung der rose mit dem mango gehört hat, zwischen mango und jasmin aber alle tage hochzeiten stattfinden.« Der jasmin heißt hier tschunbaetec, welcher name sich vermutlich aus einem der heutigen dialecte deuten läßt und dem geschlechte nach weiblich sein muß. Man erzählt ferner, daß bei den Hindus auch wer mit großen kosten einen teich anlege, nicht eher daraus trinken dürfe, bevor er seinen teich mit einem an das ufer gepflanzten bananenbaum feierlich vermählt habe.

Das allerseltsamste jedoch ist, was man von vermählung des saligram mit der tûlsi meldet. saligrams sind runde kiesel, auf welchen versteinerte ammonite eingedrückt stehn, und die durch flüsse vom Himalajagebirge herabgespült werden. in diesen abgerundeten kieseln sieht das volk personificationen des Vishnu, sie gelten für hochheilig, ohne daß sie erst geweiht zu werden brauchen und stehn überall in ansehn. Einen solchen saligram pflegt man nun alljährlich mit einer kleinen, gleichfalls heiligen staude namens tûlsi zu vermählen, welche tûlsi für eine verwandlung der Sita, der gemahlin des Rama, der siebenten incarnation des Vishnu gehalten wird, der hohe priester sagte, bei der nächsten feierlichkeit werde der zug aus nicht minder als acht elephanten, zwölfhundert kamelen und viertausend pferden, sämmtlich beritten und prachtvoll aufgezäumt bestehen; auf dem hauptelephanten befinde sich der göttliche kiesel und statte der kleinen strauchgöttin seinen bräutigamsbesuch ab. bei dieser gelegenheit werden alle gebräuche einer förmlichen vermählung beobachtet und hernach braut und bräutigam in den tempel gebracht, um da bis zur nächsten jahreszeit auszuruhen. über hunderttausend zuschauer waren das letztemal auf des radscha einladung zugegen und wurden von ihm bewirtet, man kann sich den aufwand denken.

Überreste dieser wunderbaren im alterthum wahrscheinlich viel weiter verbreiteten sitte finden sich auch außerhalb Indien, zwar nicht, wo man sie am ersten suchen sollte, bei den Griechen, wol aber bei den Römern und in unverkennbarem bezug auf den landbau selbst, was der vorhin ausgesprochenen ansicht bestätigung gewährt. Horaz, epodon 2,9 den alten ehrsamen ackersmann schildernd, sagt deutlich:

    ergo aut adulta vitium propagine
    altos maritat populos,

und stellen bei Columella und Plinius lehren überflüssig, daß hauptsächlich pappel und ulme mit der rebe vermählt werden, wobei auch beständig der ausdruck maritare gebraucht ist.

    Plinius hist. nat. 17, 23, 35: populus nigra palmiti pluribus indurata annis maritabatur.

    Columella 4, 1. in maritandis arboribus.

    4, 2. duos palos unius seminis flagellis maritari.

    4, 22. caules, qui possint vel sua maritare statumina vel si qua sunt vidua in propinquo propaginibus vestire.

    5, 6. si teneram ulmum maritaveris.

    11, 6. ulmi vitibus maritantur.

Offenbar beabsichtigte man bei dieser vermählung die rebe und ihre ranken auf stärkere bäume zu stützen und ihr dadurch eine günstige lage gegen die sonne zu sichern. die vermählung ist sonst in diesen stellen ungenau genommen, da mit der weiblichen rebe ein männlicher baum vermählt sein sollte, populus und ulmus aber gleichfalls weiblich gedacht werden. palmes für vitis gesetzt würde dem, wiewol ungeschickt abhelfen, denn ohne zweifel liegt es in der natur der dinge, daß die schlanke, anhalts und schutzes bedürftige rebe, gleich der indischen mâdhavi, pipala und tamarinde als weibliches wesen einem männlichen stamm angetraut werde, für welchen sich populus oder ulmus wie der amra eignen. der brauch aber scheint desto alterthümlicher, da die ihm zu grunde liegende vorstellung längst in verwirrung gerathen, also auf eine frühe zeit zurück zu leiten ist, in welcher an die stelle der pappel oder ulme ein anderer männlicher baum treten konnte. Daß der römische landmann das verschlingen der beiden bäume feierlich veranstaltete, davon erscheint nicht die mindeste spur, die practische ergibigkeit der sitte bewährt sich bis auf den heutigen tag wenigstens im untern Italien, wo dem durchreisenden auf der landstraße anmutige verschlingungen der weinrebe mit andern bäumen auf dem gefilde allenthalben ins auge fallen.

Mit ganz abweichender wendung, was jeden gedanken an erborgung fern halten muß, begegnen wir aber auch den waltenden grundideen in unsern einheimischen mythen und überlieferungen. nicht der landmann ist es, der die pflanzen vermählt, sondern auf den grabhügel bestatteter menschen werden sie gesetzt, deren heiße liebe auch nach dem tode fortdauert und im unauflösbaren verflechten stiller pflanzen sich rührend darstellt. Hier liegen sogar die beweggründe noch offener da als in der indischen gewohnheit. die pflanzen vermählen sich, weil die menschen über denen, aus denen sie erwachsen, schon verbunden waren, wie die indische tulsi dem saligram angetraut wird, weil schon Sita und Rama = Vishnu den liebesbund geschlossen hatte. es ist die liebe aus dem leib der sterbenden menschen in den saft der pflanzen getreten und treibt nun da auf dieselbe art; an steingehaunen grabmälern des mittelalter mag es vorkommen, daß die reben aus dem munde der abgebildeten gestalten auslaufen.

Wie lieblich und ergreifend lautet es in schwedischen, englischen und deutschen volksliedern: es wuchsen drei lilien aus ihrem grab. Uhland 21. 206. 223. 241. 282. und ausführlicher:

> det växte en lind uppå begge deras graf,
> hon stånder der grön till domedag,
> den linden hon växte öfver kyrko kam,
> det ena bladet tager det andra uti famn,

oder,
> det växte upp liljor på begge deras graf,
> de växte tillsamman med alla sina blad,
> det växte upp rosor ur båda deras munn,
> de växte till sammens i fagraste lund.

und,
> det växte tvenne träd uppå deras graf,
> det ena tager det andra i famn.

und,   out of here breste there grew a rose
         and out of his a briar,
         the grew till the grew unto the churchtop,
         and there the tyed in a true lovers knot.

true lovers knot nannte man die knoten und schleifen der bänder,
die liebende einander zu schenken pflegten. Berühmter ist und
älter hinauf reicht die sage von Tristan und Isalde, den gefeierten
liebenden, wenn auch welsches oder britisches ursprungs, bald ein
gemeingut aller völker des mittelalters geworden. Aber auch hier
irren uns wieder die schon beim römischen maritare aufgestiegnen
bedenken. Nach dem volksbuch und Eilharts gedicht läßt könig
Mark auf Tristans leichnam eine weinrebe, auf Isaldens einen rosenstock setzen, deren beider ranken so zusammenwachsen, daß
man sie nicht von einander bringen konnte. richtiger scheint umgedreht in Ulrichs und Heinrichs dichtungen (denn wie Gotfried
selbst gemeint haben würde wissen wir nicht) die rebe auf Isotens,
der rosenstock auf Tristans grab gepflanzt, so daß man sich eine
vermählung der weiblichen rebe mit dem männlichen rosendorn
oder hagedorn vorzustellen hätte. das ist weit bezeichnender und
dem heidnischen alterthum vollkommen gerecht. ich habe neulich
bei anderm anlaß gewiesen, daß die heiden auf ihre gräber einen
hagedorn setzten, mit dem auch die leichen verbrannt wurden. der
hagedorn, um den sich die rebe schlingt, scheint also beiden vorstellungen, der des begrabens und vermählens höchst angemessen
und es ist völlig eins, ob sie aus den leichen selbst gesprossen oder
auf die grabhügel gesetzt sein sollen. In den schwedischen liedern
flechten sich lindenblätter oder rosen und lilien, im englischen rose
und dorn, briar, ags. brer, der männliche strauch. Aber ein serbi-
sches lied (Vuk 1 no. 341) ist ganz genau, wie sich die hände
liebender durch die erde in einander schlingen, wächst aus des
jünglings grab ein kiefer (bor m.), aus des mädchens eine rose, und
um den kiefer windet sich die rose, wie um den strauß die seide:

      више драгог зелен бор изразше
      а виш' драге румена ружица
      иа се виiе ружа око бора
      као свила око кише смил'а.

Aus den dargestellten verhältnissen allen, aus dem eindruck, den
die betrachtung der blumen und pflanzen in vielen lagen des be-
wegtesten lebens auf das menschliche gemüt hinterließ, darf nun
schon im voraus geschlossen werden, wohin meine untersuchung
hauptsächlich zielt, daß sie auch für die namengebung sehr oft
bestimmend werden muste. wandte man auf die pflanzen gebräu-

che des menschen an, so konnte nicht ausbleiben, daß umgekehrt die eigenschaften und bilder der pflanzen auch auf die menschen übertragen wurden.

Für namen, die sie ihren angehörigen und bekannten beilegten, suchten die menschen von jeher in der sie umgebenden natur nach gestalt und gleichnis, wobei sie sogar wirkliche kraft und einfluß der gewählten gegenstände auf das leben selbst, wenigstens eine günstige weissagung voraus zu setzen geneigt waren. das neugeborne, nach einem thier oder nach einer blume benannte kind empfieng dadurch gleichsam einen geleitenden schutzengel, dessen tugend ihm zu theil werden oder in wichtigen augenblicken helfen konnte. Wenn nun im allgemeinen thiere, zumal mutige und tapfere für männliche namen angemessen schienen, musten blumen, aus denen duft und lichte farbe hervor giengen, zu treffender bezeichnung der frauenschönheit gereichen. das gesetz findet freilich seine ausnahmen im einzelnen, da auch zierliche und geliebte thiere, wie das reh, die taube und nachtigall sich für frauennamen, dagegen im pflanzenreich alle großen und kräftigen stämme, wie eiche, erle, apfelbaum, dorn für männernamen eigneten, und einige der letztern früher auch dem grammatischen geschlecht nach männlich waren, z. b. asch, altn. askr. Die meisten und schönsten frauennamen aber müssen von blumen und kräutern entnommen sein, welche stufen und gipfel weiblicher anmut am passendsten auszudrükken vermochten.

Für den ursprung solcher aus der natur selbst erborgten, den thieren oder pflanzen abgesehenen menschennamen läßt sich nicht übersehen, daß zu ihrer (wie der sternnamen) ersten findung vorzugsweise eine nothwendige stufe menschlicher entwickelung, das hirtenleben geschickt war. die hirten verkehrten in voller muße unmittelbar und überall mit der freien natur und hatten das offenste auge für sie, wie wir es den auf sie folgenden ackerbauern zwar nicht absprechen, lange nicht in gleicher maße zutrauen dürfen. im wald und auf wiesen lernt der weidende hirt alle eigenschaften und kräfte der kräuter kennen, dem geschäftigeren ackermann ist mehr an vervielfachung seiner zahmen früchte und thiere gelegen, auch wald und wiesengründe möchte er nach einander reuten und urbar machen, um allen grund und boden seiner pflugschar zu unterwerfen; nur zu seinen festen bedarf er noch der blumen, dem heimgeführten getraide oder den schnitterinnen kränze daraus zu winden. Daß das ackerbauende leben unergibig war für die namengebung, schließt sich eben aus der fast gänzlichen abwesenheit aller frauennamen, die von feldfrüchten hergenommen wären, nur nach ihren blumen wählten sie die hirten. das einzige φακῆ linse, lenticula begegnet als frauenname bei Athenaeus p. 158.

Auf die heimlichen, aber reizenden triften alter hirtenzeit leiten quellen der poesie selten, nur die von vier völkern, den Hebräern, Iuden, Griechen und Arabern gewähren uns anschauungen, deren ohne sie wir völlig entrathen würden. alle hirtenzustände andrer völker, zumal unsrer eignen vorfahren, sind uns verschollen und ein schwacher nachhall davon lebt noch in den gebräuchen der Schweizer und Tiroler alpen. langanhaltende hirtenzeit führten die aus palästinischen beduinenstämmen eingewanderten Hyksos in Aegypten heran, wovon auch noch einige spuren den hieroglyphen können eingedrückt sein. Die lebhaftesten hirtenbilder aber stellen uns Moses, das hohe lied, Homer und Theokrit vor die seele.

Wie ergreifend schildern die cantica canticorum des herzens leidenschaft, wie sanft spiegeln sie das hirtenleben ab: o quam pulchra es, amica mea, dentes tui sicut greges tonsarum, quae ascenderunt de lavacro; duo ubera tua sicut duo hinnuli capreae gemelli, qui pascuntur in liliis, donec aspiret dies et inclinentur umbrae. das ist der beste commentar zu dem auch von Festus aufgehobenen plautinischen bruchstück: fraterculabant mulieri papillae primum, sed illud volui dicere sororiabant. fraterculare war gerade recht und begegnet jenem gemelli. noch in unserm deutschen mittelalter hiesen die weiblichen brüste buoben, d. i. gemelli.

Nur zwei hebräische frauennamen kenne ich, die aus blumennamen geschöpft sind, Thamar und Susanna. Thamar kehrt einigemal im alten testament wieder und wurde schon vorhin erläutert, es bedeutet die palme. Susanna aber bedeutet die lilie, hebr. schoschan, schuschan, שׁוּשַׁן, arab. susan, und daher ins span. azucena, port. açucena übergegangen. Susa war lilienstadt, τὰ σοῦσα bei Steph. byz. und Strabo 15, 727. 728. Arabische, türkische frauennamen nach blumen werden sich leicht ergeben, z. b. Vard, rose. Hammers reiches verzeichnis hat s. 10,11 nur Tharíset ausgewachsne pflanze, Ríhánet ὤκιμον und Sehrá die blühende, s. 3 aber männernamen aus blumen.

Hieroglyphisch sind:

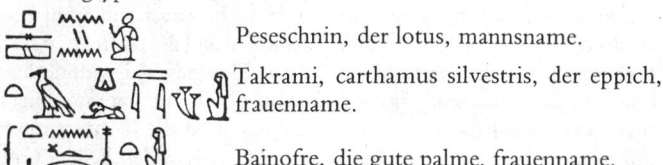

Peseschnin, der lotus, mannsname.

Takrami, carthamus silvestris, der eppich, frauenname.

Bainofre, die gute palme, frauenname.

Reichere ausbeute gewährt Indien, die reichste Griechenland. Eine der beliebtesten indischen blumen, der eben ägyptisch angeführte schöne, sanfte lotus, unter vielen namen, hauptsächlich unter dem von padma bekannt, war der Lakśmî, göttin des heils und der liebe, die sich unsrer Fraujô oder Freyja vergleichen läßt, geweiht, und nach der blume führte sie selbst den beinamen Padmâ. außerdem aber begegnen die frauennamen Padmâvatî, die lotusgleiche, Padmâdêvî und Padmâlajâ, der letzte wiederum die göttin selbst bezeichnend. Padmâvatî ist gebildet wie Mandâravati, von mandâra, erythrina fulgens, arborum coelestium genus, oder asclepias gigantea, und geht auf eine frau, deren schönheit diesen blumen gleicht. Padmâdêvî, lotuskönigin, gilt für Pârvatî, Śivas gemahlin. nach kamala, einem andern namen des lotus, heißt Lakśmî selbst auch Kamalâ, und im drama Mâlavikâgnimitra findet sich eine dienerin Kaumudi genannt, was nochmals auf eine benennung des lotus kumuda zurückführt. nicht anders ist Indirâ name der Lakśmî, indîvara lotus, nymphaea coerulea. in jenem drama tritt eine Vakulâvati auf, von vakula mimusops elengi und âvalî kette gebildet, also blumenkette, kranz aussagend und ebenso wird in einem andern bei Wilson ausgezogenen drama eine königstochter Kuvalajamâlâ, lotuskranz aufgeführt. Mâlatî jasminum, ist die heldin des nach ihr genannten drama Mâlatî und Mâdhava von Bhavabûti, eine andere heißt Tschutalatikâ, und da tikâ, im letzten theil der zusammensetzung, schlingpflanze ausdrückt, darf man auch das vorausgehende tschutala einer blume beilegen. der Mâdhavî, als braut des Amra, und der jasminbräute wurde schon oben gedacht. Im hitopadeśa führt die frau eines haṅsa oder schwans den namen karpûramanjarî, zweig oder sproß des kampferbaums. in den märchen des Sômadêva finde ich ein mädchen Upakôsa, von kôśa gemma floris und der partikel upa ad gebildet; bedeutsam nennt sich ihr vater Upavarśa von varśa pluvia, so daß aus regen oder thau die blumige tochter erwachsen scheint. noch merkwürdiger ebendaselbst ist Tilôttamâ, name einer himmlischen, auf erden wandelnden apsarase, zu leiten von tila sesamum und uttama optimum, da zusammenfügung des auslautenden a und anlautenden u ein ô hervorbringt; aus dem sesam wurde duftendes öl bereitet und das kostbarste sesam eignet sich treffend, hohe schönheit zu bezeichnen. darauf muß aber gewicht fallen, daß Tilôttamô apsarase, himmlische, meergeborne nymphe war, die man sich wunderbar schön und als reizende tänzerin dachte. die meisten apsarasennamen, deuten auf wolken, thau oder regen, doch kommt unter ihnen eine klasse vor, welche mudas, die erfreuenden heißen und

ôśadhajas sind, d. i. pflanzen. ôśadhi besagt nach Bopp herba an-
nua, post maturitatem evanescens, von ôśa ardor und dem vieldeu-
tigen dbâ gebildet, so daß sich auslegen ließe lebenswärme haltend
oder ablegend, vielleicht auch waltet ein mythischer bezug auf das
feuer, jedenfalls bleibt die anwendung auf pflanzenwesen sicher
und wir werden dafür gleich noch andere beweise an anderer stelle
schöpfen dürfen. der schnell vergehenden ôśadhi gegenüber steht
vîrud, nach Bopp planta repens, als perennierend. ohne zweifel
gibt es viele indische frauennamen mehr, die von blumen entnommen werden, und mir noch unbekannt geblieben sind.

Die griechische literatur, darum überhaupt so groß und anzie-
hend, weil fast für alles was das menschliche gemüt von jeher
bewegt und eingenommen hat, sie immer die klarsten und tref-
fendsten beispiele darreicht, wird, wie sie allenthalben eine menge
der fruchtbarsten forschungen fortträgt und nährt, auch dieser
meiner kleinen und engen untersuchung zur belebenden stütze
dienen.

Aus der fülle griechischer eigennamen, die an zahl dennoch,
nicht an gehalt und schönheit, von unsern altdeutschen übertroffen
werden, ragen auch nicht wenige den pflanzen und blumen ent-
lehnte vor. nach dem was vorhin über den bezug des hirtenlebens
zu solchen namen und eben über die indischen apsarasen gesagt
wurde, kann nicht befremden, daß beinahe alle solche griechischen
frauennamen, und sie sind von großer anmut wie schönheit, hirtinnen oder hetären angehören.

Es wäre ein misgrif, die hetären nach der sittlichen erniedrigung
und verworfenheit feiler dirnen neuer zeit zu messen. der umgang
mit ihnen war männern allgemein verstattet und auf keine weise
beschimpfend, ausgezeichnete, edle geister ergaben sich ihm ohne
sorge. die tiefere stellung der frauen des alterthums insgemein
machte möglich, daß neben dem heilig gehaltenen band der ehe
auch noch verhältnisse zu kebsen und freundinnen auf verschiedener stufe geduldet waren, die darum nicht für unsittlich angesehen
werden durften. die hetären bilden ohne zweifel einen naturgemä-
ßen übergang von der bei allen ältesten völkern herschenden poly-
gamie zur durchführung strenger ehen.

Man kann weiter gehn, und wenn die oben aufgestellte behauptung ihren grund hat, daß kein fortschritt zu einer höheren stufe
der entwickelung ohne einbuße einzelner vorzüge der vorausgehenden stufe erfolge, darf man sogar annehmen, daß in der freien,
ungebundnen liebe eine poesie des lebens und der leidenschaft ge-
borgen war, die sich später schmälerte und vor den höheren edle-

ren zwecken der ehe schwand. ist doch heute noch eingeräumt, daß die anmut des brautstandes mit einer prosa der ehe und nach den flitterwochen aufhöre, und um einen schlagenden beweis aus der geschichte unsrer heimischen dichtkunst zu führen, wir wissen, daß die zartesten mit tiefer wahrheit in den minneliedern ausgesprochenen gefühle der liebe immer außereheliche verhältnisse voraussetzen, und dadurch bedingt waren.

Alle und jede frauennamen nach blumen wurden ursprünglich aus dem munde liebender ihren geliebten kosend gegeben und sollen die innigste vorstellung glänzender, duftender schönheit darlegen. nicht ertheilte beim feierlichen opfer am zehnten tage nach der geburt einen solchen namen der vater seiner tochter, sondern einen ganz andern prosaischen, welchem hernach einmal jener kosende als beiname hinzutreten konnte. auch die hetärennamen, sowol die von blumen als von andern gegenständen (und solcher ist eine menge) entnommnen, waren keine den mädchen bei der geburt gegebne, vielmehr erst von den liebhabern zugelegte namen. man mag freilich einräumen, daß einzelne derselben allgemeinen eingang fanden und dann auch den töchtern schon von den eltern verliehen wurden; nicht selten aber ist außer dem überlieferten hetärischen beinamen zugleich der echte geburtsname angeführt. auch die namen indischer apsarasen, die als himmlische hetären und bajaderen erscheinen, werden bei näherer betrachtung gleiche beschaffenheit kund geben.

Theokrit in seinen idyllen nennt nur ein paar hirtinnen, unter welchen Μυρτώ 7, 97, die blume nicht verleugnet, viele hetären heißen Μύρτιον und noch häufiger Μυρρίνη, woraus bei Aristophanes Lysistr. 872 die verkleinernde koseform γλυκότατον Μυρρινίδιον wird. Schwieriger ist der bekannte, auch nachher von Virgil übernommene name Ἀμαρυλλίς in der dritten idylle und 4, 38, den ich weder als blume ausweisen kann, noch von einer hetäre. doch in die botanik hat ihn Linné schon längst tactvoll, und selbst die formosissima Amaryllis zurückgeführt, was dürfen wir noch zweifeln? das zwiefache λ vor υ wie vor α weist auf blumen und kräuter, wie in Φυλλίς, Ἑρπυλλίς, Ἀγαλλίς, Θρυαλλίς und andern hernach zu besprechenden. was den geliebten der hirten, kam auch allen hetären zu. ἀμαρυλλίς aber mag eine glänzende, leuchtende blume gewesen sein, von ἀμαρύσσω leuchten, flimmern, ἀμάρυγμα χαρίτων bezeichnet bei Hesiod die leichte bewegung der Chariten, und Amaryllis würde man vorzugsweise einer schlanken tänzerin beilegen. ich kann den grund nicht angeben, warum, nach Forcellini, einige erklärer die virgilische Amaryllis πορνεία, scortum auslegen; Rom, was darunter gemeint sein soll, hieß sonst auch Ἀνθοῦσα, Florentia, gleich andern städten mehr. Nicht anders als in Ἀμαρυλλίς suche ich in Γαλάτεια, Polyphems geliebter, eine von der milchweißen farbe benannte blume; unsern botanikern ist galanthus schneeglöckchen, an einigen orten die jungfer im hemd genannt, auch Lobeck pathol. 369 führt Γαλάτεια auf γάλα zurück und bemerkt cujus epitheton quasi perpetuum est λευκή et candida. ebenso bezeichnet λευκόϊον, unser levkoje, ursprünglich weißblume, blanchefleur, und Ἄνθεια, ein ausdrücklicher hetärenname scheint aus ἄνθος gerade wie Γαλάτεια aus γάλα gebildet. führte aber Aphrodite den beinamen Ἄνθεια und sonst lat. Myrtea oder Murcia, so stellt sie sich auch darin der Lakśmî an die seite und den hetären. 26,1 nennt Theokrit eine bacchantin Ἀγαύα, heute bedeutet uns agave wieder eine pflanze. vielleicht daß auch Σιμαίθα 2,101 und Θέστυλις, ihre dienerin 2,1.69, sich als blumen auslegen lassen; Κισσαίθα 1,151 und Κυμαίθα 4,46, Κυναίθα 5,102 sind ihm ziegen, und ich weiß die bildung – αἴθα nicht befriedigend zu erklären.

Einzelne hetärennamen finden sich zerstreut bei den schriftstellern, zahlreich aber sind sie in Lukians lebendigen hetärengesprächen und im dreizehnten buch des Athenaeus enthalten.

Herodot 2,134.135 gedenkt einer berühmten ägyptischen Ῥοδῶπις ἑταίρη, ohne zu sagen, ob sie ein und dieselbe mit der von ihm 2, 100 angeführten Νίτωκρις sei, welchen letzteren namen man Neith, die sieghafte deutet[1]. Strabo 17,1 p. 808 nennt sie Ῥοδόπη mit kurzem o, und erzählt den märchenhaften zug, daß eines tags, als sie badete, ein adler einen ihrer schuhe geraubt und in den schoß des königs zu Memphis getragen habe, der gerade im freien zu gericht saß. von dem seltsamen ereignis und der zierlichkeit des schuhes betroffen hieß der könig durchs ganze land nach dem schönen fuß suchen, der in diesen schuh passen würde und so geschah es, daß man Rhodope zu Naukratis auffand und sie hernach zur königin wählte. auf dieselbe weise wird in einem unsrer gangbarsten kindermärchen Aschenbrödel am pantoffel, den es von seinem hübschen fuß hatte fallen lassen, erkannt und zur königin erhoben, wie auch in anderer gleichberühmter sage könig Mark befahl, nach der eignerin des schönen haars zu forschen, das eine schwalbe herangetragen hatte. Lege man nun Ῥοδῶπις rosengesicht, rosenblick von ὤψ, ὠπή aus, oder Ῥοδόπη rosenpflanze, von ὀπός saft und dann σίλφιον laserpitium, einer saftigen pflanze;

[1] Bunsen Aegypten 2, 236 ff.

die vorstellung bleibt nahe dieselbe und beide formen, gleich dem einfachen Ῥοδώ und Ῥόδη erscheinen oft als hetärennamen. Ῥοδογοίνη wäre ein rosengefilde, auch Ῥοδάνθη und Ῥοδόκλεια sind frauennamen. Zumal beachtungswerth ist die nebeneinanderstellung von Αἷμος und seiner gemahlin Ῥοδόπη in den bekannten thrakischen bergnamen, denn αἷμος bedeutet einen dornstrauch oder wald und ῥοδόπη die rose, was an ein anderes verbreitetes märchen von Dornröschen mahnt und an jenes verschlingen der rose und des hagedorns über dem hügel. sicher gab es von beiden bergen altthrakische mythen. Auch Ῥοδεία, Ῥόδεια im homerischen hymnus auf Demeter 419, gebildet wie Ἄνθεια und Γαλάτεια, neben Ῥοδόπη 422, der göttin gespielinnen, nehmen für diese lieblichen namen die edelste, reinste bedeutung in anspruch.

Gefällig sind neutralbildungen von eigennamen, denen gleichwol ein weiblicher artikel hinzuzutreten pflegt, weil ihr bezug auf frauen überwiegt: Ὤκιμον, lat. ocimum, wolriechendes basilienkraut, jenes arab. Rihanet; Σισύμβριον thymus, quendel; Μύρτιον, myrtenzweig; Χελιδόνιον schwalbenkraut, auf dakisch κρουστάνη und noch heute littauisch kregz'déle, kregz'dyne genannt (Nesselmann s. 225[b]), doch ohne anwendung auf frauen, ein in der sprachgeschichte wichtiges wort; Ἀβρότονον, Artemisia, stabwurz, auch mit dem spiritus ἀβρότονον geschrieben, eine solche Abrotonon, wieder thrakischer abkunft, war des Themistokles mutter, wie Plutarch meldet, Athenaeus wiederholt:

Ἀβρότονον Θρήισσα γυνὴ γένος· ἀλλὰ τεκέσθαι
τὸν μέγαν Ἕλλησιν φημὶ Θεμιστοκλέα.

für φημὶ steht bei Athenaeus φασί. Ἀβρότονον war nach Stephanus von Byzanz auch einer libyschen stadt name und Stephanus will diesen, wie Ἄθμονον auf Ἀθμονεύς, zurückbringen auf Ἀβρoτονεύς. Ἄθμονον nach der gewöhnlichen lesart ist name eines attischen δῆμος, in beiden wortbildungen Ἄθμονον und Ἀβρότονον fällt das zwiefache ν auf. bei der pflanze scheint freilich das natürlichste an ἄβροτος, ἄμβροτος, ἀμβρόσιος und das skr. amrita, unsterblich machende götterspeise zu denken; tröge diese vermutung, so könnte man versucht sein, einem vielleicht thrakischen wort ἀβρότονον unser haberwurz τραγοπώγαν zu vergleichen, das nicht mit haber avena, sondern dem alten haber, ags. häfer, altn. hafr = caper zusammengesetzt ist, wie unpassend es auch schiene, eine solche pflanze als frauennamen zu gebrauchen. immer seltsam und nicht zu übersehen, daß ἀβρότονον thrakischen, χελιδόνιον dakischen anklang hat, ῥοδόπη wenigstens von den Griechen einem thrakischen gebirg beigelegt war.

Κλωνάριον, hetärenname bei Lukian, drückt nichts aus als sproß oder reiß und ist verkleinerung des einfachen *κλών* von *κλάω,* welchem *κλών* entsprechen würde ein goth. hlauns, wie dem gleichbedeutigen *κλάδος* unmittelbar das goth. hlauts, ahd. hlôz propago, unser heutiges loß entspricht. ähnlicher bildung scheinen die frauennamen *Θαυμάριον, Νικάριον, Μουσάριον, Ναννάριον, Σιμάριον,* die doch dem pflanzenreich fremd sind, *Σιμάριον* gemahnt an jenes *Σιμαίϑα* bei Theokrit und könnte von *σιμός* abgeleitet ein stumpfnäsiges mädchen, wie *σιμαίϑα* die stumpfnäsige ziege meinen.

Ἑρπυλλίς, lat. serpyllum, unser immergrün oder feldthymian hieß nach Athenaeus p. 589 des Aristoteles geliebte, mit der er den Nikomachos zeugte; nicht anders war *ἀνϑυλλίς* ein kraut, *Ἀνϑυλλίς* ein frauenname (corp. inscr. n°. 2201), also stände nichts entgegen, daß auch die von Lobeck path. s. 127 angeführten *ὀρπυλλίς, ἀκανϑυλλίς* u. a. m. als solche vorkämen. *Ἀγαλλίς,* bollenblume und *Θρυαλλίς* binse, aus deren mark docht bereitet wurde, finden sich als hetärennamen, hieß eine hetäre docht, so führte eine andere den beinamen lampe: *Συνωρίς* (d. i. biga, paar) *ἡ Λύχνος ἐπικαλουμένη*[1]. einfaches *λ* begegnet in *Μυρτάλη,* lakonisch *Μυρταλίς* für *μυῤῥινάκανϑος,* mausedorn. beiderlei endung mit *λλ* oder *λ* gleicht der *χρυσαλλίς,* goldner puppe, oder dem *νεκύδαλος, νεκύδαλλος,* und dienen die oben bemerkte analogie zwischen der aufgehenden blume und dem ausbrechenden schmetterling zu bestätigen. auch die namen *Ναννώ Ναννίον Ναννάριον* besagen puppe, püpchen.

Μυῤῥίνη myrtenzweig wurde schon genannt. *Μηκωνίς* ist mohnlattich, *Λειρίονη* lilie bei Alciphron 3, 45, also = Susanne, *Ἀμπελίς* weinrebe, vitis, die wir ja als braut anderer bäume erkannten. gleiche einfachheit zeigen *Δαφνίς,* frucht des laurus oder ein daraus geflochtener kranz, *Ἀνϑίς = Ἀνϑεία, Ἀνϑοῦσα,* die blühende, *Χλόη, Θαλλώ,* nochmals blüte und sproß auch *Θάλεια, Ἀνϑεμίς, Φιλύρα* die linde, *Κυμινάνϑη,* flos cumini, gebildet wie *Ῥοδάνϑη, Ἰοκαλλίς* und *Ἰοκάστη,* beide vom veilchen entnommen, *Κοριαννώ,* vom koriander *κόριαννον, Δροσή* eine hetäre, *Δροσίς,* name einer sclavin, wobei an die thauige rose und an die thauige apsarase gedacht werden muß; *Ὑακινδίς* und auch *Ὑάκινδος* weiblich; *Βάκχαρις,* auf *βάκκαρις,* baccar, nardum rusticum weisend. nicht wenige werden diesem verzeichnis noch fehlen, viele in den denkmälern gar nicht erwähnt sein.

---

[1] fragm. hist. gr. 4, 410.

Zunächst an diese griechischen frauennamen aus dem pflanzen-reich darf ich slavische reihen, wie die Slaven in gar manchem betracht den Griechen, ihre sprache der griechischen, zumal in der vollkommenen conjugation, nahe stehn.

Unter welchen aller slavischen stämme könnte aber nach treube-wahrten gebräuchen der vorzeit, nach unvertilgten spuren des hir-tenlebens, folglich nach blumennamen eher gesucht werden, als bei dem serbischen, dessen reizende volkspoesie glücklicherweise uns jetzt gesammelt vorliegt? in einem winkel Europas, durch die drückende barbarei der Türken gewissermaßen geschützt und be-schränkt haben die Serben als einfache landbauer, schäfer und jäger ihre hergebrachte art und sitte fast bis auf unsere tage unversehrt beibehalten. die stille schönheit ihrer in reiner sprache fließenden dichtung geht an unserer gegenwart beinahe unvermerkt vorüber, weil seit ihrer öffentlichen bekanntmachung noch nicht zeit genug verstrichen ist, um den eindruck, welchen sie hinterlassen muß, zu festigen und zu vervollständigen; es kann aber nicht ausbleiben, daß ihr künftig einmal in der geschichte der literatur würdige und bedeutende stellen eingeräumt werden.

Die serbischen lieder sind voll traulicher blumennamen, wie sie den geliebten beigelegt wurden, durch den langen gebrauch schei-nen auch viele darunter oder die meisten allgemein angenomme-nen und den mädchen schon nach der geburt ertheilt. Ein solcher frauenname ist Perunika, iris, eine hier nach Perun, dem höchsten gott der heidnischen Slaven benannte lilienart; auch die griechische ἶρις steht sowol zur farbe des regenbogens, als zur götterbotin in bezug und einzelne frauen führen den namen Iris, für hetären fand ich ihn noch nicht. gleich üblich bei Serbinnen ist der name Liljana, von liljan, hemerocallis. aber noch öfter kehrt in den liedern wie-der Smilja und Smiljana, lepa Smilja, abgeleitet von der blume smilj, gnaphalium arenarium geheißen; lepa Rusha oder Rushitza, d. i. rose; Tzveta, Tzvijeta, d. i. blume; Ljubitza viola, veilchen; Bosiljka, basilicum, ocimum; Nevenska, von neven, todtenblume, calendula officinalis; Jagoda, erdbeere, böhm. gahoda; Drenka, kornelkirsche; Konoplja, hanfstengel von konoplje, hanf, canna-bis; Daphina wilder ölbaum, dem gr. δάφνη entsprechend; Ne-rantza, pomeranze; Travitza, gräslein, von trava gras, kraut, die allereinfachste benennung, die sich aus der pflanzenwelt auf eine frau anwenden ließe; Kalina ligustrum vulgare oder viburnum; Malina, paliurus, wegedorn; Trnjina, schlehe; Borika, von bor kiefer, schlanke tanne; Vischnja, weichselkirsche; Iasika, espe, po-pulus tremula. der frauenname Zumbul ist die von den Türken übernommene arabische benennung der hyacinthe. Grozda, Grozdana von grozd, traube und Loza vinova, bela loza vinova, weinrebe, vitis. Auch Boshitza, wörtlich die göttliche, bildet einen frauennamen, ist aber wol auf boshje drvtze, gottes bäumchen zu leiten, worunter man abrotonum versteht, dem wunderbare heilkraft beigemessen wird. einmal 1,73 findet sich zrno shenitscho! als anrede einer frau, waizenkorn! vocativ von Zrna, gleichsam körnin.

Von selbst erwartet man, daß ein bei den Serben so tief wurzelnder brauch auch unter den andern Slaven nicht ohne spur sein könne. wahrscheinlich würden nähere nachforschungen ergeben, daß in entlegnen theilen Rußlands und Polens weibliche pflanzen und blumen, wie kalina viburnum opolus, malina himbeere unter dem volke und im volksgesang auch zu frauen namen dienen. Zumal merkwürdig, und meine für die griechischen namen entfaltete ansicht bestätigend scheint aber, daß die serbische smilja, bei uns immerschön und schöne liebe genannt, den Böhmen smilka heißt und von Jungmann zwar nardus, aber auch nomen fictum adulterae vel meretricis erklärt wird, ja smilnice bedeutet auf böhmisch geradezu hure. so sank auch hier der schöne den Serben ganz unschuldige name von der geliebten auf die gemeine hetäre herab, und ist kein wirklicher, nur ein erdichteter, poetischer.

Überaus lieblich nennen alle Slaven das thymum, unsern thymian, serpillum seele der mutter, seelchen der mutter, serb. majkina duzhitza, poln. macierza dusza, macierzanka, böhm. materina duška, matěrj dauška. es war ein süßes kosewort, was diesmal die leidenschaft nicht dem liebenden für die geliebte, sondern der mutter für die tochter auspreßte, für das ihrer seele duftende kind.

Den littauischen und finnischen völkern ist wie in der sprache manches, so auch die abgeschiedenheit ihrer lage mit den Slaven gemein, die ihnen die bildung des übrigen Europas länger vorenthalten, sie aber auch oft vor verderben und einbuße bewahrt hat. viele sonst erloschne alte gebräuche leben unter ihnen fort. Jenem serb. smilja und böhm. smilka begegne ich auch im litt. smulke wieder, es wird dem chenopodium, bei uns guter oder stolzer Heinrich geheißen, beigelegt, mir entgeht, ob irgend mit dem böhmischen nebensinn. in den littauischen, unter dem namen dainos bekannten volksliedern wird die geliebte häufig mano lelijate, mano lelijuze, meine lilie angeredet, dann auch mano burnyte! das vielleicht nicht mit Nesselmann auszulegen ist mein mäulchen, vielmehr nach der blume burnotas amaranthus.

Im finnischen kanteletar werden hirtenlieder (paimenlauluja) mitgetheilt, da heißt es n° 170 (th. 1,173):

Marisenko, marjasenko
panaposki puolasenko!

d. i. Maria. kleine beere, rothwangige erdbeere, mit zartem wort-
spiel zwischen Marisenko Mariachen, kleine Maria und marjabeere
(vgl. serb. Jagoda) puola ist vaccinium vitis idaea, puolasenko wieder das diminutivum.

Daselbst th. 2 s. 176 n°. 175:

tuuti, tuuti, tuomen marja,
liiku, liiku lempilehti,
nuku nurmilin tuseni
wäsy wästäräkkiseni,

stille, stille, meine beere, rühre dich, rühre dich zartes blatt,
schlummre mein vöglein, ruhe aus du bachstelze; das letzte wird
wieder nicht vom geliebten, sondern von der mutter gesungen, die
ihr kind einschläfert und ihre schmeichelworte von pflanzen und
beeren hernimmt.

Weniger zu berichten habe ich von den übrigen völkern, schon
von den Römern, die hier, wie sonst, in weitem abstand hinter den
Griechen zurückbleiben. Weder Horaz noch Properz und Tibull
verfallen darauf ihren geliebten beinamen nach blumen zu geben,
sie heißen ihnen, wenn auch griechisch, vornehmer Delia, Cyn-
thia. unter den nachgeahmten griechischen hetärennamen hat
Plautus im Stichus ein Stephanium und Crocotium, d. i. *Κροκώ-
τιον*, von crocus safran. bei Apulejus und Petronius sollte man
dergleichen blumennamen zuerst suchen, sie gewähren keine. ich
weiß nicht ob auf inschriften viel mehr zu finden ist, als Viola, bei
Gruter 725, 7 beiname einer Fufisia. kosend hieß es mea rosa, doch
lieber wenden sich die lateinischen blanditiae auf vögel, meus pullus, passer, mea columba.

Andern schwung nahmen die romanischen sprachen, sei es
durch deutsches oder keltisches element dazu angetrieben. Kelten
war baditis benennung der nymphaea und gleich dem lotus wäre
sie zu frauennamen geschickt. Im polyptich des Irmino, aus dem
neunten, zehnten jh. begegnet man unter einer menge fränkischer,
also deutscher namen für frauen auch einigen romanischen, auf
pflanzen zurückführbaren: Salvia 8ᵃ 29ᵇ salbei; Oliva 16ᵃ 18ᵃ 36ᵇ;
Perpetua d. i. gnaphalium 237ᵃ, die serbische Smilja; Florisma
230ᵇ; Planta 99ᵇ; Eufrasia, augentrost 249ᵇ, wenigstens in der botanik eine pflanze, das gr. wort drückt bloß frohsinn aus; Sirica
d. i. Serica, bombyx; Balsma 7ᵇ Balsima 237ᵇ, balsampflanze;
Gaudia 74ᵇ franz. gaude, reseda luteola, it. guada; Datlina 243ᵇ
scheint das sp. datileña, weiße traube, dattel, von dactylus;

Betla 79^b 104^b, Betlina 66^b, von betula birke zu leiten, und noch
einige mehr.

Aus romanischer zunge haben sich die frauennamen Rosa, Ro-
salba, Rosetta, Flora, Blancaflora, Blanchefleur, Viola, Violeta,
Eglantine, Vitalba durch ganz Europa verbreitet, eine liebliche
dichtung des mittelalters beruht auf der vermählung zweier kinder
Flore und Blanchefleur, also wieder des rosendorns und der lilie,
aus deren grab, wenn es zuletzt beschrieben worden wäre, dieselben blumen, die sich im leben wechselseitig darreichten, getrieben
hätten. das gedicht kehrt gleichsam den mythus um, und läßt
schon als blumen geboren werden, die nach dem tod in blumen
übergegangen wären. Die briefe des Ivo carnotensis († 1116) ep. 67
gedenken einer concubina Flora, deren namen spöttisch einem aus-
schweifenden jüngling beigelegt wurde, von dem man im eilften
jh. in den französischen städten öffentlich lieder sang[1]. aber ein
wettstreit zwischen Phyllis und Flora, den geliebten eines ritters
und geistlichen (vielleicht mit der ebengedachten geschichte im
zusammenhang) lateinisch und französisch, und beidemal wahrhaft dichterisch besungen, hat sich erhalten. Also auch im mittelalter scheinen solche namen vorzugsweise buhlerinnen und frauen
von freiem lebenswandel zuständig; jene böhmische smilka ist
gnaphalium, sp. perpetua, it. fiore perpetuo, franz. immortelle,
die unwelkende gelbe strohblume.

Zuletzt, wie gewöhnlich geschieht, zu sprechen komme ich auf
die Deutschen. Nach der alten edda, welche das ganze menschengeschlecht aus zwei bäumen, unter den namen Askr und Embla
sprießen läßt, dürften auch deren nachkommen zu pflanzennamen
vollberechtigt scheinen, askr bezeichnet den eschenbaum fraxinus,
und schon der gleichartigkeit der vorstellung zu gefallen, muß
Embla ein kleiner, sich an den großen asch schmiegende baum
oder strauch gewesen sein, der nur nicht mehr mit dem namen

---

[1] de cetero quicquid de me fiat, obsecro vos per charitatem Christi, ut si turonensis
archiepiscopus vel aliquis aurelianensis clericus pro electione pueri sui ad vos venerit,
non ei aurem praebeatis. cujus dotes ut vobis breviter amplectar, persona est ignomi-
niosa et de inhonesta familiaritate turonensis archiepiscopi et fratris ejus defuncti
multorumque aliorum inhoneste viventium per urbes Franciae turpissime diffamata.
quidam enim concubii sui appellantes eum Floram multas rithmicas cantilenas de eo
composuerunt, quae a foedis adolescentibus, sicut nostis miseriam terrae illius, per
urbes Franciae in plateis et compitis cantitantur, quas et ipse cantitare et coram se
cantitari non erubuit. harum unam domno lugdunensi in testimonium misi, quam
cuidam eam cantitanti violenter abstuli. Ivonis carnotensis epistolae cap. 67 (a. 1091)
auch epist. 66 hieß es ausdrücklich: ut a canonicis suis famosae cujusdam concubinae
Flora agnomen acceperit.

aufzuweisen steht; merkwürdig nennen auch die jenischeischen Ostjaken ihre ahnen Es und Imlja[1]. hierzu tritt nun ein von den skalden oft geübtes gesetz nordischer dichtkunst, das ihnen gestattet jeden männlichen baumnamen wie askr, viðr, meiðr, apaldr, þorn für mann, andere weiblich gedachte bäume wie eik, biörk, selja, lind dagegen für frau anzuwenden, wodurch man sich nicht verleiten lasse die häufigen mit lind zusammengesetzten ahd. frauennamen z. b. Asclind Sigilind Herilind auf linde tilia zu ziehen, in ihnen entspricht das zweite wort entweder dem altn. linn serpens oder noch besser dem lind fons, scaturigo. Nun ist uns zwar überhaupt eine große menge ahd. und altn. frauennamen, meistentheils zusammengesetzter, selten einfacher erhalten, die sich doch beinahe gar nicht auf pflanzen zurückführen. In der sinnesart unsrer vorfahren, sobald wir sie in der geschichte auftreten sehn, scheint eine solche strenge und tapferkeit vorzuwalten, daß ihre phantasie die bilder zu eigennamen lieber mutigen thieren entnahm, als aus der ruhigen und leidenden pflanzenwelt schöpfte; wie andere sprachen frauennamen nach blumen der forschung bieten, würde die ahd. eine abhandlung über mannsnamen nach thieren reich ausstatten. Nur einen einzigen weiblichen namen, der zugleich eine blume bedeutet, habe ich aufzuzeigen, doch einen wollautenden, dessen untergang, wie der so vieler alten wörter, zu bedauern ist, nemlich Liula, später geschwächt in Liela (Graff 2, 210), vitis alba, ἄμπελος λευκή oder auch κλεματίς, heute waldrebe, bei Linné entweder bryonia alba oder clematis vitalba, noch mhd. liele, selbst heute hin und wieder lielisch weide, serb. loza bijela, bela. Dagegen kommt in urkunden bei Meichelbeck 136. 170. 241 auch ein verschollner mannsname Sliu zum vorschein, welcher conferva palustris bedeutet, altn. slŷ n., und anderwärts bildet Bibôz, das heutige beifuß, artemisia abrotonum einen mannsnamen. ihnen wären die altn. männlichen Börkr, Dallr und Thângbrandr, außer Askr, beizugesellen.

Unsern minnesängern würden die blumen in frauennamen am allerwenigsten fehlen, wären damals sie noch im gang gewesen, Chuonrat von Kilchberg ms. 1,14[b] unter vielen, zum theil seltnen mädchennamen hat bloß die fremden Rôse und Salvet, wenn dies Salbei sein soll, Nemnich unter salvia officinalis gibt salber, salver, nicht salvet an. Eigner ist schon, daß der Wolkensteiner s. 174 seine geliebte einmal kosend anredet Steudli und Kreutli (jenes romanische Planta), sonst entlehnen er und Neidhart ihre schmei-

---

[1] Castréns reise nach Sibirien.

chelnamen nur von vögeln, statt von blumen. in einer urkunde
vom j. 1286 (Chmel fontes 1,220) erscheint eine domina Engla
dicta Gräslinna, ganz der serbische frauenname Travitza. Mannsnamen lassen sich aus urkunden den schon angeführten ältern noch
einige zufügen. ich Friderich der bluome von Wisendorf (a. 1300.
Chmel fontes 1, 288) und Blume ist jetzt ein gewöhnlicher eigenname. bärlapp ist uns heute lycopodium clavatum, eine Freiburger
urkunde von 1303 bei Heinr. Schreiber führt einen mann auf namens Bernlappe, und lappe muß den plumpen fuß des bären meinen, wie λυκόποδιον des wolfs. urkunden bei Pupikofer n°. 32 s.
69 gewähren einen Johannes dictus Bluemliglanz, andere einen
Henricus Mahinkorn (granum papaveris) und Otto dictus Blueme-
lin, das chenopodium. Dabei schlägt nun bedeutsam ein, daß die
hexen und zauberinnen ihren buhlern gewöhnlich blumennamen
beilegen: Wolgemut, Wegetritt, Gräsle (wieder Travitza), Kräutle
(wie beim Wolkensteiner), Lindenzweig, Lindenlaub, Birnbaum,
Buchsbaum, Hagedorn, Hölderlin und andere (mythol. s. 1015.
1016), woraus erhellt, daß unter liebhabern und buhlern, seit uralter zeit diese schmeichelnden benennungen volksmäßig fortdauer-
ten. bei H. Sachs III. 3, 82[b] nennt eine frau den mann ihren lieben
hollerstock, was zugleich an hollunder und hold klingt. für parthe-
nium fand sich der schöne alte name friudiles ouga (Mone archiv 8,
405), des geliebten auge. auch Schlâfdorn, spina soporifera war
eigenname, Hermannus dictus Sleperose, im Hamburger liber ac-
torum (um 1270) 12716; das volk erzählt von Dornröschen, womit
ich vorhin Ῥοδόπη zusammenstellte, und nennt die viola tricolor
stiefmütterchen, weil die stiefmutter die bunte, sl. podpega hieß.
Was ist unserer heutigen welt von frauenblumennamen übrig? der
vornehmen nicht einmal Rose und Röschen, das klingt bürgerlich
und bäurisch.

Die naturforscher beachten, und mit gewaltigem erfolg, das
kleine wie das große gleich sorgsam, da im kleinsten beweise für
das größte enthalten liegen. warum sollte nicht in der geschichte
und in der poesie das scheinbar auch geringste von allem, was die
menschen selbst je bewegte, gesammelt werden und betrachtet? ist
der mensch und sein geist doch noch mehr und werthvoller als
jeder andere belebte oder unbelebte stof. meine untersuchung hat
manchen, mich dünkt früher unbekannten zusammenhang zwischen alter und neuer zeit, zwischen überlieferung und gebrauch
aufgewiesen und in einen glänzenden duftenden hain geführt. Sicher ist, wo diese blumennamen zuerst erfunden wurden, daß da
unschuld und reine sitte waltete.

Rede über das Alter

Wer hat nicht Cicero de senectute gelesen? sich nicht erhoben gefühlt durch alles was hier zu des alters gunsten, gegen dessen verkennung oder herabsetzung gesagt wird? traun es sind lauter ernste, männliche gedanken, in gefüger gliederung fortschreitend und sich entfaltend, von triftigen beispielen und bildern belebt, mit einer freien, niemand aufgenöthigten aussicht auf die fortdauer der seele nach dem leben ruhig geschlossen. gleich die an die spitze gestellten ennischen verse:

> o Tite, si quid ego adjuero curamve levasso,
> quae nunc te coquit et versat in pectore fixa,
> ecquid erit praemi?

spreiten einen wolthuenden, anhaltenden schimmer über die ganze schrift, welche fortan mit diesen anfangsworten »o Tite« jedem deutlich bezeichnet werden durfte[1], wie sie Cicero auf seinen bewährten freund Atticus, den er mit traulichem vornamen anzureden pflegte, schlagend anwendet. nur in dieser vorrede aber tritt er redend auf, das buch selbst ist in einen dialog zwischen Cato major, Scipio und Laelius eingekleidet, wo jedoch, nachdem einige reden gewechselt sind, der erstere bald allein das wort führt, und desto schärfer ausfallen musz der eindruck hier gesprochner lehren und mahnungen, als sie in eines der gröszten Römer mund gelegt werden, der zur zeit wo Cicero sein buch niederschrieb bereits ein jahrhundert in hohem alter dahin geschieden war, aber noch bei allen menschen im regsten, frischesten andenken stand.

Vor augen, gleichsam zu vorbild hatte Cicero einen ähnlichen dialog des Aristo Chius, eines schülers von Zeno, περὶ γήρως, der nicht auf die nachwelt gekommen ist, so dasz sich auch keine vergleichung anstellen läszt, wie viel oder wenig daraus geschöpft worden sein kann. nur das zieht Cicero selbst hervor, dasz in der griechischen schrift Tithonus als redend auftritt. dieser Tithonus war der göttin Eos menschlicher gemahl, für den sie sich unsterblichkeit zu erbitten unterlassen hatte, und den sie, sobald sein haar graue spitzen zu zeigen begann, von ihrem bette ausschlosz, mitleidig aber in eine kammer sperrte und bis an sein ende mit ambrosia fütterte. allen Griechen galt er für einen abgelebten hülflosen greis, von dem sich eher jammervolle klagen über das verwünsch

---

[1] epist. ad Att. 16, 3 und 11.

te alter erwarten lieszen, als eine sittliche schutzrede wie sie der hochaltrige rüstige Cato liefert. an die stelle des mythischen interlocutors einen angesehenen, in der geschichte fest wurzelnden Römer zu setzen, war offenbar eine glückliche wahl.

Zuvorderst hebt sich nun die frage nach dem zeitpunct des eintretenden alters, so wie nach den dadurch bedingten abschnitten oder stufen des menschenlebens, und darüber begegnen bei den verschiedenen völkern abweichende annahmen, obgleich sie in den hauptergebnissen, eben weil diese die natur selbst festgesetzt hat, dennoch wieder zusammentreffen. um meiner untersuchung halt und einigen wissenschaftlichen werth zu verleihen, sind in einem anhang* alle wörter unserer und der verwandten sprachen über die hier einschlagenden vorstellungen jung und alt gesammelt und erörtert worden: es kann nicht fehlen, dasz die geheimnisvolle sprache nicht zugleich aufschlüsse des gedankengangs der begriffe gewährte.

Wie schon der begrif einer aus dem kindesalter allmälich aufsteigenden jugend und mannbarkeit manigfach wechselt, nicht anders schwankt auch die bestimmung des mannes und greisenalters. da wir im allgemeinen zwischen jung und alt scheiden, wird an sich schon oft der blosze gegensatz von jugend und alter genügen, ungefähr wie bei den jahreszeiten zwischen sommer und winter, wonach unsere vorfahren den verlauf der zeit ausreichend berechneten. nahe lag das unaufhaltsam vorschreitende alter gleich der zeit an uns herantreten oder eintreten zu lassen, der winter steht vor der thür, das alter steht vor der thür, auf der schwelle, nach dem griechischen ausdruck ἐπὶ οὐδῷ. sobald aber diese stufen und schwellen genauer angezeigt werden sollen, stellt sich eine dreigliederung von kind, mann und greis dar, wieder ähnlich der von frühling, sommer und winter. es ist bekannt, dasz in der anschauung vieler völker ein unterschied dreier jahreszeiten ausreichte, dasz aber bei andern der herbst noch als besondere epoche dazwischen trat; beinahe wie sich kindheit, jugend, mannes und greisenalter trennen. wenn die Römer bereits mit dem funfzigsten lebensjahre die senectus eintreten lieszen, so sind nur zwei glieder, pueritia und juventus, ihr als vorausgehend gedacht, also im zweiten gliede jugend und mannheit zusammenrinnend, die eintheilung in pueros, juniores et seniores erschöpft alles. werden aber vier lebenseinschnitte aufgestellt, so treten jugend und virilität von einander ab und die jugend wird als ein der kindheit näherer zustand,

* fehlt und sollte wahrscheinlich erst niedergeschrieben werden. Anm. d. Hrsg.

mannesalter als zum greisenalter neigend angesehn, jugend ist volle entfaltung der blüte, mannheit ist fruchtbare zeit der ernte. ἐπὶ γήραος οὐδῷ (in limine senectutis) wird gewöhnlich vom eintritt in das greisenalter, zuweilen auch schon von dem höchsten ziel, von der schwelle, die das leben vom tode scheidet, verstanden. das greisenalter gleicht den abnehmenden wintertagen, an welchen die sonnenstrahlen schräge fallen, dann aber oft noch einen fernen schein über den himmel werfen, wie in unserm landstrich wir besonders an heiteren novembertagen gewahren. schwierig bleibt im latein der unterschied zwischen adolescentia und juventus, den unsre eigne sprache vollends gar nicht erreicht. adolescens bezeichnet den aufwachsenden, juvenis den vollwüchsigen, doch ist juvenis mehr als ἔφηβος, welches dem puber entspricht, häufig fallen beide ausdrücke adolescens und juvenis zusammen. wie Hippocrates insgemein die perioden des lebens nach der siebenzahl ermiszt, hat man, doch erst späterhin, auf das anschaulichste sieben stufen angesetzt, deren drei erste das aufsteigende alter, die drei letzten das absteigende darstellen: die drei ersten sind 1 infans, 2 puer, 3 adolescens, die drei letzten 5 vir, 6 senex, 7 silicernius, so dasz den vierten platz oder gipfel des lebens der juvenis, jungmann behauptet.

Eine hiervon wiederum unterschiedne, bei uns Deutschen aber ehmals verbreitete fassung nimmt zehn stufen an. in meiner eltern stube hieng ein kunstloses bild davon an der wand, das sich meinem gedächtnis unauslöschlich einprägte: auf der ersten stufe stand die wiege, aus der nur der kopf des kindes hervorguckte. die zweite stufe betraten ein knabe und ein mädchen, einander an der hand fassend und sich anlachend. auf der dritten vorgebildet war ein jüngling und eine jungfrau, die sich zwar arm in arm legen jedes aber vor sich hinschauen. oben in der mitte an vierter stelle befanden sich jungmann und jungfrau, d. i. braut und bräutigam, beide alleinstehend, er mit dem hut in der hand vor ihr, sie sich verneigend. auf der fünften stufe steigen ab mann und frau, frei einander führend, auf der sechsten alter mann und alte frau, sich noch die arme reichend, schon ein wenig gebückt, auf der siebenten endlich wieder unten greis und greisin, jeder mit stock und krücke sich forthelfend und vor ihren schritten öfnet sich ein grab. die nothwendigkeit des stabs auf der letzten stufe mahnt an den bekannten ausspruch, dasz das kind auf vier beinen, der erwachsne mensch auf zweien, der greis auf dreien einhergehe. mir zweifelt nicht, wollte ein groszer maler ein solches bild reich auffassen und mit aller lebensglut ausführen, es könnte eins der anmutigsten kunst-

werke entspringen. Statt der sieben werden aber auch zehen stufen
oder alter aufgestellt und in worten folgendermaszen erklärt: 10
jahr ein kind, 20 jahr ein jüngling, 30 jahr ein mann, 40 jahr stille
stahn, 50 jahr geht alter an, 60 jahr ist wolgethan, 70 jahr ein greis,
80 jahr schneeweisz, 90 jahr der kinder spott, 100 jahr gnad dir
gott. oder mit abweichungen 10 jahr ein kind, 20 ein jüngling, 30
ein man, 40 stillstan, 50 wolgetan, 60 abgan, 70 dein sel bewar, 80
der welt narr, 90 der kinder spot, 100 nun gnad dir got. oder auch
40 wolgetan, 50 stillestan, 60 abelan, 70 greise, 80 aus der weise, 90
der leute spot, 100 erbarm dich got. diese reime sind kaum übr das
15. jahrhundert hinauszurücken, was doch keineswegs ausschlieszt,
dasz nicht auch früher schon ähnliche in umlauf gewesen sein sollten. mit dem stillstand im vierzigsten gegenüber dem dreiszigsten
jahr scheint in der that die schwebe zwischen jünglings und mannesalter, ein gipfel der kraft gemeint und im funfzigsten hebt, wie
bei den Römern, das alter an, doch die letzte fassung verlegt das
stillstehen erst in das funfzigste jahr. die unbestimmte, bald auf 40,
bald auf 50 und 60 erstreckte bezeichnung ›ist wolgethan‹ scheint
ein schon genügendes, genugsames lebensziel auszudrücken. die
drei letzten führen das römische silicernium, d. i. das dem leichen-
mahl nahe stehende greisenalter näher aus:

    i sane. ego te exercebo hodie, ut dignus es, silicernium,
heiszt es bei Terenz Adelphi IV 2, 48, nach dieser schelte bildete
sich ein adjectivischer silicernius, und der senex silicernius, decre-
pitus, senio combustus ist der wieder kindisch gewordene greis,
der auch gleich einem kinde genährt, gleich jenem Tithonos von
der Eos mit ambrosia erhalten werden musz, dessen sich gott er-
barme und die leute spotten. ohne zweifel ist die vorstellung von
sieben stufen, auf deren erster und letzter kind und greis symme-
trisch einander gegenüber stehen, gründlicher als die nach der hun-
dertzahl erdachte von zehen stufen, deren eigentlich eilfe anzunehmen wären, da dem kind die erste gebührt, wie der greis die letzte
erfüllt. ausnahmen eines über die schnur streifenden lebens sind
der natur nicht entgegen, die es liebt hinter der regel ihres verlaufs
noch nachzügler erscheinen zu lassen, sie überschreiten das nor-
malalter, wie es unter allen der psalmist am deutlichsten vorhält:
unser leben währt siebenzig jahre, wenn es hoch kommt so sinds
achzig jahr, und wenns köstlich gewesen ist, so ists mühe und
arbeit gewesen, denn es färet schnell dahin als flögen wir davon.
unter unsern vorfahren hergebracht war eine zusagende, progressi-
ve berechnung des menschenalters, wie sie ein hausvater den ihn
zunächst umgebenden gegenständen entnehmen konnte: ein zaun

währt drei jahre, ein hund erreicht drei zaunes alter, ein ros drei hundes alter, ein mann drei rosses alter; hier stehen wir wieder am ziel von einundachzig jahren. es ist nicht anzunehmen, dasz die ewigen naturgesetze, deren dauer und ebenmasz sich bedingen, in bezug auf alter und wachsthum der menschen, jemals abgewichen seien und wie zu keiner zeit ein andres grab als das siebenschuhige für uns sterbliche erfordert wurde, gieng auch das alter niemals über jene groszen hauptstriche hinaus. alle die zahlreichen beispiele längerer lebenszeit sind entweder einzelne, seltne ausnamen oder mythisch, unbeglaubigt und unglaubhaft. so berichtet die nordische sage von einem könig Ani, der durch hinopferung seiner söhne ein höheres alter errungen hatte, zuletzt wieder, einem kinde gleich, milch trinken und, weil er nicht mehr gehen konnte, im bette getragen werden muste: nach ihm hiesz ein schmerzloses gebrechliches alter Ana sôtt, Anis krankheit und im namen selbst scheint die vorstellung on âi groszvater oder urgroszvater gelegen. Doch nicht opfer, nicht gebete können das alter fern halten, wol aber vermag ihm die stärkere und genährte oder die schwächere und verschwendete lebenskraft jedes menschen längeren oder nur kürzeren widerstand zu leisten und wie jene stufen des lebens herüber und hinüber schwanken, ist kein wunder, dasz es im einzelnen fall bald früher oder später eintritt. nimmer aber bleibt es aus, kündigt sich durch zeichen, gleichsam geheime boten, unversehens an und läszt sich als unwillkommner, uneingeladener gast zuletzt nicht mehr abweisen, man sagt, es schleiche schneller heran als einer gedacht hätte, *obrepere eam citius ajunt quam putassent,* wie die langsamen aber unablässigen schritte eines wanderers plötzlich an der schwelle stehen und wie es Göthe ausmahlt:

das alter ist ein höflich mann,
einmal übers andere klopft er an,
aber nun sagt niemand herein
und vor der thüre will er nicht sein,
da klinkt er auf, tritt ein so schnell,
und nun heiszts, er sei ein grober gesell.

denn zu allen zeiten haben die menschen das nahende alter übel empfangen, gehaszt, gescholten und verflucht, oder sind doch in wehklage darüber ausgebrochen; vielleicht bei keinem andern volke war es so in abscheu, wie bei den an der fülle des lebens schwelgenden Griechen. Hesiod theog. 225 das alter personificierend und als tochter der nacht aufführend nennt es *Γῆρας οὐλόμενον,* das verderbliche und Euripides im Hercules fur. 637

Αἴτνας σκοπέλων βαρύτερον

schwerer als die bergspitzen des Aetna, Sophocles O.C. 1237 *γῆρας ἄφιλον*, der hymnus in Venerem 246

ούλόμενον, καματηρόν, ὅ τε στυγέουσι θεοί περ,

verderblich, lästig, den göttern verhaszt; unser Wolfram Parz. 5, 13 sagt:

> jugent hât vil werdekeit,
> daz alter siuften unde leit,
> ez enwart nie nicht als unfruot,
> sô alter unde armuot,

unfruot ist hier unsælic. solcher stellen wäre eine menge anzuführen aber auch leicht ihnen andere beizufügen, in welchen weise und erfahrene männer das alter günstig beurtheilen und die von ihm abhängigen vortheile ins licht setzen. man lese was Plato zu eingang der republik ausgeführt hat.

Jener, man könnte sagen volksmäszige widerwille und abscheu vor dem alter ist auch ungerecht, da es nicht wie der tod kinder, jünglinge, männer und greise auswählend dahinrafft, sondern gleichmäszig und allmälich über das ganze menschengeschlecht erst im letzten ziel, folglich als allgemeine, unvermeidliche nothwendigkeit der verlaufenden zeit eintritt, so dasz alter gleichviel mit zeit bedeutet und wir die abschnitte der zeit selbst zeitalter benennen. es liegt ein widerspruch darin, dasz während alle menschen alt zu werden wünschen, sie doch nicht alt sein wollen. der greis solte von dank erfüllt fühlen, dasz ihm zur letzten lebensstufe vorzuschreiten vergönnt war, er hat nicht nöthig zu jammern, wenn sie annaht, es ist ihm gestattet mit stiller wehmuth hinter sich zu blicken und nach dem schwülen tag in abendlicher, labender kühle gleichsam auf der bank vor seiner hausthür sitzend sein verbrachtes leben zu überschlagen. solch ein hochbejahrter, den das schicksal aufgespart hat, dem verwandten und freunde vorausgestorben sind, nur noch deren nachkommen zur seite stehen, darf sich dann auch einsam und verlassen fühlen, freude und trauer mischen. ich kann nicht umhin eine stelle Walthers von der Vogelweide hier auszuheben, worin mit tiefer empfindung ausgesprochen wird, wie der nach langer abwesenheit endlich in seine heimat zurückkehrende dichter alles, auszer der natur selbst, verändert findet, gleich den aus zauberschlaf erwachten, die eine stunde geschlummert zu haben meinen und hundert jahre verschlafen haben, so dasz niemand von den leuten sie wiedererkennt. das lied geht sicher auf Walther selbst und ist sein schönstes, echtestes obschon es Lachmann in das vierte buch zweifelhafter gedichte setzt, doch

kann man sich den platz am schlusse, wohin es schon an sich
gehört gefallen lassen; man vernehme die worte in ihrer alten, von
der heutigen nur wenig abstehenden gestalt:

> Owê war sind verswunden alliu mîniu jâr!
> ist mir mîn leben getroumet oder ist ez wâr?
> daz ich ie wânde daz iht wære, was daz iht?
> dar nâch hân ich geslâfen und enweiz es niht.
> nû bin ich erwaht und ist mir unbekant
> daz mir hie vor was kündic als mîn ander hant.
> liut und lant, dannen ich von kinde bin geborn,
> die sint mir fremede reht als ob ez sî verlorn.
> die mîne gespilen wâren, die sint træge und alt,
> bereitet ist daz velt, verhouwen ist der walt,
> wan daz das wasser fliuzet als ez wîlent flôz,
> für wâr ich wânde mîn ungelücke wurde grôz.
> mich grüezet maneger trâge, der mich kande ê wol,
> diu werlt ist allenthalben ungenâden vol.
> als ich gedenke an manegen wünneclîchen tac,
> die mir sint enpfallen gar als in daz mer ein flac,
>   iemer mêre ouwê!

kenner sehen, dasz ich in dieser strophe mehrfach von dem lach-
mannischen text abgehe, worüber sich meine anmerkungen recht-
fertigen*, hier sei zweierlei hervorgehoben. die worte »bereitet ist
daz velt« ändert Lachmann gegen die handschrift, ohne allen grund
in »vereitet« und recht erwogen ist das widersinnig. der heimkehrende findet das aussehn der gegend von vormals verändert, was
unangebautes feld, also wiesengrund war, ist jetzt »bereitet«, d. h.
umgebrochen in äcker, der wald ist ausgehauen, das wasser, worunter man sich zunächst den fränkischen Main in der gegend von
Würzburg zu denken hat, flieszt noch wie ehedem. wie sollte doch
das feld »vereitet«, d. i. verbrannt ausgesehen haben? einen wald
kann der vorschreitende landbau aushauen, reuten oder schwen-
den, nicht aber das feld. das feld würde höchstens nach einem
verheerenden krieg verbrannt heiszen können, Walther schildert
aber was die zeit, nicht was ein heerzug verändert hat. in der
schluszzeile nehmen alle neueren herausgeber die falsche lesart slac
statt des allein richtigen der Pariser hs. auf. nun ist allerdings das
wort flac, unser heutiges flagge in der alten sprache sonst nicht
aufzuweisen, was jedoch bei manchen anderen ausdrücken eintritt.
slac wurde geschrieben weil allerdings gesagt wird »ein slac in den

---

* fehlt. Anm. d. Hrsg.

bach« von einer vergeblichen, entschwindenden sache; wenn man in einen bach schlägt, so trübt sich dessen glatte oberfläche, doch schnell verschwindet die spur des schlags und die glätte ist wieder hergestellt. wer aber kann in das wogende meer aus dem hohen schiffe einen schlag thun? das würde gar nichts in den wellen bewirken und wie mag von einem solchen schlag gesagt werden, dasz er »entfalle«? ausgezeichnet schön aber bleibt das bild einer von dem mast des segelnden schiffes niederfallenden flagge. sie kann nicht wieder eingeholt werden, so wenig als die vergangnen tage des lebens.

Es ist nicht meine absicht in dieser schilderung allgemeiner eindrücke, die das alter auf uns macht, fortzufahren, vielmehr will ich suchen näher auszuführen, was im einzelnen zu seinen gunsten oder ungunsten behauptet werden kann.

Am schwersten wiegt aber die unmittelbare schuld die ihm gegeben wird, dasz es leib und geist des menschen schwäche, verwüste und dahin schwinden lasse, Hugo im Renner 23030 sagt geradezu:

    alter nimt allen dingen ir kraft,
und von Aeson den Medea verjüngen sollte, heiszt es bei Konrad tr. kr. 10870

    sîn dürrez alter hât gelôst
    von sîme herzen blüende jugent,
    es ist an kreften und an tugent
    verweiset und verarmet.
wir tragen alle vorstellungen des wachsthums und des vergehens der pflanzenwelt treffend auf die menschlichen zustände über, wie blätter gilben, blumen welken, bäume dorren wird auch unserm leib seine frische und grüne benommen; die kraft welche von kindesbeinen an sich erhoben, eine ganze jugend hindurch sich erhöht, im mannesalter ihren gipfel erreicht hatte, beginnt von da an erst unmerklich und langsam, dann immer sichtbarer zu sinken. der leib verfällt oder fällt ein, der rückgrat biegt oder krümmt sich unter der jahre last, den gliedern entgeht glanz, gelenkigkeit, stärke. alle sprachen besitzen eine menge von natürlichen althergebrachten ausdrücken und bildern, um diese leiblichen erscheinungen zu bezeichnen und zumal die lebendige volksmundart versteht hier harmlosen witz aufzuwenden für das fallende, erbleichende haar, die geschlichteten, aufgelösten locken, für die einschrumpfende haut, die faltenziehende stirne, für die in der zahnreihe vorstehenden lücken. in der geschichte der sprache und poesie weisz man aus diesen wörtern gewinn zu ziehen und eine kleine davon

angelegte samlung, welche gegenwärtig mitzutheilen unpassend scheinen würde, bleibt in eine beilage verwiesen*. mehr oder wenig pflegt die abnahme leiblicher schönheit oder fülle ins auge zu fallen, läszt sich aber geübtem blicke kaum verbergen: man sagt dasz vorzugsweise frauen die gabe eigen sei auf alle zeichen und erscheinungen des leiblichen verfalls zu achten und aus der äuszeren bildung eines menschen fast untrügliche schlüsse auf sein alter zu machen.

Noch bedeutsamer erscheint aber die den innern sinnen durch abnahme der äuszeren im alter drohende gefahr und der ihnen zustoszende schade. das auge büszt seinen glanz ein, dunkelt und trieft, oder beide augen, deren sehkraft nicht mehr genau zusammenstimmt, sehen in gewissen wendungen unrichtig und doppelt. das ohr verliert seine feine schärfe und empfindet sausen oder pfeifen; die stimme wird dünn, heiser und rauh, sie mag nicht mehr lauter und rein aus der brust gezogen werden. jene mängel des gesichts und gehörs können sich bis zu voller blindheit und taubheit steigern, wie die steifheit der glieder und des gefühls übertreten in machtloses zittern, wovon das höhere greisenalter das zitternde, bebende genannt wird.

Es ist wahr und unwidersprochen, dasz im alter eine merkbare minderung dieser leiblichen vermögen erfolge und dasz zwar nicht schwere krankheiten, dagegen die menge von leichten es öfter heimsuchen als zur übrigen lebenszeit. doch gilt hier einspruch und vielfache beschwichtigung. jene abnahme ist noch keine niederlage, oft nur ein neues glühen und auftauchen der lebenskraft. die meisten ungeleugneten übel und gebrechen des alters treten dann als einzelangriffe vor, die mit allem gewinn einer glücklichen vertheidigung ganz oder theilweise abgeschlagen werden. gibt doch die natur keinen menschen so preis, dasz sie ihm alle mittel der gegenwehr alsbald entzöge und für erlittne einbusze nicht auch manigfache vergütung bereit hielte. nehmen wir die sinnlichen entbehrungen zum beispiel. man sagt im blinden verfeinert sich das gefühl nicht selten bis auf den grad, dasz er mit allen fingerspitzen gleichsam sehe; bei tauben leuten soll sich geschmack und geruch höher als sonst ausbilden und bei verwachsnen oder schon bei hinkenden mag der auf ihre innere gliederung durch das theilweise hemmnis ausgeübte druck wol in zusammenhang stehn mit einer angestrengten und gestärkten geisteskraft, die sich häufig an

* fehlt. Anm. d. Hrsg.

ihnen gewahren läszt. jedes übel und leiden führt leicht im stillen irgend einen zu gute kommenden ersatz mit sich.

Man könnte also, ohne paradox zu sein, aufstellen, dasz im alter so oft es die gesundheit angreife und erschüttere, dazwischen ein gefühl des wohlseins reger walte, als in den vorausgegangenen lebensstufen. die empfindung beiwohnender kraft und stärke ist auch wenn sie ihrer unbewust bleibt, köstlich, doch übertroffen wird sie noch von dem eindruck der erholung nach eingetretener müde, von der wonne der herstellung oder des genesens da wo die gesundheit einmal gewichen und ausgeblieben war. ruhe ist durch vorangegangenes ermatten, heilung durch krankheit bedingt, und mitten in der ruhe oder genesung wirkt noch ein sie steigerndes nachgefühl des müden und kranken zustandes. kindern sagt man nach, dasz sie in ihre gesundheit toben, jünglinge schlagen sie oft in die schanze und männer haben nicht recht zeit ihrer zu gedenken.

so wie ein mann, der durchaus bis zum innersten kerne
gesund ist,
nie der gesundheit denkt, noch des gangs ein rüstiger
wandrer.
Voss 2, 193.

den alten wanderer labt es aber über seinen vollbrachten gang nachzudenken und greisen erhöht sich zusehends die sorgfalt auf ihre leibespflege. sie lernen sich vor allem hüten was ihnen gefahr droht und alle günstigen einflüsse bringen ihnen behagen.

Ich möchte vom erblinden und ertauben, die zwar in jeder zeit des lebens, doch meist gegen dessen schlusz stattfinden, etwas näher reden. das licht ist stärker, edler, schneller als der erst hinter ihm ausbrechende, ihm nachfolgende schall. das auge ist ein herr, das ohr ein knecht, jenes schaut um, wohin es will, dieses nimmt auf was ihm zugeführt wird. darum hat auch die natur das auge reicher ausgestattet und der sehkraft viel gröszere tragweite gegeben als der hörkraft, ein augenzeuge ersieht noch was der ohrenzeuge nicht mehr hört. künstliche hülfe kann dem ohr nur geringe, dem auge die bedeutsamste geleistet werden. durch ein fernrohr erblickst du auf entlegnem pfade einen wandersmann dahergehen, du vermagst seine gesichtszüge und gebärden zu unterscheiden, die knöpfe seines rocks zu zählen, aber was er spricht oder ruft bleibt dir unvernehmbar. dem gesicht wird solche macht zugegeben, dem gehör versagt. des hörens bedürfen wir zu vielem, des sehens fast zu allem. wer will es leugnen, dasz die verhüllung des auges ein schwereres leiden sei als die verdumpfung des ohrs, blindheit den menschen härter treffe als taubheit? wem das gehör stockt, der kann, es ist wahr, nicht mehr die liebliche stimme, die vertraute anrede der menschen vernehmen und meidet ihre kreise; allein sein auge schaut noch offen in die welt, wie zuvor, das neugeschehende wird ihm heutzutage frisch auf der stelle gedruckt zugetragen und alles was ihm bestimmt verkündigt werden soll, kann ihm ohne beschwer schwarz auf weisz hinterbracht werden. seine kenntnisse, seine bisherigen arbeiten lassen nicht nach, sondern haben einen desto ungestörteren fortgang, als ihn überflüssige rede, unnützes geschwätz nicht mehr unterbricht. Ganz anders und weit stärker angegriffen stellt sich hingegen die gewohnte wirksamkeit des erblindenden dar. mit einemmal sind ihm seine vorher gepflogenen und betriebenen geschäfte wie abgeschnitten, er darf nicht mehr den eignen, sondern musz fremden augen trauen, die ihm aufschlagen sollen, der stimme eines andern, die ihm vorliest, was er lieber im buche sähe, um einhalten oder zweimal lesen zu können, wo er lust dazu hat. alle hergebrachte leichtigkeit und sicherheit seines lebens ist dahin geschwunden; trauliche bezüge seines umgangs mögen unbenommen und unabgeändert fortbestehn, nur die freie selbstthätigkeit wird ihm mit dem entzognen augenlicht wo nicht gehemmt, doch auf das schwerste beschränkt und verkümmert. der blinde vermag keine blicke mehr wol aber die worte mit anderen zu tauschen, während dem tauben die gabe der rede dauert und ihm entgegnung blosz durch geberde und zeichen zu theil wird.

Doch nirgends hat sich die verschiedenheit des alterthums von unsrer gegenwart stärker ausgeprägt als in den ganz abweichenden richtungen, die den einfachsten verhältnissen des lebens durch neue, in ihrer fernen wirkung unaufhaltbare anstalten gegeben wurden. die seit erfindung der druckerei bald allgemein durchgedrungene verbreitung des lesens, das dem geist unablässige nahrung zuführt, muste hier zu innerst eingreifen. im alterthume, dünkt mich, war das losz des blinden günstiger, das des ertaubten schwerer. der blinde, dem sein früheres leben eine menge von bildern eingedrückt hatte, bewahrt sie treu im gedächtnis, was brauchte er noch viel neues zu sehen? er zehrte am alten gut und aus dem munde andrer wurde es ihm unaufhörlich gemehrt. da die kraft des gedächtnisses durch innere samlung, unter abgang des zerstreuenden augenlichtes unglaublich steigt, so waren aufgeweckte blinde vorzugsweise für den gesang und das hersagen der volkslieder geeignet, und es ist kein bloszer zufall, dasz nicht nur unsern vorfahren blinde von dem hürnen Siegfried sangen, auch bei den Serben findet sich bis auf heute der volksdichtung edelste blüte eben im munde und gedächtnis blinder greise aufbewahrt. nur ein blinder vermag eigentlich die von der volkspoesie, wie wir sie uns vorstellen, ausgehenden strahlen in der stille seiner seele zu hegen und zu vereinbaren, wo sich hernach sehende augen einmischen, verderben sie es leicht wieder. wird nicht dem blinden manne von Chios das gröszte epos aller zeiten, dem blinden Ossian das wundervolle gewirk der kostbaren lieder des schottischen hochlandes beigelegt? der unvergängliche, diesen augenlosen greisen zugefallne ruhm, offenbart sich in ihm nicht allein der hohe werth des alters selbst, sondern auch die allerreichste vergeltung des verlornen äuszeren lichts? den blinden rhapsoden umsteht ein bewegter kreis, der ihm lauscht und den er befeuert, seine lebenskraft hat sich nicht verringert, sondern gesteigert, wir gewahren erst dem höheren alter war es beschieden eine ewigjunge dichtung hervorzubringen. versetze ich aber einen seines gehörs verlustig gegangnen zurück in jene alte zeit, so erscheint er mir fast als ein verlorner mann, dessen eingeschränkte freudenleere tage sehnsüchtig dem ende des lebens entgegenschleichen musten. das alles hat sich in der gegenwärtigen zeit umgedreht und das verhältnis der blindheit zur taubheit, kann man sagen, steht wieder auf dem der natur angemessenen fusz.

Wir haben die schwächung oder entziehung edler sinne erwogen, von der vorzugsweise das alter betroffen wird, unmittelbar an glieder des leibs gebunden, greift sie doch wesentlich zugleich den geist an. es bleibt übrig, der eigentlich geistigen nachtheile zu gedenken, die dem alter vorgehalten, der vortheile, die ihm eingeräumt werden.

Um auch hier mit den vorwürfen anzuheben, so erschöpfen sich alle sprachen in ausdrücken, die ungünstig lauten. bei Cicero heiszen greise morosi, anxii, difficiles, iracundi, avari: amariorem me senectus facit, stomachor omnia. aus einheimischen schriftstellern liesze sich eine lange reihe einstimmiger beiwörter entnehmen: mürrisch, grämlich, eigensinnig, altfränkisch, ableibig, protzend, sauersehend, karger, knicker, erbsenzähler, filz, unke, betrübte hausunke,

verzehren die zeit einsam wie ein unk.   H. Sachs. I. 370[b],

was zunächst auf einen harthörigen stubenhocker geht, gleich altem wein nehmen greise auch säure an, doch wird nicht jeder alternde wein sauer. altfränkisch, an bräuchen und gewohnheiten seines früheren lebens festhangend erklärt sich von selbst und ist auch nicht ohne guten, wahren sinn, denn welchem menschen erschienen nicht erinnerungen aus seiner jugend werth und höher beleuchtet? welche tracht hält er für kleidsamer als die man in seinen jünglingstagen trug?

Seltsamer und am gehässigsten lautet das laster und der schmutz des geizes, Cato bei Cicero begreift ihn gar nicht, avaritia senilis, quid sibi velit, non intelligo, was könne thörigter sein als, je weniger des weges übrig stehe, um desto gröszere wegezehrung zu sorgen; einer der weisz, dasz er bald aus der welt weichen musz, warum häuft er ängstlich geld und schätze, die nach seinem ableben lachenden erben zufallen? dieser zug und trieb scheint aber fester gegründet, als dasz ihm ein so allgemeiner einwurf etwas anhaben könnte. in allen lustspielen sind die geizigen immer greise, die verschwender jünglinge, welchen die zeit lang wird, bis das zusammengescharrte gut ihnen zu theil werde. während fast alle andern leidenschaften im alter erblassen und sich abstumpfen, wächst die habsucht und nimmt mit den jahren zu, sie ist gerichtet auf einen gegenstand, der sich im liegen mehrt, d. h. durch unablässige wachsamkeit verdoppelt oder verzehnfacht werden kann woraus ein zwar ängstliches aber behagendes gefühl der sicherheit in allen noch bevorstehenden lebensverhältnissen entspringt. der geizige liegt auf seinem golde einem hütenden drachen gleich, wie der nordischen sage zufolge Attila auf dem Nibelungenhort eingesperrt hungers starb. man erzählt von sterbenden, die sich ihren kasten voll ringe und geschmeide auf das todesbett bringen lieszen, um ihr brechendes auge noch daran zu weiden und mit erstarrenden fingern darin zu wühlen. doch mögen mancherlei schwer erkennbare, verschiedenartigste ursachen bei diesem unleugbaren geiz des alters mitwirken und es verlohnt sich darüber nachzudenken. unter dem volk können abergläubische fortüberlieferte triebfedern in aller stille festkleben oder nachzucken. denn vollen sinn hatte es, dasz die heiden in ihre grabhügel knechte, rosse, waffen, ringe mit beistatten lieszen, deren sie im andern leben angelangt sich alsogleich wieder bedienen könnten. warum sollte einer nicht das beste seiner habe aufsparen wollen, um es mit sich hinüber zu nehmen? Athenaeus p. 159 berichtet von einem geizhals, der sich geld in den chiton einnähte und ausdrücklich weder ausgekleidet noch verbrannt sein wollte, damit sein schatz nicht gefunden noch von den flammen ergriffen würde. bis in unsre tage tauchen hin und wieder erzählungen auf von leuten, die kostbare ringe an ihrem finger behalten wollten und gold, ja papiergeld in den sarg bergen und einschlieszen lieszen, sei es um diese habe mitzunehmen oder wenigstens sie verhaszten erben zu entziehen. von einer besseren, ohne zweifel auch begründeteren seite angesehn, läszt sich die geldliebe des alters am leichtesten so deuten, dasz an strenge ordnung in ihrem haushalt gewöhnte männer eine lobenswerthe genauigkeit allmälich in tadelhafte kargheit übertreten lassen; der alte weil er selbst weniger braucht, bildet sich ein, dasz auch jüngere damit ausreichen müsten.

Doch ab von allen diesen leiblichen oder sittlichen gebrechen und fehlern, bei deren betrachtung, wenn sie auch mildere seiten darbot, immer eine empfindbare herbe hinterblieb, richten wir den blick auf tugenden und vorzüge, die das alter mit andern lebensstufen noch gemein hat, oder die ihm sogar als eigen zuerkannt werden mögen. jene vorstellung eines müden, ohnmächtigen, harten, unseligen alters wird sich umbilden in ein bild von linde, milde, behagen, mut und arbeitslust, das ist die lenis, placida, fortis senectus.

Und wie selbst einfallende gesichtszüge sich noch veredeln, früher unbemerkte ähnlichkeiten mit den voreltern erst jetzt heraustreten lassen, weshalb es auch wohl heiszt, dasz alte leute manchmal schöner werden als sie vorher waren; ebenso müssen wir ihnen auch zugestehn, dasz der lange verkehr des durchlaufenen lebens sie aufgeheitert, feiner gemacht, eine freundliche und liebreiche, keine verdrossene stimmung der seele hervorgebracht haben kann. von unsern nachbarn über dem Rhein gilt für ausgemacht, seien sie schon als junge leute brausend, anmaszend und oft unleidlich, so gebe es doch keinen angenehmeren, liebenswürdigeren gesellschafter als einen ins alter eingetretenen Franzosen, der fortan unvergleichlichen tact mit der gutmütigsten aufmerksamkeit zu verbinden wisse und überall vergnügend anrege.

Vorhin schon wurde aufgestellt, dasz im alter mit der sinkenden lebenskraft sich zugleich die empfindung der gesundheit erhöhe, und das ist kein widerspruch, da bei allem was seinem verlust entgegen geht ein geheimer und glücklicher trieb waltet es bis zur letzten frist zu sichern und aufrecht zu erhalten. man darf weiter sagen, dasz in greisen das gefühl für die natur steige und vollkommner werde als es im vorausgehenden leben war und dasz alles sie zum sicheren verkehr mit dieser stillen und fesselnden gewalt dränge oder anweise. mit welcher andacht schaut der mensch im alter empor zu den leuchtenden sternen, die seit undenkbarer zeit so gestanden haben, wie sie jetzt stehn und die bald auch über seinem grab glänzen werden. wie schön begründet ist es, dasz greise die stärkende gartenpflege und bienenzucht gern übernehmen, ihr impfen, propfen geschieht alles nicht mehr für sie selbst, nur für die nachkommenden geschlechter, die erst des schattens der neupflanzung froh werden können; was rührt mehr als dasz der heimkehrende Odysseus seinen von der sehnsucht nach ihm verzehrten vater Laertes mitten in der gartenarbeit überrascht? nicht gesagt zu werden braucht, dasz Cicero den Cato, der uns selbst ein köstliches buch über den landbau hinterlassen hat, allen greisen auch die gärten ans herz legen läszt.

Eins aber ist bis auf heute und solange die welt stehen wird recht für das alter gemacht und wie geschaffen, der einsame spaziergang. schon der knabe streift gern über feld, suchend nach vogelnestern und schmetterlingen, der jüngling schweift durch wald und wiesen in seinen träumen und gedanken an die geliebte, und der mann der findet am seltensten musze sich ins freie zu ergehen, denn hundert pläne und geschäfte halten ihn in der stadt zurück. für den greis hingegen wird jeder spaziergang zum lustwandel, diese verdeutschung könnte steif aussehen, diesmal hat sie den nagel auf den kopf getroffen. auf allen schritten, die solch ein lustwandelnder thut, bei jedem athemzug aus der reinen luft schöpft er sich lebenskraft und erholung; in jüngern jahren meint man wol auch zeit zu verlieren mit dem spazieren, nunmehr bringen sie keinen verlust sondern lauter gewinn. denn dazwischen gehen die eignen mit sich getragnen gedanken ungestört und unbeeinträchtigt immer fort: ich habe es wol an mir erfahren, dasz wenn entlegne pfade mich über flur und äcker führten, selbst unter verdoppeltem schritt, gute einfälle mir zuflossen, waren irgendwo zweifel zu hause hängen geblieben, plötzlich wurden sie im peripatetischen nachsinnen gelöst, und unterwegs einem lieben bekannten zu begegnen! wie freute mich innig im thiergarten auf meinen bruder, wenn er plötzlich von der andern seite herkam zu stoszen, nickend und schweigend giengen wir nebeneinander vorüber, das kann nun nicht mehr geschehen.

Wenn zu beschaulichem naturgenusz höchst aufgelegt, warum sollte das alter strengen arbeiten sich nicht mehr gewachsen fühlen, weshalb untaugend dafür geworden sein? seine rüstkammern stehn ja angefüllt, an erfahrungen hat es jahr aus jahr ein immer mehr in sie eingetragen, soll sein gesammelter schatz nur in fremde hände fallen? doch nicht blosz am vorrath zehren will es, es hat auch unaufhörlich fortgesonnen und seine ausbeute zu vertiefen getrachtet. einer unsrer ehrlichsten alten dichter Hugo von Trimberg, selbst ein hochbetagter greis spricht die schönen worte:

alters freude und âbentschîn

mügen wol gelîch einander sîn,

sie trœstent wol und varnt hin
als ime regen ein müediu bin. Renner 23009,
er vergleicht das alter der tröstlichen abendröthe und einer im
regen heimfahrenden müden biene, sie läszt nicht nach in ihrer
arbeitsamkeit, fällt ihr schon das arbeiten schwerer. junge brut
fliegt schnell aus und ein und wird nicht so leicht vom wetter
überrascht, die alte biene kommt spät, aber sie kommt doch. in
begabten, auserwählten männern halten kraft und ausdauer, fast
ohne abnutzung weit länger noch, welche fülle ununterbrochner
thätigkeit und geistiger gewalt hat ein Humboldt bis ins fernste
alter allen zu staunender bewunderung kundgegeben, und die her-
schergabe des groszen königs, dessen ruhmvolles andenken wir
heute feiern, erschien sie nicht bis zum schlusz seines daseins uner-
mattet, unversiegt? andern steigt der mut über die kraft hinaus. es
mag arbeiten und unternehmungen geben, die sich für das alter
besonders eignen, die emsig eingeholte erfahrung voraussetzen
und stillen, ruhigen abschlusz verlangen: ein philolog durfte wagen zuletzt an ein wörterbuch die hand zu legen, dessen fernliegen-
des, fast zurückweichendes endeziel in der engen frist des ihm noch
übrigen lebens, wo die regentropfen schon dichter fallen, leicht
nicht mehr zu erreichen steht. diese aus dem bescheidenen gefühl
menschlicher unzulänglichkeit entsprungene erwähnung wird
nicht misgedeutet werden.

Zu also ungetilgter arbeitsfähigkeit und ungetrübter forschungs-
lust gesellt sich aber ein anderer und höherer vorzug der zusamt
mit dem alter wachsenden und gefestigten freien gesinnung. in
wem (und welchem menschen sollte das versagt sein?) schon von
frühe an der freiheit keim lag, in wessen langem leben die edle
pflanze fortgedieh, wie könnte anders geschehen, als dasz sie im
herzen des greises tief gewurzelt erschiene und ihn bis ans ende
begleitete? je näher wir dem rande des grabes treten, desto ferner
weichen von uns sollten scheu und bedenken, die wir früher hatten, die erkannte wahrheit, da wo es an uns kommt, auch kühn zu
bekennen. auf ihrem verleugnen beruht der fortbestand und die
verbreitung schädlicher und groszer irthümer. nun ist uns in vielen
verhältnissen gelegenheit geboten eine freie denkungsart zu be-
währen, hauptsächlich aber zu äuszern hat sie sich in den beiden
lagen, wo das menschliche leben am innersten erregt und ergriffen
ist, in der beschaffenheit unseres glaubens und der einrichtung
unseres öffentlichen wesens. einem freigesinnten alten mann wird
nur die religion für die wahre gelten, welche mit fortschaffung
aller wegsperre den endlosen geheimnissen gottes und der natur

231

immer näher zu rücken gestattet, ohne in den wahn zu fallen, dasz eine solche beseligende näherung jemals vollständiger abschlusz werden könne, da wir dann aufhören würden menschen zu sein. wünschenswertheste landesverfassung aber erschiene ihm, die es verstände mit dem gröszten schutz aller einen ungestörten und unantastbaren spielraum für jeden einzelnen zu schaffen und zu vereinbaren. sicher ist nun, dasz hinter allen wünschen die wirklichkeit, an die wir zunächst gebunden sind, in unermessenem abstande stehn bleibt, doch sollen uns jene ideale vorschweben als leitsterne und wer wollte dem alter den wahn abschneiden, dasz es sie schon am rande des horizonts aufschimmern sieht?

Bei den meisten völkern stand das alter in ehren und bereits im hirtenleben, dessen häupter väter und greise waren, sein ansehn begründet. es war uralter brauch durch seinen mund das recht sprechen zu lassen und sich rathes bei ihm zu erholen, im gericht und in allen versammlungen gebührte ihm vorsitz, süsze worte flossen von Nestors lippen und wer in grauer vorzeit hätte gesetze entworfen und weisheit gelehrt, wenn nicht durch weisheit und gedankenreichthum ausgerüstete männer? doch im fortgange menschlicher bildung liegt es unausbleiblich, dasz allmälich vorgewicht und einflusz von dem bloszen stande übergiengen auf die, deren geistesgaben und thatkraft auch schon im mannesalter vorragten und es bezeichnet die überlegenheit athenischer zustände, dasz sie dem alter geringere ehre erwiesen, als ihm in Sparta zu theil wurde. genaue und ins einzelne gehende darlegung der verschiedenheiten, welche bei allen völkern in bezug auf das dem alter gewährte gröszere oder mindere ansehn, müste anziehende und belebende ergebnisse liefern, es ist z. b. bezeichnend, dasz die sonst allgemein eingeführte rangbestimmung nach dem alter heutzutage einer zwar leichteren, aber kälteren nach folge des alphabets zu weichen pflegt, doch nicht in unserer Akademie, die den turnus ihrer vorlesungen nach dem alter des eintritts ihrer mitglieder regelt.

Ich nähere mich dem schlusse meiner betrachtungen und glaube manches zur stütze der ansicht vorgebracht zu haben, dasz das alter nicht einen bloszen niederfall der virilität, vielmehr eine eigene macht darstelle, die sich nach ihren besonderen gesetzen und bedingungen entfalte; es ist die zeit einer im vorausgegangenen leben noch nicht so dagewesenen ruhe und befriedigung, an welchem zustand dann auch eigenthümliche wirkungen vortreten müssen.

›was man in der jugend wünscht, hat man im alter die fülle‹ ruft uns ein groszer dichter zu, der selbst eins der reichsten, gesegnetsten alter durchlebte. der jugend gehören die wünsche, dem alter fällt in vielem die erfüllung zu. wenn im alter wehklage und sehnsucht nach dem tode ertönt, so liegt, wie wir oben sahen, die ursache weniger in dem alter selbst als in herbeigeführten andern verhältnissen, Laertes wünschte zu sterben, weil sein geliebter sohn ausblieb, nicht wegen hinfälligkeit des leibs. ein gesundes alter ist zugleich lebensfroh. selbstmord ist verabscheuungswürdig, gegen die menschliche natur und wider den mächtigsten, im geringsten thier regen trieb des lebens, denn kein thier thut sich selbst ein leid an. gleichen abscheu flöszen uns ein die noch unausgerottete, ehmals weitverbreitete witwenverbrennung, die aussetzung der kinder und die tödtung alter greise, der wir selbst in der vorzeit edler völker begegnen und die uns wilde stämme noch heute als einen vorwurf wie im spiegel vorhalten. wahr ist, dasz alte greise heiter sich vom felsen niederstürzten, witwen freiwillig und freudig den scheiterhaufen bestiegen; das war einer grausamen sitte wahn und ist rein menschlichen begriffen von grund aus widerstrebend.

Wie menschlich gedacht ist dagegen die äsopische fabel vom greis, der in den wald gieng holz zu fällen und nun von seiner bürde überwältigt und den tod herbeirufend sie hin zu boden warf. als der tod schnell nahte, hatte der greis nichts zu bitten, als dasz er ihm die last wieder auf die schulter helfe. keinen alten, sagt man, giebt es, der nicht noch ein jahr zu leben gedächte. einigemal findet sich der widerwillen ausgedrückt, das vollbrachte leben noch einmal durchzuführen, der greis möchte nicht wieder ein kind werden und in der wiege schreien (repuerascere et in cunis vagire). Hugo ruft:

> Got müeze mir ein sæligez ende geben,
> wan ich sô lenge niht wolde leben
> ûf erden als ich gelebet hân,   Renner 21297,

das ist wahr empfunden, aber eitle sorge, nimmer hat ein greis zum zweitenmal gelebt. kindisch werden mag er wol, nicht wieder zum kinde.

Wir sind da angelangt, wo eingeräumt werden soll, was niemand leugnen mag. das alter liegt hart an des lebens grenze und wenn der tod in allen altern eintreten oder ausbleiben darf, im greisenalter musz er eintreten und kann nicht länger ausbleiben. wir wissen dasz der tod in den ersten jahren ihres lebens eine menge unschuldiger kinder wegraft, doch er schont ihrer oft, des greises schont er zuletzt nicht mehr. alles was begonnen hat, musz auch aufhören, der stab den du oben fassest, unten geht er zu ende.

die natur gütig und grausam zugleich, mit dem einen auge scheint sie froh auf das neugeborne kind niederzuschauen, mit dem andern unerbarmend auf die leiche des alten mannes. jede abweichung von ihrem festen gange brächte ihr störung, wider den tod ist kein kraut gewachsen. was ist nun trauriger, eines jünglings tod oder des greises? jener ist nach Ciceros schönem gleichnis wie wenn man unreife äpfel vom baume abreiszt, dieser wie wenn sie reif vom zweig selbst herunterfallen. des jünglings tod wie wenn du wasser auf eine flamme gieszest und sie gewaltsam auslöschest, des greises wie wenn ein feuer in sich verglimmt. dies verglimmen stimmt mit dem der abendröthe am himmel, die wir schon einigemal zum greisenalter hielten, nach ihr folgt düstere dämmerung und dann bricht nacht ein. senectus crepusculum est, quod longum esse non potest, sagte auch schon Fronto. solange uns die sonne leuchtet, ist zeit des wirkens bis unsre tage ausgelebt und wie einzelne tropfen vom dach niedergefallen sind. wir treten auf die erde und schreiten über den grund hin bis wir in den mütterlichen schosz zurücksinken. unsre heidnischen voreltern legten einem sterbenden die worte in den mund: heute abend werde ich beim Wodan zu gaste sein, und noch heute hat das Volk die derben aber treffenden redensarten: sein letztes brod ist ihm gebacken, sein letztes kleid geschnitten. Göthe mit einem heiteren aber tiefsinnigen, glück und leben zusammenstellenden euphemismus sagt:

> der mensch erfährt, er sei nun wer er mag,
> ein letztes glück und einen letzten tag.

Anhang

Personenverzeichnis

WILHELM EDUARD ALBRECHT (1800–1876), Professor für deutsches Recht in Göttingen seit 1830, Teilnehmer an der Protestation der Göttinger Sieben; seit 1838 lehrte er an der Universität Leipzig.

GEORG FRIEDRICH BENECKE (1762–1844), Bibliothekar und Professor für englische und ältere deutsche Philologie in Göttingen; er begründete die mittelhochdeutsche Lexikographie und war als Herausgeber mittelhochdeutscher Dichtung tätig; 1827 erschien die Ausgabe des *Iwein* von Hartmann von Aue, die Benecke mit Karl Lachmann veranstaltete.

RICHARD BENTLEY (1661–1742), der berühmteste Altphilologe seines Jahrhunderts; er lebte und wirkte seit 1700 am Trinity College der Universität Cambridge.

JOHANN JACOB BODMER (1698–1783); seine *Sammlung von Minnesingern aus dem Schwäbischen Zeitpunkte. 140 Dichter enthaltend durch Ruedger Manessen* (1758/59) ist die erste Ausgabe mittelhochdeutscher Lyrik in der Neuzeit. Sie bekam Jacob Grimm in Savignys Bibliothek in Marburg zu Gesicht.

JÉRÔME BONAPARTE (1784–1860), Napoleons jüngster Bruder; er residierte als König von Westfalen von 1807 bis 1813 in Kassel; Jacob Grimm war Verwalter seiner Privatbibliothek.

FRANZ BOPP (1791–1867), Begründer der indogermanischen vergleichenden Sprachwissenschaft; sein bahnbrechendes Buch *Über das Conjugationssystem der Sanskritsprache in Vergleichung mit jenem der griechischen, lateinischen, persischen und germanischen Sprache* erschien 1816, drei Jahre vor dem ersten Band von Jacob Grimms *Deutscher Grammatik*. Seit 1821 war er Professor in Berlin.

PHILIPP BUTTMANN (1764–1829), Bibliothekar, Altphilologe, Prinzenerzieher in Berlin.

FRIEDRICH CHRISTIAN DAHLMANN (1785–1860), seit 1813 Professor für Geschichte in Kiel, seit 1829 in Göttingen; wie Jacob Grimm wurde er im Dezember 1837 des Landes verwiesen, weil er sich am Protest der Göttinger Sieben beteiligt hatte. Seit 1842 war er Professor in Bonn, 1848 wie Jacob Grimm Abgeordneter im Frankfurter Parlament.

BERNHARD JOSEPH DOCEN (1782–1828), Germanist, seit 1804 Bibliothekar in München; er entdeckte die Titurelfragmente Wolframs von Eschenbach, die er allerdings für die Überreste einer »voreschenbachischen« Bearbeitung des Stoffes hielt.

JOHANN ALBRECHT FRIEDRICH EICHHORN (1779–1856), Jurist und Staatsmann, von 1840 bis 1848 preußischer Kultusminister.

JOHANN AUGUST ERNESTI (1707–1781), rationalistischer Philosoph und Theologe, seit 1756 Professor in Leipzig.

ERNST AUGUST, König von Hannover (1771–1851), Sohn Georgs III. von England; seit 1799 Herzog von Cumberland, wurde er 1837 König von Hannover; er hob das Staatsgrundgesetz von 1833 auf, was den Protest der Göttinger Sieben auslöste.

GEORG HEINRICH AUGUST EWALD (1803–1875), Orientalist und Bibelwissenschaftler, seit 1827 Professor in Göttingen; er nahm am Protest der Göttinger Sieben teil; seit 1838 lehrte er in Tübingen, nach 1848 wieder in Göttingen.

JOHANN LEONHARD FRISCH (1666–1743) universal gelehrter Sprach- und Naturforscher, Verfasser wichtiger Sammelwerke über Insekten- und Vogelwelt Deutschlands; Schulmann in Berlin.

GEORG GOTTFRIED GERVINUS (1805–1871), Literarhistoriker und Geschichtsschreiber; 1835 Professor in Heidelberg, 1836 in Göttingen; 1837 wegen Beteiligung am Protest der Göttinger Sieben entlassen; er lehrte dann wieder in Heidelberg; 1848 Abgeordneter im Frankfurter Parlament; 1853 strengte die badische Regierung einen Hochverratsprozeß gegen ihn an. Seine *Geschichte der poetischen Nationalliteratur der Deutschen* (1835–1842) gilt als die erste anspruchsvolle Gesamtdarstellung der deutschen Literaturgeschichte.

JOHANN GEORG HAMANN (1730–1788), kritisierte 1772 Herders Abhandlung über den Ursprung der Sprache; er setzte eine strikt theologisch orientierte Auffassung von der Entstehung der Sprache gegen Herder.

KARL AUGUST, Fürst von HARDENBERG (1750–1822), preußischer Staatsmann.

MORITZ HAUPT (1808–1874), Freund und Schüler Lachmanns, seit 1841 Professor für klassische Philologie in Leipzig, 1848 nach dem Dresdner Maiaufstand des Hochverrats angeklagt, 1853 Nachfolger Lachmanns auf dessen Berliner Lehrstuhl. Begründer der *Zeitschrift für deutsches Altertum und deutsche Literatur*.

JOHANN GOTTFRIED HERDER (1744–1803); seine *Abhandlung über den Ursprung der Sprache* wurde 1772 von der Berliner Akademie preisgekrönt; Jacob Grimm bezieht sich auf ihn, wenn er 1851 das Thema in einer Akademierede wieder erörtert.

CHRISTIAN GOTTLIEB HEYNE (1729–1812), berühmter klassischer Philologe, seit 1763 Professor in Göttingen.

THEODOR GEORG VON KARAJAN (1810–1873), seit 1841 an der Kaiserlichen Hofbibliothek in Wien tätiger österreichischer Germanist und Historiker; 1850 Professor an der Wiener Universität, wurde er ein Jahr später abgesetzt, weil er Protestant war.

DOROTHEUS LUDWIG GRAF KELLER (1757–1827), preußischer Diplomat, von 1813–1815 im Dienst des hessischen Kurfürsten, Leiter der Delegation beim Wiener Kongreß, in der Jacob Grimm als Sekretär tätig war.

KARL LACHMANN (1793–1851), Philologe, der Begründer der modernen Textkritik, die er an lateinischen und griechischen Texten, an mittelhochdeutschen Klassikern, aber auch an Lessings Werken erprobte. 1816 Habilitation in Berlin mit der Schrift *Über die ursprüngliche Gestalt des Gedichts von der Nibelungen Not;* seit 1825 Professor in Berlin. Seit 1819 mit den Brüdern Grimm befreundet. Die *Nibelungenlied*-Ausgabe erschien 1826, Hartmanns *Iwein* (mit Benecke) 1827, Walther von der Vogelweide 1827, Wolfram von Eschenbach 1833, Ulrich von Lichtenstein 1841.

HEINRICH FRIEDRICH LINK (1767–1851), Naturwissenschaftler, 1811 Professor in Breslau, seit 1815 in Berlin.

ERNST OTTO VON MALSBURG (1786–1824), Diplomat, Übersetzer Calderons und Lope de Vegas.

JOHANNES MÜLLER (1801–1858), Physiologe und Anatom, seit 1833 Professor in Berlin.

JOHANNES VON MÜLLER (1752–1809), aus Schaffhausen, Historiker, u. a. in Wien und Berlin als Hofhistoriograph tätig; 1808 wurde er Unterrichtsminister im Königreich Westfalen.

BARTHOLD GEORG NIEBUHR (1776–1831), Philologe, Historiker, Diplomat; seit 1810 in Berlin lehrend, 1816–1823 preußischer Gesandter in Rom; seit 1825 Professor in Bonn. *Römische Geschichte,* 1811–1832.

DIETRICH CHRISTOPH ROMMEL (1781–1859), Philologe und Historiker, seit 1815 Professor in Marburg, 1829 Direktor der Kasseler Bibliothek.

ADOLF FRIEDRICH RUDORFF (1802–1873), Jurist, Schüler Savignys, seit 1829 Professor in Berlin, Spezialist für die Geschichte des römischen Rechts.

FRIEDRICH CARL VON SAVIGNY (1779–1861), Jurist, gilt als Begründer der historischen Schule der Rechtswissenschaft; seit 1803 Professor in Marburg, seit der Gründung der Berliner Universität in Berlin, wo er 1812/13 das Rektorat innehatte. Jacob Grimm begleitete ihn 1804/05 auf einer Studienreise nach Paris. 1842–1848 war er preußischer Minister für Gesetzgebung. Er heiratete 1803 Kunigunde Brentano, die Schwester Clemens und Bettine Brentanos.

FRIEDRICH WILHELM JOSEPH SCHELLING (1775–1854), Philosoph, seit 1841 Professor in Berlin und Kollege Jacob Grimms in der Akademie.

FRIEDRICH DANIEL ERNST SCHLEIERMACHER (1768–1834), Theologe, Philosoph, Übersetzer Platons; seit 1796 Prediger in Berlin, 1804–1806 Professor in Halle, 1810 an die neugegründete Berliner Universität berufen.

JOHANN LUDWIG TIECK (1773–1853), gab 1803 *Minnelieder aus dem schwäbischen Zeitalter* heraus; seine Vorrede machte dem jungen Jacob Grimm tiefen Eindruck.

LUDWIG VÖLKEL (1762–1829), Leiter der Kasseler Bibliothek und des Museum Fridericianum seit 1789; er war lange Jahre der Vorgesetzte der Brüder Grimm.

LUDWIG WACHLER (1767–1838), 1801–1815 Professor in Marburg, wo Jacob Grimm ihn hörte, dann in Breslau. Herausgeber des *Handbuchs der allgemeinen Geschichte der literarischen Cultur in Deutschland* (1804/5).

WILHELM WEBER (1804–1891), Physiker, seit 1831 Professor in Göttingen, wegen Teilnahme an der Protestation der Göttinger Sieben 1837 entlassen, 1849 zurückberufen.

PAUL WIGAND (1786–1866), Jurist, Studienkollege Jacob Grimms.

FRIEDRICH AUGUST WOLF (1759–1824), Altphilologe, 1783–1806 Professor in Halle, später als Ministerialbeamter in Berlin tätig. Berühmt ist seine Homerkritik, die das Vorbild für Lachmanns Auffassung vom Nibelungenlied wurde.

Zeittafel

1785   4. Januar, Jacob Grimm in Hanau geboren
1786   24. Februar, Wilhelm Grimm in Hanau geboren
1791   Übersiedlung nach Steinau an der Straße
1796   10. Januar, Tod des Vaters
1798   Jacob und Wilhelm ziehen zum Schulbesuch nach Kassel
1802   Jacob beginnt das Jurastudium in Marburg
1805   Jacob reist mit Savigny nach Paris
1808   Jacob Grimm wird Bibliothekar des Königs von Westfalen, Jérôme
        Bonaparte
        27. Mai, Tod der Mutter
1812   Rückkehr des Kurfürsten nach Kassel; Jacob wird Legationssekre-
        tär; 1. Band der *Kinder- und Hausmärchen*
1813   Jacob reist mit der hessischen Gesandtschaft nach Paris
1814   In diesem und dem folgenden Jahr: Jacob mit dem hessischen Ge-
        sandten beim Wiener Kongreß
1815   2. Band der *Kinder- und Hausmärchen*
1816   Jacob Grimm wird Bibliothekar in Kassel
1819   1. Band der *Deutschen Grammatik*
1822   1. Band der *Deutschen Grammatik* in neuer Bearbeitung
1825   Wilhelm Grimm heiratet Dorothea Wild
1826   2. Band der *Deutschen Grammatik*
1828   *Deutsche Rechtsaltertümer*
1830   Die Brüder Grimm als Bibliothekare und Professoren in Göttingen
1834   3. Band der *Deutschen Grammatik*
1835   *Deutsche Mythologie*
1837   4. Band der *Deutschen Grammatik*
        18. November, Protest der Göttinger Sieben
        11. Dezember, Jacob Grimm des Amtes enthoben und des Landes
        verwiesen; er zieht zurück nach Kassel
1838   Beginn der Arbeit am *Deutschen Wörterbuch*
1840   Berufung beider Brüder nach Berlin
1841   Übersiedlung nach Berlin
1843   Jacob Grimm reist nach Italien
1844   Jacob Grimm reist nach Schweden und Dänemark
1846   Germanistentagung in Frankfurt
1847   Germanistentagung in Lübeck
1848   Jacob im Parlament der Frankfurter Paulskirche; *Geschichte der deut-
        schen Sprache*
1854   Erscheinen des 1. Bandes des *Deutschen Wörterbuchs*
1859   16. Dezember, Tod Wilhelm Grimms
1863   20. September, Tod Jacob Grimms

Quellennachweis

Selbstbiographie, aus: Karl Wilhelm Justi, Grundlage zu einer hessischen Gelehrten=Schriftsteller=und Künstler=Geschichte vom Jahre 1806 bis zum Jahre 1830, Marburg 1831, S. 148–164.

Jacob Grimm über seine Entlassung, Basel 1838.

Rede auf Wilhelm Grimm, in: Jacob Grimm, Kleinere Schriften, Band 1, 2. Auflage, Berlin 1879, S. 163–188.

Rede auf Lachmann, Berlin 1851.

Gedanken über Mythos, Epos und Geschichte, in: Deutsches Museum, herausgegeben von Friedrich Schlegel, Band 3 (1813), S. 53–75.

Commentar zu einer Stelle in Eschenbachs Parcifal, in: Altdeutsche Wälder, herausgegeben durch die Brüder Grimm, Band 1 (1813), S. 1–30.

Über das Pedantische in der deutschen Sprache, Berlin 1848.

Über den Ursprung der Sprache, Berlin 1851.

Über Frauennamen aus Blumen, Berlin 1852.

Rede über das Alter, in: Jacob Grimm, Rede auf Wilhelm Grimm und Rede über das Alter, herausgegeben von Herman Grimm, Berlin 1863, S. 39–68.

Martin Luther
Die reformatorischen Grundschriften in vier Bänden

Neu übertragene und kommentierte Ausgabe von Horst Beintker

dtv-Originalausgabe 5997

Band 1
Gottes Werke und Menschenwerke

Vorrede zur Sammelausgabe der frühen
Thesenreihen von 1538
Die 95 Thesen
Sermon von
Ablaß und Gnade
Die Heidelberger Disputation
Von den guten Werken

Band 2
Reform von Theologie, Kirche und Gesellschaft

Auslegung zu Psalm 5
Sermon von der Betrachtung des heiligen Leidens Christi
An den christlichen
Adel deutscher Nation von des christlichen Standes
Besserung

Band 3
Die Gefangenschaft der Kirche

Von der babylonischen Gefangenschaft der Kirche
Predigt in der Kaufmannskirche zu Erfurt

Band 4
Die Freiheit eines Christen

Traktat von
der christlichen Freiheit
Eine kurze Form der
Zehn Gebote,
des Glaubensbekenntnisses
und des Vaterunsers
Sendbrief an Hartmut
von Cronberg
Sendschreiben an die
Gemeinden zu Riga, Reval
und Dorpat

Stefan George
Werke in vier Bänden

4 Bände in Kassette
Gesamtumfang 1216 Seiten
5940 / DM 48,–

Band 1:
Hymnen · Pilgerfahrten · Algabel
Die Bücher der Hirten- und
Preisgedichte · Der Sagen und Sänge
und der Hängenden Gärten
Das Jahr der Seele
Der Teppich des Lebens und die Lieder
von Traum und Tod
Mit einem Vorspiel

Band 2:
Der siebente Ring
Der Stern des Bundes
Das neue Reich
Tage und Taten

Band 3:
Dante · Die Göttliche Komödie ·
Übertragungen
Shakespaere Sonnette
Umdichtung
Baudelaire Die Blumen des Bösen
Umdichtungen

Band 4:
Zeitgenössische Dichter
Übertragungen · Erster Teil
Zeitgenössische Dichter
Übertragungen · Zweiter Teil
Die Fibel · Auswahl erster Verse
Schlußband
Nachwort von Werner Vordtriede
Zeittafel zu den Werken

Friedrich Nietzsche Sämtliche Werke in 15 Dünndruck-Bänden

Erstmals mit dem vollständigen Nachlaß

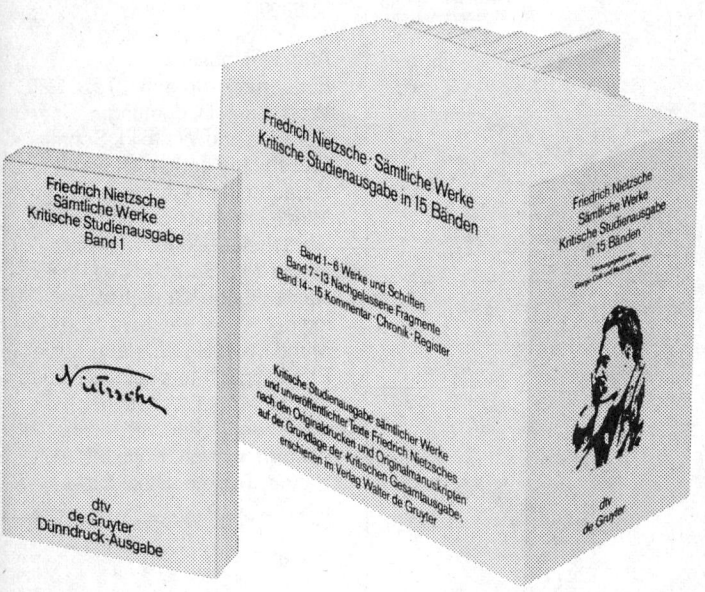

Kritische Studienausgabe sämtlicher Werke und unveröffentlichter Texte Friedrich Nietzsches nach den Originaldrucken und Originalmanuskripten auf der Grundlage der ›Kritischen Gesamtausgabe‹ (KGW), erschienen im

Verlag Walter de Gruyter. Herausgegeben von Giorgio Colli (†) und Mazzino Montinari.

15 Bände in Kassette, insgesamt 9592 Seiten, dtv/de Gruyter 5977 / DM 298,–

dtv-Atlas
zur
deutschen
Sprache

Tafeln und Texte
Mit Mundart-Karten

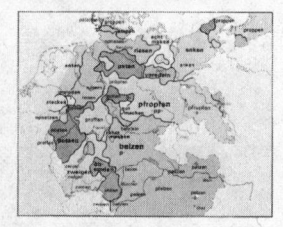

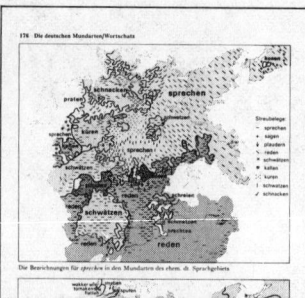

Die Bezeichnungen für *sprechen* in den Mundarten des ehem. dt. Sprachgebiets

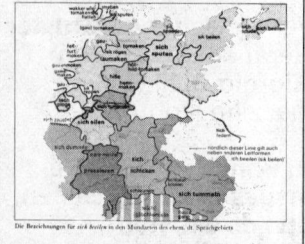

Die Bezeichnungen für *sich streiten* in den Mundarten des ehem. dt. Sprachgebiets

Sprachatlas

dtv-Atlas zur deutschen Sprache
von Werner König
Tafeln und Texte
Mit Mundart-Karten
Originalausgabe

Aus dem Inhalt:
Einführung: Sprache, Text, Satz,
Wort, Laut, Bedeutung,
Sprache und Weltbild, Schrift
Geschichte der deutschen
Sprache: Indogermanisch. Alt-,
Mittel- und Neuhochdeutsch.
Sprachstatistik. Entwicklungs-
tendenzen. Sprache und Politik.
Namenkunde. Sprachsozio-
logie.
Mundarten: Sprachgeographie,
Phonologie, Morphologie.
Wortschatzkarten: Junge,
Mädchen, Schnupfen, klein,
gestern, warten, Kohl, Mütze,
Sahne, Tomate, Stecknadel
u. v. a.

dtv 3025

dtv-Atlas zur deutschen Literatur

Tafeln und Texte

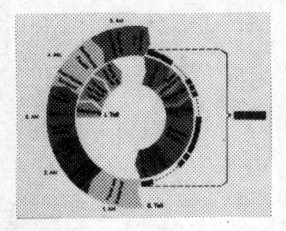

dtv-Atlas zur deutschen Literatur

von Horst Dieter Schlosser
Tafeln und Texte
Originalausgabe

116 Farbtafeln und ausführliche
Texte zeigen die Entwicklung der
deutschen Literatur von den
Anfängen bis zur Gegenwart.

Aus dem Inhalt:
Anfänge. Epos- und
Verstradition. Nibelungenlied.
Artusroman. Minnesang. Mystik.
Volksbuch. Volkslied.
Meistersang. Humanisten.
Reformation. Sprachgesell-
schaften. Opitz. Grimmels-
hausen. Gottsched. Aufklärung.
Lessing. Empfindsamkeit. Sturm
und Drang. Goethe. Schiller.
Weimarer Klassik. Hölderlin.
Romantik. Kleist. Heine. Mörike.
Stifter. Büchner. Grabbe.
Realismus. Hebbel. Fontane.

Naturalismus. G. Hauptmann.
Hofmannsthal. Rilke. H. und
Th. Mann. Expressionismus.
Brecht. Feuchtwanger. Döblin.
Exilliteratur. Literatur in
Österreich 1933-38. Nach-
kriegsliteratur. Literatur in der
DDR. Literarische Tendenzen
nach 1970.
Auswahlbibliographie.
Register.

dtv 3219